Vereinbarungen contra bonos mores in der Kanonistik

Band 484

Zur Qualitätssicherung und Peer Review der vorliegenden Publikation

Die Qualität der in dieser Reihe erscheinenden Arbeiten wird vor der Publikation durch einen der Herausgeber der Reihe geprüft.

Notes on the quality assurance and peer review of this publication

Prior to publication, the quality of the work published in this series is reviewed by one of the editors of the series.

Sarah Maria Pintarić

Vereinbarungen *contra bonos mores* in der Kanonistik

PETER LANG

Bibliografische Information der Deutschen Nationalbibliothek
Die Deutsche Nationalbibliothek verzeichnet diese Publikation in der Deutschen Nationalbibliografie; detaillierte bibliografische Daten sind im Internet über http://dnb.d-nb.de abrufbar.

Zugl.: Bonn, Univ., Diss., 2017

Die vorliegende Arbeit wurde von Prof. Dr. Mathias Schmoeckel zur Aufnahme in die Reihe empfohlen.

Gedruckt mit Unterstützung des Förderungsfonds Wissenschaft der VG WORT

Umschlagabbildung:
Justitia. Allegorie der Gerechtigkeit. Druck aus dem 17. Jahrhundert.

D 5
ISSN 0344-290X
ISBN 978-3-631-79617-7 (Print)
E-ISBN 978-3-631-79893-5 (E-PDF)
E-ISBN 978-3-631-79894-2 (EPUB)
E-ISBN 978-3-631-79895-9 (MOBI)
DOI 10.3726/b16020

Peter Lang – Berlin · Bern · Bruxelles · New York · Oxford · Warszawa · Wien

Diese Publikation wurde begutachtet.

www.peterlang.com

Meinen Eltern
Tomislav und Susanna

Inhaltsverzeichnis

„Wenn das moderne Recht hier den Grundsatz der Vertragsfreiheit einführt, so kann doch auch hier nicht willkürliche, sondern nur vernünftige Freiheit gemeint sein: Freiheit, die Kraft ihrer sittlichen Zweckbestimmung ihr Maß in sich trägt, – Freiheit die zugleich Gebundenheit ist. Schrankenlose Vertragsfreiheit zerstört sich selbst."[1]

Otto von Gierke

1 *Gierke, Otto*, Die soziale Aufgabe des Privatrechts, in: Entwicklungsgeschichte des römischen Rechts. Rudolf von Ihering (aus dem Nachlass herausgegeben), Leipzig, 1894, S. 28.

A Einleitung

I. Zur Einführung

Der allgemeine Gedanke der Nichtigkeit aufgrund von Sittenwidrigkeit fand seine Form als einheitliche und allgemeine Idee im Gesetz erst sehr spät. So wurde der zuvor in unterschiedlichen Bereichen des Privatrechts behandelte Gegenstand der Nichtigkeit aufgrund von Sittenwidrigkeit in seiner heutigen Abstraktion erst unter Windscheid im Rahmen der Vorarbeiten zum Bürgerlichen Gesetzbuch in § 138 BGB zu einer allgemeinen Regel zusammengefasst.[2]

Die Idee, dass der Inhalt von Verträgen, Testamenten oder Bedingungen an den guten Sitten im Sinne einer moralischen Instanz zu messen ist, war in der Rechtswissenschaft jedoch bereits sehr viel früher vorhanden. So formulierte Hugo Donellus (1527–1591) in seinem Kommentar zum *Ius civile* für Vereinbarungen allgemein:

> „*Quod attinet ad turpes conventiones, quae eadem sunt contra bonos mores, non dubitabimus difinire generaliter & sine exceptione, quod supra, omnes ipso iure non valere.*"[3]

Der Ausdruck der *boni mores,* den Hugo Donellus an dieser Stelle als Kriterium für die Wirksamkeit von Vereinbarungen heranzog, fand sich bereits im antiken römischen Recht im Zusammenhang mit Vereinbarungen. Dabei kann jedoch der Begriff, den sich die klassischen römischen Juristen von den guten Sitten machten, nicht ohne Weiteres auf die spätere Zeit übertragen werden.

Was das antike, klassische und nachklassische römische Privatrecht angeht, wurde die Thematik der *boni mores* bereits ausführlich beleuchtet. Dies geschah vor allem durch Max Kaser und Theo Mayer-Maly.[4] Letzterer sieht die historischen

---

2 Vgl. *Schmoeckel, Mathias,* Der maßgebliche Zeitpunkt zur Bestimmung der Sittenwidrigkeit nach § 138 I BGB, in: AcP 197 (1997), S. 1–79, 46; *Ders.*, Auf der Suche nach der verlorenen Ordnung. 2000 Jahre Recht in Europa. Ein Überblick, Köln/Weimar/Wien, 2005, S. 384.

3 *Donellus, Hugo, Hugonis Donelli Iureconsulti et Antecessoris Opera omnia. Commentariorum de iure civile. Tomus tertius. Cum notis Osualdi Hilligeri. Accedunt summaria, et castigationes theologicae, Typis Ioannis Riccomini, Lucae,* 1763, Sp.625, *Lib. XII, Cap. XXI, n.XVI.*

4 Vgl. *Mayer-Maly, Contra bonos mores,* 1986, S. 151–167; *Kaser*, Rechtswidrigkeit, 1940, S. 95–150; *Kaser, Max,* Über Verbotsgesetze und verbotswidrige Geschäfte im römischen Recht, in: Österreichische Akademie der Wissenschaften. Philosophisch- historische Klasse. Sitzungsberichte, 312. Band, Wien, 1977; *Kaser*, Das römische Privatrecht, I, 1971; *Kaser,* Das römische Privatrecht, II, 1975; *Kaser, Max/Knütel, Rolf,* Römisches

Grundlagen der heutigen Generalklausel des § 138 Abs. 1 Bürgerliches Gesetzbuch in den Werken der Spätklassik und in den Paulussentenzen.[5] Eine über diese Feststellung hinausgehende Beleuchtung der Entwicklung des Gedankens der *boni mores* außerhalb der Antike erfolgte durch Theo Mayer-Maly jedoch nicht.

Die juristische Literatur des Mittelalters wurde hinsichtlich des Gedankens der *boni mores*, sowohl was die Legistik als auch was die Kanonistik betrifft, bislang kaum untersucht. Bei David Deroussin finden sich zu den *boni mores* in der Legistik hauptsächlich Hinweise auf die Lehre von Bartolus de Saxoferrato (ca.1313–1357)[6]. Bezüglich der Lehre der Kanonistik verwies er allgemein auf die Differenzierung von *boni mores civiles* und *naturales* in Kanonistik und Theologie. Im Fall des Verstoßes gegen die *boni mores naturales* sei gemäß der *regula LVIII* des *Liber Sextus* wegen einer Gefahr für Körper oder Seele gegebenenfalls die Unwirksamkeit des Eides die Folge gewesen.[7] Die *regula* von Bonifaz VIII.[8] entstand jedoch zu einer Zeit, in der die Differenzierung zwischen *boni mores civiles* und *naturales* noch nicht vorgenommen wurde. Es stellt sich demnach weiterhin die Frage, welche Entwicklung die Bedeutung und Funktion der *boni mores* in Kanonistik und Legistik nahmen.

Peter Landau betonte zwar anhand des Beispiels der *regula LXIX* des *Liber Sextus* (VI. 5.12.69)[9], was die Sittenwidrigkeit von Verträgen betrifft, den gegenüber der Kasuistik des römischen Rechts erhöhten Abstraktionsgrad im kanonischen Recht. Eine weitergehende Untersuchung erfolgte jedoch auch an dieser Stelle nicht.[10] Hans-Jürgen Becker sieht bezüglich der Lehre von der Sittenwidrigkeit in

---

Privatrecht, 18.Aufl., München, 2005, § 9, Rn. 9; s.a. *Macqueron, Jean,* L'histoire de la cause immoral ou illicite dans les obligations en droit romain, Paris, 1924; *Mezger, Hans-Robert,* Stipulationen und letztwillige Verfügungen *contra bonos mores,* Dissertation, Göttingen, 1929; *Deroussin, David,* Histoire du droit des obligations, Paris, 2007, S. 378f.; *Wieacker, Franz,* Römische Rechtsgeschichte, Erster Abschnitt, München, 1988, S. 504f.; *Zimmermann,* Obligations, 1990, S. 706–715.

5 Vgl. *Mayer-Maly, Contra bonos mores,* 1986, S. 167.

6 Vgl. *Deroussin, David,* Histoire du droit des obligations, Paris, 2007, S. 382f.

7 Vgl. *Deroussin, David,* Histoire du droit des obligations, Paris, 2007, S. 383.

8 VI. 5.12.58 *(de regulis iuris)*: *„Non est obligatorium contra bonos mores praestitum iuramentum.“* In: Ed. *Friedberg,* II, Sp.1123.

9 VI. 5.12.69 *(de regulis iuris)*: *"In malis promissis fidem non expedit observari."* In: Ed. *Friedberg,* II, 1959, Sp.1124.

10 Vgl. *Landau, Peter,* Die Bedeutung des kanonischen Rechts für die Entwicklung einheitlicher Rechtsprinzipien, in: *Scholler, Heinrich* (Hrsg.), Die Bedeutung des kanonischen Rechts für die Entwicklung einheitlicher Rechtsprinzipien, Baden-Baden, 1996, S. 23–47, 39.

den oben genannten Ausführungen Landaus einen Nachweis der Fortentwicklung des römischen Rechts durch die *regula LXIX* (VI. 5.12.69).[11] Die Kanonistik habe „[...] in dieser neuen Gestalt die moderne Lehre von der Sittenwidrigkeit geformt [...]"[12]. Dagegen spricht jedoch, dass die betroffene *regula* nicht ausdrücklich den Begriff der *boni mores*, sondern den des *malum promissum* betrifft. Ausführungen dazu, was Legistik und Kanonistik unter den *boni mores* verstanden, finden sich in keiner der oben genannten Untersuchungen.

„[...] die Lehre von der Sittenwidrigkeit der Rechtsgeschäfte in historischer Sicht darzustellen"[13], stellte sich Helmut Schmidt zur Aufgabe. Hierzu unternahm er eine Untersuchung insbesondere der Entwicklung einer Generalklausel bezüglich der Nichtigkeit sittenwidriger Rechtsgeschäfte in Gesetzgebung und Literatur. Die Untersuchung beginnt zeitlich mit der Literatur und Gesetzgebung der Rezeptionszeit und endet mit der Behandlung der Kodifikation des Bürgerlichen Gesetzbuchs. Ihr Ergebnis ist, dass sich die Lehre von der Sittenwidrigkeit der Rechtsgeschäfte bis ins 19. Jahrhundert auch auf vereinzelte Stellen des *Corpus Iuris Civilis* und die dort enthaltene Kasuistik bezogen habe.[14] Die Generalklausel der Nichtigkeit sittenwidriger Rechtsgeschäfte habe sich im erst im Laufe des 16. Jahrhunderts als „Ausdruck fortschreitender Gesetzestechnik"[15] durchgesetzt.[16] Bedeutung für die Lehre habe sie erst im 19. Jahrhundert durch die Theoretiker des Naturrechts erlangt.[17]

Die Untersuchung beginnt zeitlich erst in der Neuzeit mit der Literatur des Humanismus und des *usus modernus pandectarum*, was angesichts der Relevanz des Mittelalters für die Fragestellung zu kurz greift. Darüber hinaus wurde zu Unrecht die bis ins 19. Jahrhundert bestehende Maßgeblichkeit des kirchlichen

---

11 Vgl. *Becker, Hans-Jürgen*, Spuren des kanonischen Rechts im Bürgerlichen Gesetzbuch, in: *Zimmermann, Reinhard/Knütel, Rolf/Meincke, Jens Peter* (Hrsg.), Rechtsgeschichte und Privatrechtsdogmatik, Heidelberg, 1999, S. 159–169, 164.

12 *Becker, Hans-Jürgen*, a.a.O.

13 *Schmidt, Helmut*, Die Lehre von der Sittenwidrigkeit der Rechtsgeschäfte in historischer Sicht, Berlin, 1973, S.V.

14 Vgl. *Schmidt, Helmut*, a.a.O., S. 151.

15 *Schmidt, Helmut*, a.a.O., S. 151.

16 Vgl. *Schmidt, Helmut*, a.a.O., S. 151. Dies geschah nach Helmut Schmidt in den Stadt- und Landrechten des späten 16. Jahrhunderts, wie der Frankfurter Reformation von 1578. Dort fände sich in dem Verbot *unbillicher* und wucherischer *pacta* und *Geding* erstmals eine allgemeine Formulierungen des Verbotes sittenwidriger Rechtsgeschäfte. Vgl. *Schmidt, Helmut*, a.a.O., S. 26.

17 Vgl. *Schmidt, Helmut*, a.a.O., S. 151f.

Rechts und der Kanonistik für die Privatrechtsordnung[18] außer Acht gelassen. Es wurde nicht berücksichtigt, dass „[...] die christliche Kirche ein eigenständiges Rechtsdenken entwickelt hat, das weder vom heidnischen Römertum, noch von den Germanen genetisch ableitbar ist und [...] den Weg der europäischen Rechtsgeschichte maßgeblich geprägt hat"[19]. Unter Einbeziehung einer Untersuchung etwaiger Impulse aus dem kirchlichen Recht sowie auch der mittelalterlichen Quellen der Legistik und Kanonistik wäre die Begründung der Entstehung der oben genannten Generalklausel möglicherweise anders ausgefallen.

Auch Reinhard Zimmermann sieht, was die zivilistische Rechtswissenschaft betrifft, die Wurzeln einer generalisierenden, über die Kasuistik hinausgehenden Darstellung des Gedankens der guten Sitten als Kriterium für die Bestimmung zulässiger Inhalte von Vereinbarungen im 16. Jahrhundert. Hierzu verwies er jedoch nicht wie Helmut Schmidt auf das Gesetz, sondern auf eine Passage des Werkes von Hugo Donellus.[20] Dabei nahm er auf die oben genannten Ausführungen von Helmut Schmidt und Max Kaser Bezug.[21] Die Behandlung der *boni mores* in der rechtswissenschaftlichen Literatur des Mittelalters erfuhr jedoch auch durch Reinhard Zimmermann keiner Bemerkung.

II. Fragestellung und Thesen

Aufgrund des untrennbaren Zusammenhangs mit dem jeweiligen Zustand der die Sitten formenden Gesellschaft veränderten sich im Laufe der Zeit der Sinngehalt, die Bedeutung und auch die Funktion des Gedankens der guten Sitten im Gesellschafts- und Rechtsgefüge. Die Paradigmen der Geistesgeschichte und der Gesellschaften, die die Sitten seit der für das europäische Privatrecht bereits relevanten römischen Republik über das Mittelalter bis in die Neuzeit prägten, wandelten sich im Laufe der Zeit. Dennoch wurde der Entwicklung des Gedankens der Sittenwidrigkeit von Vereinbarungen in der Zeit nach der Antike bislang kaum Beachtung geschenkt.

---

18 Vgl. *Landau, Peter,* Methoden des kanonischen Rechts in der frühen Neuzeit zwischen Humanismus und Naturrecht, in: ZNR 1999, S. 7–28, 7.

19 *Landau, Peter,* Die Bedeutung des kanonischen Rechts für die Entwicklung einheitlicher Rechtsprinzipien, in: *Scholler, Heinrich* (Hrsg.), Die Bedeutung des kanonischen Rechts für die Entwicklung einheitlicher Rechtsprinzipien, Baden-Baden, 1996, S. 23–47, 24.

20 Vgl. *Zimmermann,* Obligations, 1990, S. 713.

21 Vgl. *Zimmermann,* Obligations, 1990, S. 711f.

Die Sitten im Sinne der Praxis eines bestimmten Verhaltens stellen als Tatsache der Lebenswirklichkeit innerhalb einer Gesellschaft eine außerrechtliche Verhaltensnorm dar. Durch die (guten) Sitten als Maßstab für rechtliche Handlungen wird das Recht einer moralischen Betrachtung unterworfen.[22] Dem gesetzten Recht wird ein ethischer Maßstab beigestellt, der sich aus unterschiedlichen Quellen speisen kann. Es stellt sich demnach die Frage, welchen Begriff sich die mittelalterliche Lehre, insbesondere die Kanonistik von den guten Sitten machte.

Seit dem Untergang des weströmischen Reichs und dem beginnenden Einfluss des Christentums auch im Bereich des Rechts unterlag die Gesellschaft einem einschneidenden Wandel. Es liegt deshalb nahe, dass ein entscheidender Beitrag zur Entwicklung des Gedankens der Bestimmung zulässiger Vertragsinhalte anhand eines moralischen Kriteriums auf die kirchliche Rechtswissenschaft zurückzuführen ist.[23] Interessant ist hierbei auch ein aufscheinender Zusammenhang mit dem Grundsatz *pacta sunt servanda* und der Entwicklung eines einheitlichen Vertragsrechts, bei der das kanonische Recht ebenfalls von entscheidendem Einfluss war.

In dieser Arbeit soll ein Teil der Lücke geschlossen werden, die bezüglich der Untersuchung der Dogmengeschichte des Gedankens der Sittenwidrigkeit in Bezug auf Vereinbarungen besteht. Hierzu soll die Frage beantwortet werden, was in der kirchlichen Rechtswissenschaft des Mittelalters den Gehalt der guten Sitten bestimmte und welche Rolle sie dort im Zusammenhang mit Vereinbarungen spielten.

Dabei wird die These zu Grunde gelegt, dass die Kanonistik den Begriff der *boni mores* mit einer spezifisch theologisch geprägten Bedeutung ausfüllte und ihm einen erhöhten Stellenwert beimaß. Angesichts der in der Kanonistik entwickelten und theologisch begründeten Lehre von der Verbindlichkeit sämtlicher, auch formloser Versprechen ist zu erwarten, dass den guten Sitten als Korrektiv der unbeschränkten Bindung in der Kanonistik eine besondere Funktion zukam.

---

22 Zu dem moralischen Charakter der guten Sitten im Bürgerlichen Gesetzbuch vgl. unter Bezugnahme auf die Motive zum BGB *Schmoeckel, Mathias,* Der maßgebliche Zeitpunkt zur Bestimmung der Sittenwidrigkeit nach § 138 I BGB, in: AcP 197 (1997), S. 1–79, 33 mit Fn. 168.

23 So vertritt auch David Deroussin die These, dass die *boni mores* im Mittelalter an Bedeutung gewonnen hätten und ihr moralisch geprägtes Verständnis auf die Kirche zurückzuführen sei. Vgl. *Deroussin, David,* Histoire du droit des obligations, Paris, 2007, S. 383.

Im Hinblick auf die spätere zivilistische Lehre und die in der heutigen Privatrechtsordnung vorhandene moralische Deutung der guten Sitten wird im Ergebnis der Arbeit nachzuweisen sein, welche Rolle hierbei die kirchliche Sicht der inhaltlichen Begrenzung von Vereinbarungen durch die guten Sitten spielte. Es ist zu vermuten, dass die Entstehung der allgemeinen Idee einer moralischen Begrenzung möglicher Vereinbarungen auf einen spezifisch kanonistischen Sittenwidrigkeitsbegriff zurückzuführen ist.

III. Methode

Methodisch erfolgt die Untersuchung eines Ausschnitts der Dogmengeschichte des Rechtsgedankens der Nichtigkeit sittenwidriger Rechtsgeschäfte. Dabei handelt es sich aufgrund des Gegenstands der Untersuchung um eine juristische Arbeit anhand mittelalterlicher Quellen. Zu der Methode der Untersuchung, insbesondere was die durch den Einfluss der Kanonistik erzeugten theologischen Bezüge betrifft, bietet das Vorhaben „Der Einfluss des kanonischen Rechts auf die europäische Rechtskultur“[24] einen Überblick für die Bereiche des Zivilrechts, des Öffentlichen Rechts, des Strafrechts und des Prozessrechts.

Eine dogmengeschichtliche Untersuchung der für die *boni mores* relevanten Quellen des Mittelalters im Bereich der Legistik und der Kanonistik steht bislang aus.[25] Es erfolgte auch keine umfassende Untersuchung der Dogmengeschichte des Grundsatzes der Nichtigkeit sittenwidriger Rechtsgeschäfte unter Einbeziehung auch der Kanonistik mit deren philosophischen und theologischen Hintergrund. Eine solche umfassende Dogmengeschichte kann und soll hier nicht erfolgen, da dies den Rahmen eines Dissertationsvorhabens sprengen würde. Mit dieser Arbeit soll jedoch ein Teil der Lücke geschlossen werden, die mangels der Untersuchung der mittelalterlichen Quellen der Kanonistik hinsichtlich der *boni mores* im Bezug auf Vereinbarungen besteht. Hierzu soll die Lehre der Kanonistik im Hinblick auf die *boni mores* und die zulässigen Inhalte von Vereinbarungen beleuchtet werden. Ausgehend von dem Ergebnis dieser Untersuchung soll auch ein Ausblick auf die spätere Bedeutung der Lehre der Kanonistik

24 *Condorelli, Orazio/Roumy, Franck/Schmoeckel Mathias* (Hrsg.), Der Einfluss der Kanonistik auf die europäische Rechtskultur Bd. 1: Zivil- und Zivilprozessrecht, Köln/Weimar/Wien, 2009; Bd. 2: Öffentliches Recht, 2011; Bd. 3: Straf- und Strafprozessrecht, 2012; *Mausen, Yves/Condorelli, Orazio/Roumy, Franck/Schmoeckel, Mathias* (Hrsg.), Der Einfluss der Kanonistik auf die europäische Rechtskultur Bd. 4: Prozessrecht, Köln/Weimar/Wien, 2014.

25 Vgl. *Mayer-Maly, Contra bonos mores,* 1986, S. 151.

von der inhaltlichen Begrenzung von Vereinbarungen für die heutige Privatrechtsordnung erfolgen.

Den Gegenstand des Hauptteils dieser Untersuchung bilden entsprechend der zeitlichen und inhaltlichen Begrenzung des Themas das *Decretum Gratiani*, die *Quinque compilationes antiquae*, der *Liber Extra*, der *Liber Sextus* sowie deren Kommentierungen durch ausgewählte Kanonisten.

Zuvor wird einführend auch der theologische Hintergrund der Kanonisten im Bereich der inhaltlichen Begrenzung von Vereinbarungen, insbesondere durch die Sittenwidrigkeit, beleuchtet werden, der der kanonistischen Literatur zu Grunde lag. Die Untersuchung der Theologie erfolgt dabei lediglich soweit sie die Lehre von der Wirksamkeit von Vereinbarungen beziehungsweise Versprechen und den Begriff der guten Sitten betrifft und somit für die kanonistische Lehre von der Sittenwidrigkeit von Vereinbarungen von Einfluss sein konnte.

Die Auswahl der zu untersuchenden Quellen richtet sich danach, welche Quellen für die Entwicklung des Rechts insgesamt bedeutsam waren. Dabei wird der Untersuchungsgegenstand im Rahmen der Gesetzestexte beziehungsweise Sammlungen mit Normcharakter auf das im *Corpus Iuris Civilis* enthaltene, im Mittelalter rezipierte römische Recht und die Texte des *Corpus Iuris Canonici* sowie der *Quinque compilationes antiquae* beschränkt. Eine Untersuchung der Partikularrechte wird unterbleiben, da aufgrund deren örtlich und inhaltlich beschränkten Anwendungsbereichs kein Einfluss auf die Entwicklung des Rechtsgedankens der *boni mores* zu erwarten ist. Diese Beschränkung des Untersuchungsgegenstands entspricht auch der heutige Betrachtung der Rezeption des römischen Rechts als gesamteuropäischer[26] „[…] Verwissenschaftlichungsprozess, dem die partikulären Rechte unterworfen waren."[27] Was die einführende Darstellung im Bereich des weltlichen Rechts betrifft, ist demnach das mit der *intentio fundata* begünstigte *ius civile* und die der partikularen Gesetzgebung mit zu Grunde liegende wissenschaftliche Behandlung der Materie im Rahmen des gelehrten Rechts zu untersuchen.

Der Untersuchungszeitraum beginnt mit der Entstehung des *Decretum Gratiani* (ca. 1140) und endet mit dem Höhepunkt der Zeit der Kommentatorenzeit Mitte des 14. Jahrhunderts.[28] Der Beginn wurde gewählt, weil das *Decretum*

---

26 Vgl. unter Berufung auf Franz Wieacker: *Schlosser, Hans,* Grundzüge der Neueren Privatrechtsgeschichte. Rechtsentwicklung im europäischen Kontext, 10. Aufl., Heidelberg, 2005, S. 60.

27 *Schlosser, Hans,* a.a.O., S. 61.

28 Zur Periodenbildung innerhalb der Rechtsgeschichte und deren Rechtfertigung sowie speziell innerhalb der Legistik s. *Coing*, Handbuch, I, 1973, S. 8f., 139.

Gratiani als die Grundlage für die im 12. Jahrhundert entstandene institutionalisierte Lehre des kirchlichen Rechts eine bedeutende Zäsur in der Kanonistik darstellt.[29] Diese ist geeignet, den Gegenstand der Untersuchung sinnvoll zu begrenzen.

In materieller Hinsicht werden zur Begrenzung des Themas die Wucher-Thematik, die Frage des *iustum pretium*[30] und die der Sittenwidrigkeit im Rahmen des Abschlusses von Vereinbarungen von der Untersuchung ausgenommen. Dies bietet sich an, da diese Gegenstände die Frage der *boni mores* beziehungsweise *turpitudo* in den Quellen des Untersuchungszeitraums nicht berühren.

IV. Gang der Untersuchung

Die Untersuchung der Lehre von Vereinbarungen *contra bonos mores* in der Kanonistik soll nicht losgelöst von der zivilistischen Lehre erfolgen. Wenn auch die Quellen des klassischen römischen Rechts meist nicht den Gegenstand ihrer Lehre darstellten, nahmen die kirchlichen Juristen in ihren Werken zum kirchlichen Recht Bezug auf die älteren Quellen des klassischen römischen Rechts. So kann die Beantwortung der Frage nach der kirchlichen Lehre von der Sittenwidrigkeit von Vereinbarungen nicht gänzlich ohne die Darstellung etwaiger Verbindungen und gegenseitiger Einflüsse der Schwesterdisziplinen Legistik und Kanonistik auf diesem Gebiet erfolgen.

Bevor im Hauptteil die Frage nach der Sittenwidrigkeit von Vereinbarungen in der Kanonistik behandelt wird, wird demnach einführend auch die entsprechende Lehre des klassischen römischen Rechts und der Legistik Erwähnung finden. So soll zur Einführung und zur Vorbereitung des Hauptteils in einem ersten Schritt die Behandlung der Sittenwidrigkeit von Vereinbarungen im *ius civile* dargestellt werden.

Was das Recht vom *contractus* und *pactum* sowie von den *boni mores* im klassischen und nachklassischen römischen Recht betrifft, kann hierzu auf die bereits bestehende Literatur verwiesen werden. Dies gilt auch für den hierauf zu

29 Zu der Bedeutung des *Decretum Gratiani* als Standardwerk für die Entwicklung der Rechtswissenschaft vgl. Pennington, Kenneth in: *Pennington, Kenneth/Müller, Wolfgang P.*, The Decretists. The Italian school. In: *Hartmann, Wilfried/Pennington, Kenneth* (Hrsg.), The history of medieval canon law in the classical period, 1140–1234: from Gratian to the decretals of Pope Gregory IX, Washington D.C., 2008, S. 121–173, 121f.

30 Zu der Geschichte des Zins- und Wucherverbotes und des *iustum pretium*, s. mit weiterem Nachweis zur Literatur *Schmoeckel, Mathias*, Rechtsgeschichte der Wirtschaft. Seit dem 19. Jahrhundert, Tübingen, 2008, Rn. 39–45.

erfolgenden Überblick über die Lehre vom *pactum* allgemein bei den Legisten. In der hierzu vorhandenen Literatur wurde bislang kein spezielles Augenmerk auf die Sittenwidrigkeit gelenkt. Es ist demnach notwendig, unter Berücksichtigung der bereits vorhandenen Untersuchungen zur Lehre vom *pactum,* die zivilistische Lehre von den *boni mores* in diesem Zusammenhang herauszuarbeiten. Dies kann, um den Rahmen der Arbeit nicht zu sprengen, nur anhand einiger ausgewählter Juristen geschehen. Die einführende Erarbeitung des legistischen Begriffs der *boni mores* soll der Konturierung der Darstellung der kanonistischen Lehre dienen, die den Hauptteil der Arbeit bildet.

Die Frage nach der kanonistischen Lehre von der Sittenwidrigkeit von Vereinbarungen kann nicht ohne die Berücksichtigung der Theologie beantwortet werden. Aus diesem Grunde soll ebenfalls einführend untersucht werden, was die Theologie des Hochmittelalters unter den *boni mores* verstand, welche Rolle diese im Zusammenhang mit Vereinbarungen spielten und anhand welcher Kriterien die Theologie den zulässigen Inhalt von Vereinbarungen beurteilte.

Vor diesem Hintergrund erfolgt im Hauptteil unter Berücksichtigung der bereits vorliegenden Erkenntnisse über die Entwicklung eines einheitlichen Vertragsrechts in der Kanonistik die Untersuchung der Sittenwidrigkeit von Vereinbarungen in der Kanonistik. Dabei soll insbesondere die Frage beantwortet werden, wie die Kanonistik den Gehalt der Sittenwidrigkeit bestimmte und welche Funktion und Bedeutung diesen im Zusammenhang mit Vereinbarungen zukam.

B Zur Einführung: Die *boni mores* im *ius civile* und in der Theologie

I. Die *boni mores* im *ius civile*

1. Einleitung

Wie bereits erwähnt wurde, erfordert die Beantwortung der Frage nach der kanonistischen Lehre von der Sittenwidrigkeit von Vereinbarungen auch die Berücksichtigung der zivilistischen Lehre diesbezüglich. Einführend soll deshalb die Frage beantwortet werden, was das klassische römische Recht und die Legistik unter den *boni mores* verstanden und welche Funktion ihnen im Zusammenhang mit Vereinbarungen zukam.

Dabei wird zum Überblick, in aller Kürze und ohne Anspruch auf Vollständigkeit, die Darstellung des klassisch-römischen Rechts vom *contractum*, vom *pactum* und den *boni mores* auf der Grundlage bereits vorhandener Untersuchungen erfolgen (B. I. 2.). Dies gilt auch für die legistische Lehre von Vereinbarungen im weiteren Sinne *(pactum)* (B. I. 3.). Da die Lehre der Legistik von sittenwidrigen Vereinbarungen in der Literatur bislang keine besondere Beachtung fand, ist anhand einiger ausgewählter Legisten die legistische Lehre von den *boni mores* im Zusammenhang mit *pacta* herauszuarbeiten (B. I. 4.).

2. Die Lehre vom *contractum* und *pactum* im klassischen und nachklassischen römischen Recht und die Sittenwidrigkeit

a. Klassisches römisches Recht

Das klassische römische Recht der Obligationen war vom Prinzip des Typenzwangs geprägt. Nach diesem begründeten nur typisierte Vereinbarungen, die bestimmte Voraussetzungen erfüllten, Verbindlichkeiten, die im Wege der Klage durchsetzbar waren.[31] Diese typisierten *contractus* wurden unterschieden von bloßen *pacta*, die keinem der Kontraktstypen entsprachen und damit keine

---

31 Zur Frage der Vertragsfreiheit im römischen Recht angesichts der inhaltlichen Gestaltungsfreiheit im Fall der *stipulatio* s. *Kaser, Max/Knütel, Rolf*, Römisches Privatrecht, 18. Aufl., München, 2005, § 33, Rn. 2.

klagbare Verbindlichkeit, sondern lediglich eine Naturalobligation[32] erzeugten. Es galt die Regel

> *„[…] nuda pactio obligationem non parit, sed parit exceptionem […]“*[33].

Als *pactum*[34] (Vereinbarung, Übereinkunft, Vertrag) wurde dabei definiert die *„[…] pactio duorum vel pluriumve in idem placitum et consensus.“*[35], ohne dass weitere Voraussetzungen wie die der Einhaltung einer bestimmten Form vorlagen. Eine durchsetzbare *obligatio* entstand erst beim Hinzutreten bestimmter weiterer Umstände *ex re, verbis, litteris* oder *consensu*. Die Kontrakte, die dabei geschlossen wurden, wurden nach Gaius nach der Art der Entstehung der Verbindlichkeit in vier Typen eingeteilt.[36]

Die einfachen *pacta*, bei welchen diese Umstände nicht vorlagen, konnten jedoch einredeweise im Prozess geltend gemacht werden. So konnte der Schuldner, wenn die Parteien formlos vereinbart hatten, dass der Gläubiger nicht klagen werde *(pactum de non petendo)*, und der Gläubiger dann doch Klage erhob, dagegen nach D. 2.14.7.7 die *exceptio pacti conventi* erheben und so eine Verurteilung jedenfalls hinauszögern.[37]

Es gab jedoch bereits im klassischen römischen Recht *pacta*, die im Prozess zu berücksichtigen waren, obwohl sie formlos geschlossen wurden. Dies waren die formlosen Nebenabreden zu klagbaren Vereinbarungen *(pacta adiecta)*[38], die gleichzeitig mit oder innerhalb eines bestimmten Zeitraums nach dem Vertrag geschlossen wurden. Sie waren von dem Richter, wie die sonstigen zum Inhalt des Schuldverhältnisses gehörigen Umstände, unter anderem auch die oben

---

32 Im Sinne einer lediglich faktisch als solche erscheinenden. Hierzu und zu dem Begriff der Naturalobligation im römischen Recht, vor allem seit Julian, vgl. *Kaser, Max/Knütel, Rolf*, Römisches Privatrecht, 18. Aufl., München, 2005, § 33, Rn. 6.

33 Ulpian D. 2.14.7.4 in: *Corpus iuris civilis.* Ed. *Krüger/Mommsen,* I, 1911, S. 57, Sp.1.

34 Zur Geschichte des Begriffes ‚*pactum*‘ seit dem altrömischen Recht s. *Kaser, Max/Knütel, Rolf*, Römisches Privatrecht, 18. Aufl., München, 2005, § 38, Rn. 13.

35 Ulpian D. 2.14.1.1, in: *Corpus iuris civilis.* Ed. *Krüger/Mommsen,* I, 1911, S. 56, Sp.2.

36 Vgl. Gai. 3,89; Inst. 3.13.2; Vgl. *Kaser, Max/Knütel, Rolf*, Römisches Privatrecht, 18. Aufl., München, 2005, § 38, Rn. 6.

37 Vgl. *Zimmermann,* Obligations, 1990, S. 758.

38 Vgl. *Kaser,* Das römische Privatrecht, I, 1971, S. 527.

genannte *exceptio pacti conventi*[39], unter dem Gesichtspunkt der *bona fides* im Rahmen der *bonae fidei iudiciae*[40] zu berücksichtigen.[41]

b. Nachklassische Zeit

In der nachklassischen Zeit erfolgte nach Max Kaser eine Abkehr von dem streng formalisierten Aktionensystem. Der Zusammenhang zwischen *actio* und dem zugrundeliegenden *contractus* habe nunmehr lediglich in der Bestimmung der Ansprüche, nicht mehr der *actiones* im prozessualen Sinne, durch den Kontraktstyp bestanden.[42] Die Einteilung der *contractus* nach ihrem Entstehungsgrund bestand auch in der nachklassischen Zeit fort, es traten jedoch weitere Arten klagbarer Verbindlichkeiten hinzu, so dass nach Max Kaser bereits in der nachklassischen Zeit von einer allgemeinen Regel der Klagbarkeit der *pacta* ausgegangen werden konnte.[43]

Dies kann nach Peter Landau jedoch nicht im Sinne eines Prinzips des römischen Rechts verstanden werden.[44] Das klassische und nachklassische Römische Recht regelte das Obligationenrecht vielmehr in Form einer Aufzählung verschiedener Arten benannter und unbenannter *contractus* sowie verschiedener *pacta*, für die ausdrücklich eine Klagemöglichkeit gegeben wurde. Von einem einheitlichen Vertragsrecht konnte auch zur Zeit der Kompilation des römischen

39 Diese ist den *bonae fidei iudiciae* inhärent. Vgl. *Kaser, Max/Knütel, Rolf*, Römisches Privatrecht, 18. Aufl., München, 2005, § 33, Rn. 16; *Zimmermann*, Obligations, 1990, S. 758.

40 Bei den *bonae fidei iudicia* wurde dem Richter ein Beurteilungsspielraum bezüglich dessen, was der Beklagte *ex fide bona* zu leisten hatte, eingeräumt. Dies erleichterte den Rechtsverkehr mit Nichtrömern, gegenüber welchen die *fides*, die Pflicht zum Worthalten, unterschiedslos ebenfalls galt. In der frühen Republik wurde dabei nach dem Maßstab der *bona fides* all das als Inhalt des Schuldverhältnisses und damit geschuldet betrachtet und beurteilt, was die Parteien in dessen Zusammenhang auch nur formlos vereinbart hatten, wie beispielsweise Nebenabreden *(pacta adiecta)* zu einem Vertrag. Wurden diese erst nach Vertragsschluss vereinbart, wurden sie lediglich als Einrede berücksichtigt. Vgl. zu diesem Absatz *Kaser, Max/Knütel, Rolf*, Römisches Privatrecht, 18. Aufl., München, 2005, § 33, Rn. 11–14.

41 Vgl. *Kaser*, Das römische Privatrecht. I, S. 487; *Kaser*, Das römische Privatrecht, II, S. 364.

42 Vgl. *Kaser, Max/Knütel, Rolf*, Römisches Privatrecht, 18. Aufl., München, 2005, § 33, Rn. 3.

43 Vgl. *Kaser*, Das Römische Privatrecht, II, S. 364.

44 Vgl. *Landau, Pacta sunt servanda*, 2003, S. 457–474, 457, Fn. 3.

Rechts unter Justinian noch nicht gesprochen werden.[45] Zur Entwicklung des noch heute[46] herrschenden allgemeinen Vertragsrechts, das, abgesehen von vereinzelten Formvorschriften, allein den Konsens der Vertragspartner voraussetzt, kam es erst durch die Lehre der Kanonisten bezüglich der Verbindlichkeit eines jeden, auch formlosen Versprechens.[47]

c. Die *boni mores* im klassischen und nachklassischen römischen Recht

(1) Der Kontext der *boni mores*

Vor dem Hintergrund der klassischen und nachklassischen Lehre vom *contractum* und *pactum* soll nun anhand bereits erfolgter Untersuchungen die entsprechende Lehre von der Sittenwidrigkeit im klassischen und nachklassischen römischen Recht dargestellt werden.

Nach Theo Mayer-Maly fanden sich die *boni mores* im römischen Recht der Antike thematisch in den drei Bereichen der *iniuria*, der Rechtsgeschäfte und der „allgemeinen Grundsätze [...] der Familienordnung“[48]. Dabei sieht er, was die Sittenwidrigkeit von Rechtsgeschäften betrifft, die Schwerpunkte bei der Ungültigkeit sittenwidriger *pacta* sowie bei den sittenwidrigen Bedingungen in Kontrakten und Testamenten.[49] Im Zusammenhang mit Rechtsgeschäften häufte sich nach der Untersuchung von Theo Mayer-Maly die Verwendung des Ausdrucks *boni mores* in der Spätklassik, vor allem bei Papinian, sowie in der Folgezeit in den Paulussentenzen und der *Consultatio.* Dort sei, anders als in der Zeit davor, nicht die Sittenwidrigkeit von Kontrakten behandelt worden, sondern die von *pacta* und Bedingungen, die insbesondere Testamente beträfen. Dabei seien die guten Sitten auf außerordentlich generalisierende Weise in einer Reihe mit anderen Rechtsquellen, an denen die Rechtsgeschäfte zu messen gewesen seien, aufgeführt worden.[50] Hierzu verwies er auf verschiedene Stellen aus dem

45 Vgl. *Coing, Helmut,* Europäisches Privatrecht. Band 1. Älteres Gemeines Recht (1500–1800), München, 1985, S. 389; *Kaser, Max/Knütel, Rolf,* Römisches Privatrecht, 18. Aufl., München, 2005, § 38, Rn. 18.

46 Die traditionelle einheitliche, allein auf dem Konsens der Vertragsparteien beruhende Vertragslehre wurde jedoch durch die dem Privatrecht fremden Beschränkungen der Vertragsabschlussfreiheit durch die Bestimmungen des Allgemeinen Gleichbehandlungsgesetztes (AGG) nicht unerheblich beeinträchtigt.

47 Vgl. *Kaser, Max/Knütel, Rolf,* Römisches Privatrecht, 18. Aufl., München, 2005, § 38, Rn. 18.

48 *Mayer-Maly, Contra bonos mores,* 1986, S. 155.

49 Vgl. zu diesem Absatz *Mayer-Maly, Contra bonos mores,* 1986, S. 154f.

50 Vgl. *Mayer-Maly, Contra bonos mores,* 1986, S. 166.

3. Jahrhundert, von Caracalla aus dem Jahre 213 (C. 2.3.6) bis Diokletian aus dem Jahre 293 (Cons. 4, 9).[51] Aus dem vermehrten Auftreten von allgemeinen Aussagen zur Nichtigkeit sittenwidriger *pacta* zu Beginn des 3. Jahrhunderts leitete er ein verstärktes Interesse an den *boni mores* als Kriterium zu dieser Zeit her.[52]

Zu dieser Zeit, dem 3. Jahrhundert vor Christus, in der sie vermehrt als Maßstab für Rechtsgeschäfte herangezogen worden seien, finden sich die *boni mores* nach Theo Mayer-Maly auch in Aufzählungen von Rechtsquellen. Hieraus schloss er, dass die guten Sitten „als gesellschaftlich anerkannte Verhaltensordnung und nicht etwa als Maßstab für die Bewertung persönlicher Lebensführung verstanden“[53] worden seien.[54]

(2) Der Begriff der *boni mores* im antiken römischen Recht

Es stellt sich an dieser Stelle die Frage, welchen Begriff sich die Juristen des klassischen und nachklassischen römischen Rechts von den *boni mores* beziehungsweise der Sittenwidrigkeit im Rahmen der oben dargestellten Lehre von den *contractus* beziehungsweise *pacta* machten.

Das Thema der *boni mores* wurde, was das antike römische Privatrecht angeht, bereits ausführlich beleuchtet.[55] Dies geschah vor allem durch Max Kaser, der

---

51 Vgl. *Mayer-Maly, Contra bonos mores,* 1986, S. 155, Fn. 28.

52 Vgl. *Mayer-Maly, Contra bonos mores,* 1986, S. 157.

53 *Mayer-Maly, Contra bonos mores,* 1986, S. 167.

54 Vgl. *Mayer-Maly, Contra bonos mores,* 1986, S. 166. Theo Mayer-Maly nannte hierzu C. 2.3.6 (Caracalla), Cons. 4, 9 und 10 (Diokletian), D. 28.7.14 und D. 30.112.3 (Marcian).

55 Vgl. *Kaser,* Rechtswidrigkeit, 1940, S. 95–150; *Kaser, Max,* Über Verbotsgesetze und verbotswidrige Geschäfte im römischen Recht, in: Österreichische Akademie der Wissenschaften. Philosophisch- historische Klasse. Sitzungsberichte, 312. Band, Wien, 1977; *Kaser,* Das römische Privatrecht, I, § 46, III, 1, § 48, III, 1, 2, § 60, II, 2 mit Verweis auf Literatur zu unsittlichen Geschäften in Fn. 50; *Kaser,* Das römische Privatrecht, II, § 22, I, 3 mit Verweis auf Literatur zu der Frage der Sittenwidrigkeit im Zusammenhang mit der *stipulatio* in Fn. 8, II; *Kaser, Max/Knütel, Rolf,* Römisches Privatrecht, 18. Aufl., München, 2005, § 9, Rn. 9; *Mayer-Maly, Contra bonos mores,* 1986; s.a. *Macqueron, Jean,* L'histoire de la cause immoral ou illicite dans les obligations en droit romain, Paris, 1924; *Koschembahr- Lyskowski, Ignaz von, Conventiones contra bonos mores* dans le droit romain, (= Mélanges de droit romain dédiés à Georges Cornil, Bd. 2), Gand, 1926, S. 13–35; *Mezger, Hans-Robert,* Stipulationen und letztwillige Verfügungen *contra bonos mores,* Dissertation, Göttingen, 1929; *Deroussin, David,* Histoire du droit des obligations, Paris, 2007, S. 378f.; *Wieacker, Franz,* Römische Rechtsgeschichte, Erster Abschnitt, München, 1988, S. 504f.; *Zimmermann,* Obligations, 1990, S. 706–715; *Kersting, Wolfgang,* Artikel "Sitte", in: *Ritter, Joachim/Gründer, Karlfried* (Hrsg.), Historisches Wörterbuch der Philosophie, Bd. 9, Basel, 1995, Sp.897–907, 898f.; *Biondi, Biondo,* Istituzioni di diritto

der Thematik der Sitten und insbesondere der guten Sitten im römischen Recht der Antike mehrere Aufsätze[56] sowie die spätere umfangreichere Abhandlung „Verbotsgesetze und verbotswidrige Geschäfte im römischen Recht“[57] widmete. Sein Beitrag zur Forschung in diesem Bereich wurde von Theo Mayer-Maly als prägend bezeichnet.[58]

Nach Max Kaser hatten die Sitten im römischen Reich der Antike als das „soziale Gewissen des römischen Volkes“[59] die Funktion, die Macht, die durch das Recht in erster Linie den Hausvätern verliehen worden sei, zu beschränken und die Gemeinschaft und das Gemeinschafsbewusstsein des römischen Volkes zu bewahren. Sitte und Recht bildeten trotz der die beiden verschränkenden Funktion der Sitte streng zu trennende Bereiche. Die kontrollierende und beschränkende Funktion der Sitte habe schließlich zur Verstaatlichung der Sittenaufsicht[60] durch die Zensoren geführt, deren Aufgabe des *regere mores* von dem *iudicium* des Gerichtsmagistraten genauso streng zu trennen sei wie die Sitte vom Recht.[61] Die Trennung der beiden Bereiche Sitte und Recht durch die Institutionen Gericht und Zensoren entfiel nach Max Kaser mit dem Verschwinden der letzteren in der späten Republik[62], nicht jedoch die Trennung der Bereiche selbst in der Vorstellung der klassischen Juristen.[63]

---

romano, Milano, 1965, S. 58; *Biondi,* Il diritto romano cristiano, 1952, S. 47–61; *Berger, Adolf,* Encyclopedic dictionary of roman law, Philadelphia, 1953, S. 374, 413, 587.

56 Vgl. *Kaser,* Gemeinschaftsordnung, 1939; *Ders., Mores maiorum* und Gewohnheitsrecht, ZRG RA 59 (1939), 52–101; *Ders.*, Rechtswidrigkeit, 1940, S. 95–150.

57 *Kaser, Max,* Über Verbotsgesetze und verbotswidrige Geschäfte im römischen Recht, in: Österreichische Akademie der Wissenschaften. Philosophisch- historische Klasse. Sitzungsberichte, 312. Band, Wien, 1977.

58 Vgl. *Mayer-Maly, Contra bonos mores*, 1986, S. 152.

59 *Kaser,* Gemeinschaftsordnung, 1939, S. 16.

60 Vgl. *Mommsen, Theodor,* Römisches Staatsrecht, Bd. 2, 1. Teil, 4. Aufl., Graz, 1874, S. 375: Aufgabe der Zensoren war neben der Registrierung der Bürger einer Gemeinde und der Feststellung deren Vermögens auch die Prüfung deren Lebenswandels *(mores).* Vgl. *Mommsen, Theodor,* a.a.O., S. 376. Dabei wurde nach Theodor Mommsen „die Prüfung vom staatlichen Gesichtspunkt aus angestellt und zunächst darauf gerichtet, in welcher Weise der einzelne Bürger seine Pflichten in der Gemeinde erfüllt“. *Mommsen, Theodor*, a.a.O., S. 376.

61 Vgl. zu diesem Absatz *Kaser,* Gemeinschaftsordnung, 1939, S. 15f.; Gegen eine Überschätzung dieses Gegensatzes später *Kaser,* Das römische Privatrecht, II, S. 195, § 48 III, 1.

62 Vgl. *Kaser,* Das römische Privatrecht, I, S. 196, § 48 III, 1.

63 Vgl. *Kaser,* Rechtswidrigkeit, 1940, S. 97. Zu einer Verwischung dieser Grenze und der Zunahme überflüssiger ethischer Begründungen rechtlicher Entscheidungen in

Die Sittlichkeit bestimmte sich nach Max Kaser nach dem Bewusstsein der römischen Bürger und bestand in der Beachtung und Bewahrung des von den römischen Vorfahren praktizierten und gebilligten Verhaltens, des *mos maiorum*.[64] Dabei seien solche Sitten *boni mores* und damit zu befolgen gewesen, die dem Gemeinwohl dienten. Auf diesem beruhte nach Max Kaser die Sittlichkeit des Verhaltens im Sinne eines „sozialethische[n] Prinzip[s]"[65].[66]

Dabei habe es sich jedoch nicht um eine „bewusste philosophische Überlegung“[67] gehandelt, sondern um eine „von der Beobachtung des allgemeinen Besten hergeleiteten Lebenslehre“[68]. So entfaltete sich die an dem Gemeinwohl orientierte Ethik nach Max Kaser „[...] in einer Reihe praktischer, also im äußeren Verhalten bekundeter Tugenden, der *fides* und *disciplina*, der *pietas* und *gratia*, der *reverentia* und dem *obsequium*, mithin dem, was die Römer mit ihrem Lieblingswort *officium* zusammenfassen, der allzeit bereiten tätigen Rücksichtnahme auf die berechtigten Interessen der Allgemeinheit.“[69] Zusammenfassend bezeichneten die *boni mores* bei den Juristen der Klassik „[...] die auf dem Vorbild der Vorfahren beruhende, von der Allgemeinheit als gut anerkannte Übung in der inneren und äußeren Lebenshaltung“[70].

Dabei wurden die *boni mores* nach Theo Mayer-Maly in der Fachsprache nicht wie im umgangssprachlichen Gebrauch zur „moralischen Beurteilung der Lebensführung eines Menschen“[71] verwendet, sondern seien als Ordnung zu verstehen, mit welcher das rechtlich relevante Handeln der Menschen übereinstimmen musste, um wirksam zu sein. Dies werde an der Aufnahme der *boni*

---

der nachklassischen Zeit vgl. *Kaser*, a.a.O., S. 140, *Ders.*, Das römische Privatrecht, II, § 197, I mit Verweis auf *Biondi*, Il diritto romano cristiano, 1952, S. 61ff. und 64ff.

64 Vgl. *Kaser*, Gemeinschaftsordnung, 1939, S. 16f. Entscheidend für die Beachtlichkeit des Brauchs sei gewesen, dass es sich um einen traditionell römischen Brauch gehandelt habe. Vgl. *Kaser*, Rechtswidrigkeit, 1940, S. 131 mit Verweis auf Ulpian, D. 47.10.15.6.

65 *Kaser*, Gemeinschaftsordnung, 1939, S. 17.

66 Vgl. zu diesem Absatz *Kaser*, Gemeinschaftsordnung, 1939, S. 16f.

67 *Kaser*, Gemeinschaftsordnung, 1939, S. 16.

68 *Kaser*, Rechtswidrigkeit, 1940, S. 101.

69 *Kaser*, Gemeinschaftsordnung, 1939, S. 17. Die Kursivierung erfolgte, soweit sie nicht bereits vorhanden war, durch die Verfasserin. Zu den Begriffen verwies Max Kaser auf das Sachregister bei *Schulz, Fritz*, Prinzipien des römischen Rechts. Vorlesungen, München, 1934.

70 *Kaser*, Rechtswidrigkeit, 1940, S. 100.

71 *Mayer-Maly*, *Contra bonos mores*, 1986, S. 155.

mores in verschiedene Aufzählungen von Rechtsquellen, an denen ein Rechtsgeschäft zu messen gewesen sei, deutlich.[72]

Zur inhaltlichen Bestimmung der guten Sitten im Zusammenhang mit Rechtsgeschäften verwies Theo Mayer-Maly auf verschiede Fallgruppen. In Bezug auf den Inhalt von Vereinbarungen nannte er dabei die Bereiche der Eheschließung und Scheidung, Vereinbarungen über die Erbschaft zu Lebzeiten und den Haftungsausschluss bei Vorsatz[73].[74]

In den Digesten wurde es daneben unter anderem als gegen die *boni mores* verstoßend angesehen, den Ehemann im Falle der Scheidung auf Herausgabe der gesamten Mitgift zu verurteilen.[75] Ein Verstoß gegen die guten Sitten wurde in den Bedingungen gesehen, dass der Vater nicht vor dessen Feinden gerettet oder dass den Eltern oder Schutzherren kein Unterhalt gewährt wird.[76] Eine Einrede, die den Ruf der Eltern oder Schutzherren in den Augen der guten Sitten schädigte, war wie die Einrede der Arglist ausgeschlossen.[77] In einer testamentarischen Bedingung, die der Senat oder Kaiser missbilligte, wurde eine Verletzung des Pflichtgefühls *(pietas)*, der bürgerlichen Ehre *(existimatio)* und des Anstandsgefühls *(verecundia)* gesehen. Dies wiederum wurde verallgemeinernd als Verstoß gegen die guten Sitten bezeichnet.[78] Eine *stipulatio,* mit der Eltern die Heirat ihrer Kinder versprachen, verstieß gegen die guten Sitten.[79] Am häufigsten finden sich die guten Sitten in den Digesten im Titel über die Injurien. Dort wurde es als sittenwidrig verstanden, wenn durch verlockende Rede die Schamhaftigkeit angetastet[80] oder wenn entgegen der guten Sitten der Sklave eines Dritten geschlagen wurde. Im letzten Fall sollte keine Sittenwidrigkeit vorliegen, wenn es zum Zwecke der Zurechtweisung erfolgte.[81] Weiter wurde es als Injurie gegen die guten Sitten gesehen, wenn jemand mit Jauche, Kot oder Schmutz beworfen wurde sowie Wasser oder Gewässer verunreinigt wurden.[82] Im *Codex*

72 Vgl. *Mayer-Maly*, *Contra bonos mores*, 1986, S. 156, 166f.

73 Vgl. D. 16.03.1.7.

74 Vgl. *Mayer-Maly*, *Contra bonos mores*, 1986, S. 155.

75 Vgl. D. 24.3.14.1. Die Entscheidung wurde mit der Achtung begründet, die dem Ehemann geschuldet werde.

76 Vgl. D. 28.7.9.

77 Vgl. D. 44.4.4.16.

78 Vgl. D. 28.7.15.

79 Vgl. D. 51.1.134.pr.

80 Vgl. D. 47.10.1.15.20.

81 Vgl. D. 47.10.15.38.

82 Vgl. D. 47.11.1.

findet sich eine Entscheidung von Diokletian und Maximinian, nach welcher die Vermietung der Ehefrau im Rahmen einer *stipulatio* im Sinne der Kuppelei als sittenwidrig bewertet wurde.[83] An anderer Stelle wurde eine *stipulatio* bezüglich der künftigen Erbfolge als den guten Sitten zuwider für unwirksam erklärt.[84]

Auch Biondo Biondi kam bezüglich der Frage nach dem Begriff der *boni mores* im klassischen römischen Recht zu dem Ergebnis, dass dieser nicht im Sinne einer moralischen Verhaltensnorm zu verstehen sei. Unter Berufung auf die guten Sitten sei nicht ein moralischer Wert, sondern vielmehr die Würde und das Ansehen der Bürger geschützt worden.[85] Dies wird durch die oben genannten Fundstellen aus *Codex* und Digesten bestätigt. Sie betreffen fast ausschließlich das Ansehen, Schamgefühl, den guten Ruf und die Ehrerbietung gegenüber den Eltern, Schutzherren, Frauen und Ehemännern.

Nach Biondo Biondi stand hinter den Entscheidungen im klassischen römischen Recht im Hinblick auf die *boni mores* nicht ein universelles, übergeordnetes moralisches Prinzip. Dies begründete er anhand der unterschiedlichen Behandlung der Bedingungen in Bezug auf die Ehe sowie der unterschiedlichen Behandlung von Testament und Vereinbarungen unter Lebenden in Bezug auf die Freiheit. Er sah die maßgeblichen Faktoren vielmehr in politischen und gesellschaftlichen Interessen begründet. Diese seien in dem einen Fall die Testierfreiheit und in dem anderen die Motive, die den *leges Iulia et Papia* zu Grunde lagen.[86] Dabei sah er den Schutz der Testierfreiheit nicht moralisch, sondern in der „rechtlich-sozialen Tradition"[87] begründet.[88]

Die Sittlichkeit eines Verhaltens in diesem klassisch römisch-rechtlichen Sinne wurde durch die klassischen Juristen neben der Verwendung des Ausdrucks der *boni mores* auch mit *honestum* bezeichnet und im Gegensatz zu *turpe* gesetzt.[89] Dabei betonten die Ausdrücke *turpitudo* und *honestas* nach Max Kaser den Schuldvorwurf und die „[…] Mißachtung seiner Person in den Augen der Allgemeinheit"[90], die aus dem Verstoß gegen die guten Sitten

83 Vgl. C. 4.7.5.

84 Vgl. C. 8.36.4.

85 Vgl. *Biondi*, Il diritto romano cristiano, 1952, S. 51.

86 Vgl. zu diesem Absatz *Biondi*, Il diritto romano cristiano, 1952, S. 55f.

87 *Biondi*, Il diritto romano cristiano, 1952, S. 51.

88 Vgl. *Biondi*, Il diritto romano cristiano, 1952, S. 51.

89 Vgl. *Kaser*, Rechtswidrigkeit, 1940, S. 103. Zur Begründung des Zusammenhangs der Ausdrücke *boni mores* und *honestas* bzw. *turpitudo* führte Max Kaser verschiedene Stellen an, in denen der eine Ausdruck durch den anderen erläutert werde. Vgl. *Kaser*, a.a.O., S. 104.

90 *Kaser*, Rechtswidrigkeit, 1940, S. 103.

folgten.[91] In diesem Zusammenhang ist zu berücksichtigen, dass sich die juristische Verwendung des Ausdrucks *boni mores* von der in der sonstigen Literatur und Umgangssprache unterschied.[92]

(3) Ergebnis und Ausblick

Die *boni mores* wurden demnach insbesondere im spätklassischen römischen Recht als Maßstab für *pacta* herangezogen.[93] Sie beurteilten sich an den Ansichten und Gepflogenheiten der Gesellschaft und dienten der Wahrung des Wohles der Allgemeinheit.[94] Nichtigkeit aufgrund von Sittenwidrigkeit war insbesondere dann gegeben, wenn das Ansehen der römischen Bürger oder die Testierfreiheit eingeschränkt wurden. Ein moralisches Urteil über bestimmte rechtliche Handlungen, wie es noch heute in § 138 BGB anklingt, fand sich dagegen im klassischen römischen Recht nicht.

Dies änderte sich nach Biondo Biondi jedoch mit der Rechtsprechung der christlichen Kaiser.[95] So legte Justinian seiner Entscheidung in C. 2.3.30 unter Bezugnahme auf die *boni mores* ausdrücklich moralische Motive zu Grunde. Justinian verwies zwar auf die Sittenwidrigkeit von Vereinbarungen über eine künftige Erbschaft schon bei den *veteres*, also im klassischen römischen Recht. Im Unterschied zu seinen Vorgängern begründete er die Sittenwidrigkeit jedoch nicht vorrangig mit der Testierfreiheit des künftigen Erblassers. Diese blieb ja unangetastet. Er tadelte vielmehr die Situation, die aus der Vereinbarung folgte, nämlich, dass der Tod eines Dritten zu einem wünschenswerten und begehrten Ereignis werde.[96]

Theo Mayer-Maly dagegen verneinte wegen der Bezugnahme Justinians auf die *veteres* eine verstärkte Bezugnahme auf die *boni mores* unter Justinian.[97] Gerade im Vergleich mit seinen Vorgängern deute sich in den moralischen

---

91 Vgl. *Kaser*, Rechtswidrigkeit, 1940, S. 103 mit einem Nachweis der Stellen, in denen *turpe* und *honestus* als Gegensätze nebeneinander verwendet worden seien.

92 Vgl. hierzu *Mayer-Maly, Contra bonos mores*, 1986, S. 155. Zum Ursprung des Ausdrucks *boni mores* in der nichtjuristischen Literatur vgl. *Mezger, Hans-Robert*, Stipulationen und letztwillige Verfügungen *contra bonos mores*, Dissertation, Göttingen, 1929, S. 4ff. Dort findet sich nach Theo Mayer-Maly die umfangreichste Darstellung der nichtjuristischen Quellen. Vgl. *Mayer-Maly, Contra bonos mores*, 1986, S. 155.

93 Vgl. *Mayer-Maly, Contra bonos mores*, 1986, S. 166.

94 Vgl. *Kaser*, Gemeinschaftsordnung, 1939, S. 16f.

95 Vgl. *Biondi*, Il diritto romano cristiano, 1952, S. 67f.

96 Vgl. zu diesem Absatz *Biondi*, Il diritto romano cristiano, 1952, S. 67f.

97 Vgl. *Mayer-Maly, Contra bonos mores*, 1986, S. 167.

Ausführungen Justinians in C. 2.3.30.3 jedoch eine neue Interpretation des Begriffs an, was gegen eine rückwärtsgewandte und bewahrende Behandlung des Themas unter Justinian spreche.[98] Es bleibt die Frage zu beantworten, ob sich im römischen Recht des Hochmittelalters die hier aufleuchtende Wandlung des Begriffs der guten Sitten von den Traditionen der römischen Gesellschaft, die das Wohl der Gemeinschaft und das Ansehen des Einzelnen im Auge hatte, zu einer ethischen, indisponiblen Verhaltensnorm fortsetzte.

Im Hinblick auf die Fragestellung, die Bedeutung und die Funktion der guten Sitten im antiken römischen Recht, bleibt festzuhalten, dass sich die *boni mores* am Allgemeinwohl orientierten und insbesondere der Wahrung der Testierfreiheit und des Ansehens der Bürger dienten.

3. Die Lehre vom *pactum* bei den Legisten

a. Einleitung

Die Untersuchung sittenwidriger Vereinbarungen in der Legistik hat notwendigerweise im Zusammenhang mit deren Lehre bezüglich der Wirksamkeit von *pacta* allgemein zu erfolgen. Aus diesem Grunde soll zunächst die Frage behandelt werden, was die Legisten unter dem Begriff des *pactum* verstanden. Hierzu wird auf bereits erfolgte Untersuchungen zur legistischen Lehre vom *pactum* Bezug genommen. Im nächsten Kapitel wird dann auf das legistische Verständnis der Sittenwidrigkeit von Vereinbarungen eingegangen werden.

Die Untersuchung der Lehre von der Nichtigkeit von *pacta* aufgrund von Sittenwidrigkeit in der Legistik beginnt zeitlich bei den Glossatoren. Von einer Untersuchung des byzantinischen Rechts ist insofern kein Beitrag zu der Frage der Lehre von der Sittenwidrigkeit von Vereinbarungen zu erwarten, als die byzantinische Literatur in die Arbeit der Glossatoren nicht eingeflossen ist.[99] Die Frage, ob eine Kontinuität zwischen der im frühen Mittelalter vorhandenen (west-) römischen Rechtsliteratur und den Werken der Glossatoren bestanden hat,[100] soll hier nicht behandelt werden. Die Untersuchung der frühmittelalterlichen römischen Rechtsliteratur würde den Rahmen dieser Arbeit sprengen.

---

98 Vgl. *Biondi,* Il diritto romano cristiano, 1952, S. 67f.

99 Vgl. *Lange, Hermann,* Römisches Recht im Mittelalter. Bd. 1. Die Glossatoren, München, 1997, S. 8. Zu dem Verhältnis der Glossatoren zu dem byzantinischen Recht s. *Lange, Hermann,* a.a.O., S. 2–8.

100 S. hierzu *Lange, Hermann,* Römisches Recht im Mittelalter. Bd. 1. Die Glossatoren, München, 1997, S. 8. Zu dem Verhältnis der Glossatoren zu dem römischen Recht des frühen Mittelalters s. *Lange, Hermann,* a.a.O., S. 8–10 mit weiteren Literaturhinweisen.

b. Das *pactum* und seine Durchsetzbarkeit

Nach der Wiederentdeckung der Digesten und der darauf basierenden Wiederbelebung der Rechtswissenschaft an der ersten Universität in Bologna stützten sich die Juristen auf die Texte der Digesten, des *Codex* und der Institutionen. Sie führten diese Texte jedoch einer eigenen Interpretation zu. So verstanden die Glossatoren mit Placentinus und Azo[101] unter *pactum* in Anlehnung an die Definition in D. 2.14.1.2[102] wie bislang den *„consensus duorum pluriumve in idem"*[103], jedoch mit dem Zusatz *„(...) si in idem dandum vel faciendum consentiamus."*[104] Hierdurch wurde klargestellt, dass der Gegenstand des Konsenses eine bestimmte Leistung, nicht etwa eine geteilte Ansicht sein konnte.

Das so definierte *pactum* wurde in der Legistik des 12. Jahrhunderts zum Oberbegriff für sämtliche Vereinbarungen, unter die sowohl die klagbaren *contractus*, als auch die nicht klagbaren *pacta nuda* fielen.[105] Grund hierfür war die von den Glossatoren vorgefundene oben genannte Definition des *pactum* in D. 2.14.1.2 als *„pactio duorum plurimve in idem placitum et consensus"*[106]. Da

---

101 Azos Summe zum *Codex* lag wohl seit 1208–1210 in ihrer endgültigen Fassung vor. Vgl. *Coing*, Handbuch, I, S. 202 unter Berufung auf *Kantorowicz, Hermann*, Studies in the Glossators of the Roman Law, Cambridge, 1938, S. 44, Fn. 10.

102 *"(...) et est pactio duorum pluriumve in idem placitum et consensus."* D. 2.14.1.2, in: *Corpus iuris civilis*, Ed. *Krüger/Mommsen*, I, 1911, S. 56, Sp.2.

103 *Azo Porcius, Summa super codicem. Instituta. Extraordinaria, Pavia*, 1506, ND Augustae Taurinorum, 1966, S. 23, Sp.1, *Lib.II, de pactis.*

104 *"Pactum est consensus et placitum in idem durom vel plurium. (...) Sequitur in idem, non dicitur in eodem. Nam si duo consentiant in eodem, puta quod Socrates est Sokrates, non est pactum sed opus est ut consentiant in idem, scilicet dandum faciendumve ex diversis motibus animorum, postmodum convenientes in quid unum faciendum vel dandum." Placentinus, Placentini Summa Codicis. Accessit Prooemium quod in Moguntina editio desiderabatur, Moguntiae*, 1536, ND Torino, 1962, S. 40f., *In librum secundum Codicis, de pactis*; s.a. *Azo Porcius, Summa super codicem. Instituta. Extraordinaria, Pavia*, 1506, ND *Augustae Taurinorum*, 1966, S. 23, Sp.1, *Lib.II, de pactis.*

105 Vgl. *Landau, Pacta sunt servanda*, 2003, S. 459; *Söllner, Alfred*, Die *causa* im Kondiktionen- und Vertragsrecht des Mittelalters bei den Glossatoren, Kommentatoren und Kanonisten, in: ZRG RA 77 (1960), S. 182–269, 216. Alfred Söllner zitierte hierzu *Azo Porcius, Summa in Codicem*, Nr. 4 zu C. 2.3: *„Et est hoc nomen pactum generale ad omnia, quae aguntur inter partes causa obligationis contrahendae vel tollendae."* Vgl. *Söllner, Alfred*, a.a.O., S. 217. Nach Jules Roussier fand sich *pactum* als gegenüber dem *contractus* allgemeinerer Begriff bereits bei den Irinäern, dem Brachylogus und anderen Voririnäern. Vgl. *Roussier, Jules*, Le fondement de l'obligation contractuelle dans le droit classique de l'Église, Paris, 1933, S. 53, 77.

106 *Corpus iuris civilis*. Ed. *Krüger/Mommsen*, I, 1911, S. 56, Sp.2.

nach Ansicht der Glossatoren jede obligatorische Vereinbarung, unabhängig von ihren weiteren für eine Klagbarkeit erforderlichen Merkmalen, einen Konsens enthalten musste, stellte das *pactum* den kleinesten gemeinsamen Nenner aller Vereinbarungen dar. Es bezeichnete nicht mehr wie im klassischen Römischen Recht allein die nicht klagbaren Vereinbarungen im Gegensatz zu den *conractus.*[107] Alfred Söllner sieht diese begriffliche Entwicklung auch darin begründet, dass die klassisch römisch-rechtliche Regel der fehlenden Klagbarkeit bloßer *pacta* im Sinne von Nicht-Kontrakten im Justinianischen Recht „weitgehend durchbrochen ist“[108].

Die ersten Glossatoren hielten dennoch weiter an dem klassisch römisch-rechtlichen Typenzwang fest.[109] Neben den vier klagbaren Kontraktstypen des Gaius hatten sich jedoch eine Reihe weiterer klagbarer *contractus* herausgebildet, die nicht unter die ursprünglichen Typen passten. So zogen die Glossatoren als neues Kriterium für die Einteilung der Kontrakte die Benennung des Kontraktes heran. Neben die benannten Kontrakte traten in der Folge auch jene unbenannten, die eine Vorleistung beinhalteten, die sogenannten *contractus innominati*, als klagbar hinzu.[110]

Der zu seiner Zeit herrschende Grundsatz des Typenzwangs erhielt von Placentinus in seinem Hauptwerk,[111] der *Summa Codicis*,[112] mit der Vestiturtheorie eine neue theoretische Grundlage.[113] Nach dieser Theorie, die sich unter den italienischen Glossatoren durchsetzte,[114] konnte das nicht klagbare *pactum nudum*

---

107 Vgl. *Söllner, Alfred*, Die *causa* im Kondiktionen- und Vertragsrecht des Mittelalters bei den Glossatoren, Kommentatoren und Kanonisten, in: ZRG RA 77 (1960), S. 182–269, 216.

108 *Söllner, Alfred*, a.a.O., S. 217. Zu der Ausweitung der Klagbarkeit auf andere Vereinbarungen als den *contractus* s. *Söllner, Alfred*, a.a.O., S. 213f.

109 Vgl. *Landau, Pacta sunt servanda*, 2003, S. 459.

110 Vgl. zu diesem Absatz *Dilcher, Hermann*, Der Typenzwang im mittelalterlichen Vertragsrecht, in: ZRG RA 77 (1960), S. 271–303, S. 271.

111 Vgl. *Lange, Hermann*, Römisches Recht im Mittelalter. Band 1. Die Glossatoren, München, 1997, S. 211.

112 Die Summe entstand 1170 in Montpellier. Vgl. *Kantorowicz, Hermann*, Studies in the Glossators of the Roman Law, Cambridge, 1938, S. 29; *Coing*, Handbuch, I, S. 201.

113 Vgl. *Dilcher, Hermann*, Der Typenzwang im mittelalterlichen Vertragsrecht, in: ZRG RA 77 (1960), S. 271–303, S. 277. Nach Peter Landau tauchte der Ausdruck wohl erstmals in der in England entstandenen Prozessschrift *Ordo Ulpianus de edendo* (1140–1170) auf. Vgl. *Landau, Pacta sunt servanda*, 2003, S. 459.

114 Vgl. *Dilcher, Hermann*, Der Typenzwang im mittelalterlichen Vertragsrecht, in: ZRG RA 77 (1960), S. 271–303, 278.

auf die fünf Arten *rebus, verbis, literis, consensu* (wenn benannt) und *re sua tradenda* bekleidet und hierdurch klagbar gemacht werden.[115]

Durch Azo wurde die Lehre von der Vestitur der *pacta* in seiner *Summa Codicis*, die seit dem Zeitraum von 1208 bis 1210 in Bologna vorlag[116], um eine sechste Art der Vestitur, der *cohaerentia contractus vestita*, beziehungsweise dem *pactum adiectum* sowie um eine siebte, dem Leistungsbeginn aufgrund einer *pollicatio*, ergänzt. Dadurch, dass er die *pacta praetoria* und *legitima* als klagbare *pacta nuda* bezeichnete, fungierte der Ausdruck *pactum nudum* nicht mehr als Oberbegriff für alle nicht klagbaren Vereinbarungen, welchen die klagbaren ohne einem gemeinsamen Oberbegriff gegenüberstanden. Vielmehr wurden die klagbaren *pacta* von Azo gemäß der neuen Vestiturtheorie unter dem Oberbegriff des *pactum vestitum* zusammengefasst. Demgegenüber waren die *pacta nuda* weiterhin nicht klagbar. Ausnahmen hierzu stellten die *pacta praetoria* und *legitima* dar, die zwar zu den *pacta nuda* zählten, jedoch klagbar waren. Auch Accursius ging von der Klagbarkeit der *pacta legitima* aus, begründete dies jedoch mit deren Vestitur *legis auxilia* und führte außerdem als siebte Form der Vestitur den Eid ein:[117]

> „*[…] Item secundum quosdam vestutur iureiurandum: ut D.38.1.7.pr. […]*“[118].

Der Ausdruck *pactum* umfasste demnach bei den Glossatoren sowohl die klagbaren *contractus (nominatus/innominatus)*, die diesen beigefügten *pacta in continenti adiecta* und die sonstigen klagbaren *pacta (praetoria, legitima)*, als auch die nach der Lehre der Legisten nicht klagbaren *pacta nuda*. Insoweit, als die Legisten nicht jedem *pactum* die Klagbarkeit gewährten, hielten sie im Gegensatz zu den Kanonisten an der römisch-rechtlichen Regel „*[…] nuda pactio obligationem non parit, sed parit exceptionem […]*“[119] fest.

---

115 Vgl. *Placentinus, Placentini Summa Codicis. Accessit Prooemium quod in Moguntina editio desiderabatur, Moguntiae*, 1536, ND Torino, 1962, S. 44, C. 2.3 *(de pactis)*. Placentinus sprach noch von ‚*pacta induta*‘, nicht ‚*vestita*‘.

116 Vgl. *Coing*, Handbuch, I, S. 202 unter Verweis auf *Kantorowicz, Hermann*, Studies in the Glossators of the Roman Law, Cambridge, 1938, S. 44, Fn. 10.

117 Zu diesem Absatz vgl. *Dilcher, Hermann*, Der Typenzwang im mittelalterlichen Vertragsrecht, in: ZRG RA 77 (1960), S. 271–303, 278f.

118 *Accursius, Corpus Iuris Civilis Iustinianei, Cum commentariis Accursii, Scholiis Conti, et D. Gothofredi lucubrationibus ad Accursium […] Tomus hic Primum Digestum Vetus continet, Lugduni*, 1627, Sp.225, Glosse ‚*quinimo*‘ zu D. 2.14.7.5.

119 Ulpian D. 2.14.7.4, In: *Corpus iuris civilis.* Ed. *Krüger/Mommsen*, I, 1911, S. 57, Sp.1.

Eine allgemeine Klagbarkeit des *pactum nudum* deutete sich in der Legistik erst unter Baldus im Zusammenhang mit dem Handelsrecht an,[120] in dem sie sich mit Hilfe der Praxis als erstes durchsetzte.[121] Levin Goldschmidt, auf den sich auch Peter Landau berief, ging davon aus, dass das *pactum nudum* entgegen dem römischen und germanischen Recht zunächst von den Kaufleuten im Rahmen des Handelsgebrauchs anerkannt wurde. Dies sei unter Berufung auf das kanonische Recht geschehen. Was die legistische Lehre angeht, verwies er auf Baldus, Jason de Mayno und Wesembeck, die sich bezüglich der Bindungswirkung des *pactum nudum* auf die *aequitas* berufen hätten, bevor in der späteren Lehre auf die kanonistische Lehre, deutsches Gewohnheitsrecht oder Naturrecht rekurriert worden sei.[122] Nach Lothar Seuffert, auf den sich Peter Landau in diesem Zusammenhang ebenfalls bezog, sprechen die Äußerungen von Baldus, dass die Einrede der fehlenden *stipulatio* vor den Handelsgerichten nicht gegriffen habe, sowie dass die Kaufleute untereinander aus *pactum nudum* klagen würden, für ein Handelsgewohnheitsrecht, das die spätere Übernahme der kanonistischen Lehre vom *pactum nudum* durch die Legistik gefördert habe.[123]

---

120 Vgl. *Landau, Pacta sunt servanda*, 2003, S. 472, unter Berufung auf *Horn, Norbert, Aequitas* in den Lehren des Baldus, (= Forschungen zur neueren Privatrechtsgeschichte, Bd. 11), Köln/Graz, 1968, S. 189–191, S. 190.

121 Vgl. *Landau, Pacta sunt servanda*, 2003, S. 471 unter Berufung auf *Goldschmidt, Levin*, Handbuch des Handelsrechts. Erster Band. Geschichtlich- literärische Einleitung und die Grundlehren. Erste Abteilung: Universalgeschichte des Handelsrechts, Stuttgart, 1891, S. 305f. und *Horn, Norbert, Aequitas* in den Lehren des Baldus, a.a.O., S. 190. Zu weiteren Hinweisen auf die Literatur s. *Landau, Pacta sunt servanda*, 2003, S. 471, Fn. 68.

122 Vgl. *Goldschmidt, Levin*, Handbuch des Handelsrechts. Erster Band. Geschichtlich-literärische Einleitung und die Grundlehren. Erste Abteilung: Universalgeschichte des Handelsrechts, Stuttgart, 1891, S. 305 mit Hinweis auf Literatur in Fn. 33. Nach Norbert Horn ging Baldus zwar nicht ausdrücklich von einer gewohnheitsrechtlich begründeten Klagbarkeit des *pactum nudum* aus, sah aber unter Verweis auf die gerichtliche Praxis deren Möglichkeit. Vgl. *Horn, Norbert*, a.a.O., S. 190. Lothar Seuffert zitierte hierzu eine Stelle aus der *Lectura* von Baldus zu X 1.35.1, Nr. 8: „*Ex pacto etiam nudo agunt mercatores et numularii inter se […]*“. An dieser Stelle ist jedoch eindeutig von der Wahrnehmung eines solchen Handelsbrauchs durch Baldus die Rede. Vgl. *Lothar Seuffert*, Zur Geschichte der obligatorischen Verträge. Dogmengeschichtliche Untersuchungen, Nördlingen, 1881, S. 65.

123 Vgl. *Seuffert, Lothar*, Zur Geschichte der obligatorischen Verträge. Dogmengeschichtliche Untersuchungen, Nördlingen, 1881, S. 60 und 65.

Der den *vestimenta* vorgeschaltete innere Grund für die Bindungswirkung der oben genannten *pacta* war die Vertragstreue *(fides)*[124], die nach den Glossatoren auf der Natur und der natürlichen Billigkeit beruhte.[125] So führte es Irnerius auf die *aequitas* zurück, Verträge zu halten und zwar auf jene, die aus der Natur selbst stamme, unwandelbar sei[126] und nach Rudolf Weigand „die in den Dingen selbst gelegene objektive Norm“[127] darstellte.[128] Die Verpflichtung, die aus dieser naturrechtlichen Billigkeit folgte, war eine naturrechtliche, die *naturalis obligatio.*[129] Diese stand als Verpflichtung, die nicht dem zivilen Recht entsprang, der *obligatio civilis* gegenüber.[130]

Die *aequitas*, die nach Irnerius die aus der Natur des Menschen und der Natur folgende, stets zu beachtende Billigkeit im Sinne einer „objektive[n] Norm“[131] darstellte,[132] verlangte aufgrund der ebenfalls in der Natur des Menschen liegenden *fides*, dass Vereinbarungen gehalten wurden. Im konkreten Fall konnte nach Rudolf Weigand jedoch bei bestimmten Inhalten von Vereinbarungen die auch

---

124 Schon nach Ulpian beruhte sein Edikt, dessen viertes Buch auszugsweise in D. 2.14 *(de pactis)* einging, auf der *aequitas naturalis*, da nichts so sehr der menschlichen *fides* entspräche, als Vereinbartes zu halten. *„Ulpianus libro quarto ad edictum Huius edicti aequitas naturalis est. quid enim tam congruum fidei humanae, quam ea quae inter eos placuerunt servare?“* Ulpian, D. 2.14.1.pr., in: *Corpus iuris civilis.* Ed. *Krüger/ Mommsen*, I, 1911, S. 56, Sp.2.

125 Vgl. *Weigand*, Naturrechtslehre, 1967, S. 101. *„que fides ex natura prouenit. est enim naturale ut homo homini fidem prestare debeat.“ Irnerius*, Glosse *‚congruum fidei‘* zu D. 2.14.1.pr. *(de pactis)*, ediert in: *Besta, Enrico*, L'opera d'Irnerio, Bd. 2, Torino, 1896, S. 32. Enrico Besta legte der Edition die Handschriften Ms. F. II 14 (Universität Turin), Ms. 941 (Universität Padua) und Ms. lat. DVIII (Universität S. Marco, Venedig) zu Grunde, vgl. *Besta, Enrico*, a.a.O., S.V-XI.

126 Vgl. *Irnerius*, Glosse y zu D. 2.14 *(de pactis)*: *„Pacta servare equitatis est, non eius que pro loco et tempore prout res postulat, conueniens dicitur, set eius que natura dictante semper et inconcusse optinet. Namque ipsum genus eius naturale est, id est fidem prestare. Fidem autem est eorum que dicta sunt constantia et veritas. Dictat vero partim ratio sola, partim noster consensus et si cogimur servare superiorem partem, quanto magis inferiorem.“ Irnerius*, Glosse y zu D. 2.14 *(de pactis)* MS Leipzig 873vb, Vat. lat. 1405f. 17ra, ediert in: *Weigand*, Naturrechtslehre, 1967, S. 20f.

127 *Weigand*, Naturrechtslehre, 1967, S. 21.

128 Vgl. *Weigand*, Naturrechtslehre, 1967, S. 21.

129 Vgl. *Weigand*, Naturrechtslehre, 1967, S. 101.

130 Vgl. *Weigand*, Naturrechtslehre, 1967, S. 105.

131 *Weigand*, Naturrechtslehre, 1967, S. 21.

132 Vgl. *Weigand*, Naturrechtslehre, 1967, S. 21.

im Einzelfall maßgebliche *aequitas* etwas anderes gebieten.[133] So befiehlt eines der drei naturrechtlichen Gebote in D. 1.1.10.1, dass niemand geschädigt werden dürfe. Da diese Gebote naturrechtlicher Natur, also von der Natur vorgegeben sind, spielt es eine entscheidende Rolle, welches Bild vom Menschen und der Natur der Bewertung einer Handlung zu Grunde gelegt werden. Nach Placentinus erfolgte die Begrenzung der Wirkung der *fides* im Rahmen von *pacta* neben der Natur und dem *ius* auch durch die guten Sitten.[134] Es stellt sich die Frage, was hieraus für das Verständnis von den *boni mores* bei Placentinus und den späteren Legisten folgte.

c. Ergebnis und Ausblick

Die Legisten verstanden unter dem Begriff des *pactum* jede Übereinkunft über eine Handlung. Der innere Grund für dessen Beachtlichkeit waren die *aequitas* und die *fides*. Hieraus wurde jedoch keine grundsätzliche Klagbarkeit und damit Wirksamkeit im zivilrechtlichen Sinne abgeleitet. Diese in diesem Kapitel dargestellte legistische Lehre bezüglich privater Vereinbarungen und deren Bindungswirkung ist bei der folgenden Untersuchung der Sittenwidrigkeit von *pacta* in der Legistik zu Grunde zu legen.

Durch die guten Sitten wurde die Verbindlichkeit von Vereinbarungen durchbrochen. Wenn die Begründung der Verbindlichkeit mit der *fides* eine naturrechtliche war, liegt es nahe, dass auch die Begrenzung und der Ausschluss aus einem jedenfalls naturrechtlich legitimierten Grund erfolgen mussten. Der Typenzwang wurde nicht naturrechtlich begründet, jedoch die Regel, dass ein *pactum* nicht gegen bestimmte Rechtsquellen verstoßen dürfe, da das niederrangige Recht letztlich nicht gegen das höchste Recht, das Naturrecht verstoßen sollte. Dabei stellt sich die Frage, ob der von der legistischen Lehre abweichenden kanonistischen Begründung der Bindungswirkung von Versprechen eine abweichende Begrenzung dieser Wirkung gegenüber stand und welche Bedeutung und Funktion die guten Sitten in der jeweiligen Lehre bezüglich der Wirksamkeit von Vereinbarungen einnahmen.

---

133 Vgl. *Weigand*, Naturrechtslehre, 1967, S. 21.

134 *"De re licet pacisci quae non sit naturae, iuri vel bonis moribus adverse." Placentinus*, Summe zum *Codex*, 1536, S. 42, zu C. 2.3 *(de pactis)*.

4. Die *boni mores* in der Legistik unter Berücksichtigung der Lehre vom *pactum*

a. Einleitung

Unter *pacta* wurden nach dem oben erläuterten legistischen Verständnis sämtliche Vereinbarungen, unabhängig von deren Klagbarkeit und damit Wirksamkeit, verstanden. Um zu vermeiden, dass der Untersuchung das moderne Vertragsverständnis zu Grunde gelegt wird, wird im Folgenden auf eine Übersetzung des Ausdrucks verzichtet. Es wird vielmehr der lateinische Ausdruck *pactum*, den die Legisten und Kanonisten in den Rechtsquellen vorfanden und auch gebrauchten, beibehalten.

Die Thematik der *boni mores* findet sich in den von den Legisten behandelten Quellen des römischen Rechts der Antike vor allem im Bereich der *iniuria* und im Zusammenhang verschiedenster Rechtsgeschäfte.[135] Von den Stellen der Digesten und des *Codex,* die die guten Sitten zum Gegenstand haben, betrifft natürlich nur ein Teil die Sittenwidrigkeit von *pacta.* Die Sittenwidrigkeit im Zusammenhang mit einseitig begründeten Verbindlichkeiten wie *promissiones* und Erbeinsetzungen sowie in sonstigen Kontexten kann jedoch für die systematische Betrachtung der Sittenwidrigkeit und deren inhaltliche Erfassung von Bedeutung sein. Unter diesem Aspekt fließt deshalb auch die legistischen Interpretation jener Stellen in die Untersuchung ein.

b. Irnerius

Die Untersuchung der Lehre der Legisten bezüglich der Sittenwidrigkeit von Vereinbarungen beginnt bei Irnerius (1055? – 1130?)[136], dem Gründer der ersten legistischen Rechtsschule, der Universität Bologna.[137] In seinen Glossen[138] zu denjenigen Stellen des *Digestum vetus*, die ausdrücklich die guten Sitten erwähnen sowie im gesamten Titel *de pactis* (D. 2.14), in dem die guten Sitten auch in

---

135 Vgl. *Mayer-Maly, Contra bonos mores,* 1986, S. 154f.

136 Vgl. *Kantorowicz, Hermann*, Studies in the Glossators of the Roman Law, Cambridge, 1938, S. 33.

137 Vgl. *Kantorowicz, Hermann*, a.a.O.

138 Ediert in: *Besta, Enrico*, L'opera d'Irnerio, Bd. 2, Torino, 1896. Enrico Besta legte der Edition die Handschriften Ms. F. II 14 (Universität Turin), Ms. 941 (Universität Padua) und Ms. lat. DVIII (Universität S. Marco, Venedig) zu Grunde, vgl. *Besta, Enrico*, a.a.O., S.V-XI.

dem entsprechenden Digestentitel nicht auftreten, nahm Irnerius keinen Bezug auf die guten Sitten.

In der Glosse *constringunt*[139] zu C. 1.14.9 *(de legibus)* erwähnte Irnerius die unerlaubten Sitten. Die Gesetze, die nach C. 1.14.9 das Leben eines jeden Menschen bänden, sollten nach Irnerius wie ein Zaum dazu führen, dass von den unerlaubten Sitten abgelassen werde. Ziel der Gesetze war es demnach nach Irnerius, dass jene Sitten, die ein erlaubtes Verhalten darstellen, gewahrt werden. Auf die Frage, worin diese Sitten konkret bestehen, ging Irnerius dagegen nicht ein. Aus seinem Werk ist demnach keine Erkenntnis bezüglich eines spezifisch legistischen Verständnisses der guten Sitten beziehungsweise der Sittenwidrigkeit zu ziehen. Dies könnte darauf zurückzuführen sein, dass diesbezüglich kein spezifisches Interesse seitens des Irnerius bestand.

c. Die Summen zu *Codex* und den Institutionen von Placentinus

Es stellt sich die Frage, ob sich bei Placentinus (†1192)[140] Ausführungen dazu finden, worin die *boni mores* bestanden und welche Rolle sie in der legistischen Lehre vom *pactum* und seiner Wirksamkeit einnahmen. In Bezug auf die im Hauptteil der Arbeit letztlich zu beantwortende Frage nach der kanonistischen Lehre bezüglich sittenwidriger Vereinbarungen ist das Werk von Placentinus insofern von besonderem Interesse, als er im Gegensatz zu seinen Vorgängern dem Papst eine dem Kaiser übergeordnete Stellung zumaß.[141] Die „Wende in der traditionell ghibellinischen Haltung der Glossatoren“[142], die sich hier nach Hermann Lange bei Placentinus andeutete, könnte sich im Werk Placentins über die politische Dimension dieser Frage hinausgehend auf seine Behandlung der Frage des Inhalts und der Bedeutung der Sittenwidrigkeit von *pacta* ausgewirkt haben.

---

139 *Irnerius, Apparatus* zu dem Codextitel *de legibus*, nach MS Berol. lat., fol.275, ediert in: *Pescatore, Gustav*, Die Glossen des Irnerius, Greifswald, 1888, S. 93–96, 95.

140 *Tourtoulon, Pierre de*, Placentin. La vie, les œvres, Bd. 1, Paris, 1896, ND Glashütten im Taunus, 1972, S. 67.

141 Vgl. *Lange, Hermann*, Römisches Recht im Mittelalter. Bd. 1. Die Glossatoren, München, 1997, S. 210 unter Verweis auf die Glosse ‚*filio*‘ zu C. 1.1.8, ed. *Pescatore*, Beiträge II, 1889, Nr.X, S. 80. S.a. *Tourtoulon, Pierre de*, Placentin. La vie, les œvres, Bd. 1, Paris, 1896, ND Glashütten im Taunus, 1972, S. 85.

142 *Lange, Hermann*, Römisches Recht im Mittelalter. Bd. 1. Die Glossatoren, München, 1997, S. 210.

Die Sittenwidrigkeit im Zusammenhang mit dem *pactum* behandelte Placentinus in seiner Summe zum *Codex.*[143] Bei der Summe handelt es sich teilweise um eine Überarbeitung der zuvor von Rogerius bearbeiteten Summe des Irnerius.[144] Placentinus warf dort zu Beginn des Kapitels *de pactis* (C. 2.3) eine Reihe zu behandelnder Fragen auf, bevor er sie der Reihe nach beantwortete. Auf die erste Frage *„quid sit pactum et unde dicatur pactum"*[145] folgen die nach der *aeqitas* und *aequitalitas pacti*, nach den möglichen Vertragsschließenden, dem möglichen Vertragsgegenstand, nach der gemischten Betrachtung *(inspectio mixta)*, der Unterscheidung verschiedener *pacta* und schließlich nach der Wirkung und Macht des *pactum.*[146]

Placentinus definierte das *pactum* als *„consensus et placitum in idem duorum vel plurium"*[147]. Dabei betonte er, dass der Konsens *in idem* und nicht *in eodem* bestehen müsse, also nur ein Werk im Sinne eines Gebens oder Tuns Gegenstand des Konsenses sein könne und nicht etwa eine Tatsache, über deren Bestehen man sich einig sei.[148] Insofern erweiterte er die klassisch römische Definition des *pactum*, wie er sie in D. 2.14.1.2 vorfand.

Der Definition des *pactum* folgt die Beantwortung der Frage nach der *aequitas pacti*. Diese bezeichnete Placentinus als *„naturalis summa"*[149] und zitierte hierzu D. 2.14.1.pr., den Paragraphen, mit welchem der Digestentitel *de pactis*

---

143 In seiner Summe zu den Institutionen erwähnte Placentinus die guten Sitten nicht. Er definierte dort jedoch das ungeschriebene Recht als das, was Inhalt der Sitten sei, und zwar jener der Römer: *„[…] non scriptum dicitur quod moribus continetur, moribus inquam Romanae introducits et longaeuis id est memoriam excedentibus […]" Placentinus,* Summe zu den *Institutiones,* 1535, S. 3, *De iure naturali gentium, et civili, Tit.2.*

144 Zu der Entstehungsgeschichte der Summe s. *Tourtoulon, Pierre de*, Placentin. La vie, les œvres, Bd. 1, Paris, 1896, ND Glashütten im Taunus, 1972, S. 232; *Roussier, Jules*, Le fondement de l'obligation contractuelle dans le droit classique de l'Église, Paris, 1933, S. 76; *Coing,* Handbuch, I, S. 201f.

145 *Placentinus*, Summe zum *Codex,* 1536, S. 40.

146 *"Videamus itaque quid sit pactum, et unde dicatur pactum, quae sit aequitas pacti, quae aequitalitas pacti, quis possit pacisci, quis non, de qua re liceat pacisci. de qua non, quae sit inspectio mixta, quae sit distinctio pactorum, et quis effectus quaemve sit potentia pactorum." Placentinus,* Summe zum *Codex*, 1536, S. 40.

147 *Placentinus*, Summe zum *Codex*, 1536, S. 40.

148 *"Sequitur in idem, non dicitur in eodem. Nam si duo consentiant in eodem, puta quod Socrates est Sokrates, non est pactum sed opus est ut consentiant in idem, scilicet dandum faciendumve ex diversis motibus animorum, postmodum convenientes in quid unum faciendum vel dandum." Placentinus,* Summe zum *Codex*, 1536, S. 41.

149 *Placentinus*, Summe zum *Codex*, 1536, S. 41.

beginnt.[150] Es handelt sich um einen Auszug aus dem vierten Buch von Ulpian zum Edikt. In D. 2.1.4.1.pr. schickte Ulpian voraus, dass das Edikt auf der *aequitas naturalis*, der natürlichen Billigkeit[151] beruhe, was nämlich entspräche so sehr der menschlichen *fides*, als einzuhalten, worüber man sich untereinander geeinigt habe.[152] Der innere Grund dafür, eine Vereinbarung zu halten, lag nach der Vorstellung der klassischen römischen Juristen darin, dass dies der menschlichen Natur, insbesondere der menschliche Treue *(fides)* entspräche. Die Treue zum gegebenen Versprechen folge aus der menschlichen Natur und letztlich aus einer natürlichen Billigkeit *(aequitas naturalis)*.

Placentinus bezog sich in seinen Ausführungen zum *pactum* auf diese naturrechtliche Argumentation des klassischen römischen Rechts mit der *aequitas naturalis* und der menschlichen *fides*. Er verwies jedoch was die *aequitas pacti* betrifft, darüber hinaus auf die *naturalis summa*. Diese bezeichnete die Vollendung, den Inbegriff der Natur, die nach Rudolph Weigand durch die Dekretisten als *summa natura* mit Gott selbst gleichgesetzt wurde.[153]

In dem Verweis Placentins auf Gott als den Schöpfer und Vollender der Natur, auch der menschlichen *(naturalis summa)*, klang im zivilen Recht vom *pactum* der Wandel an, der sich durch die christliche Anthropologie in dem Verständnis von Naturrecht und damit dem letzten Grund des Rechts und seiner Institutionen vollzog. Der innere Grund dafür, Vereinbarungen zu halten, lag auch nach Placentinus in der Natur des Menschen. Diese ist jedoch nicht zu trennen von dem Schöpfer dieser Natur, der ihr durch die Vollendung und Erneuerung der Schöpfung in Jesus Christus ein ihm ebenbildliches Wesen einprägte. Das Wesen und die Natur des Menschen erhielt eine transzendente, auf die Ewigkeit gerichtete Seite und ist auf die Liebe in Form von Selbsthingabe gerichtet. Diese Natur, die von Gott, dem Schöpfer und Vollendung der Natur ausgeht[154],

---

150 *Placentinus*, Summe zum *Codex*, 1536, S. 41.

151 Zu dem Begriff der *aequitas (naturalis)* s. *Weigand*, Naturrechtslehre, 1967, S. 12, 92.

152 D. 2.14.1.pr.: „*Ulpianus libro quarto ad edictum Huius edicti aequitas naturalis est. quid enim tam congruum fidei humanae, quam ea quae inter eos placuerunt servare?*". *Ulpian*, *Corpus iuris civilis*. Ed. *Krüger/Mommsen*, I, 1911, S. 56, Sp.2. Zur Übersetzung von *placuerunt* in D. 2.14.1.pr. Vgl. die Übersetzung von *Christoph Krampe* in: *Behrends, Otto/Knütel, Rolf/Kupisch, Berthold/Seiler, Hans Hermann* (Hrsg.), *Corpus iuris civilis*. Text und Übersetzung. Auf der Grundlage der von Theodor Mommsen und Paul Krüger besorgten Textausgabe. Band 2: Digesten 1–10, Heidelberg, 1995, S. 224.

153 Vgl. *Weigand*, Naturrechtslehre, 1967, S. 63.

154 Das Recht, das Gott als Vollendung der (menschlichen) Natur, als die höchste Natur des Menschen lehrt und aus ihm folgt, wurde von Stephan von Tournai (1128–1203) in seiner Summe (um 1160) als göttliches Naturrecht bezeichnet. (Datierung nach

schließt eine Verletzung des gegebenen Wortes zum Schaden eines Dritten und der Beziehungen zwischen Menschen sowie zwischen Menschen und Gott aus. Sie gebot nach naturrechtlichem Verständnis grundsätzlich die Einhaltung von *pacta*. Wenn Placentinus demnach in seinen Ausführungen zur *aequitas* des *pactum* auf die *naturalis summa* verwies, bezog er sich auf Gott als den Vollender der Natur als innerer Grund des Rechtsinstituts *pactum*. Diese Ausführungen Placentins bezüglich der *aequitas* sind bemerkenswert, da sie stark in Richtung der kanonistischen Deutung des Naturrechts als göttliches Recht[155] tendierten. Diese Sicht des *pactum* konnte bei der Beurteilung seiner zulässigen Inhalte und insbesondere bei der Frage seiner Sittenwidrigkeit nicht ohne Einfluss geblieben sein. Ob dies zutrifft, ist anhand der weiteren Ausführungen Placentins im Titel *De pactis* zu untersuchen.

Placentin behandelte nach den vorangestellten allgemeinen Ausführungen zur *aequitas pacti* die Thematik des *pactum* nach den zu seiner Zeit üblichen Kriterien. So wandte er sich nach der Beantwortung der Frage, wer ein *pactum* schließen kann, der Frage nach dem möglichen Gegenstand des *pactum* zu. Die Beantwortung dieser Frage begann er mit einer Aufzählung der Instanzen, gegen die der Gegenstand nicht verstoßen dürfe. Diese sind die Natur, das Recht und schließlich die guten Sitten:

> „*De re licet pacisci quae non sit naturae, iuri vel bonis moribus adverse.*“[156]

Placentinus führte hier die guten Sitten[157] neben der Natur und dem Recht an. Die Natur fand sich in dem kommentierten Codextitel *de pactis* nicht als

---

Weigand, Naturrechtslehre, 1967, S. 148). Es gehe den anderen Arten des Naturrechts, wie dem, das aus der Natur sämtlicher Lebewesen hervorgehe sowie dem *ius gentium* voran. „*Ius etiam divinum dicitur naturale, quod summa natura nostra, id est deus nos docuit et per legem et prophetas et evangelium suum nobis obtulit. Dicitur etiam ius naturale, quod simul comprehendit humanum et divinum et illud, quod a natura omnibus est animalibus insitum. Et secundum hanc ultimam acceptionem ponit: naturali iure, id est divino, et illo alio primitivo.*“ *Stephan de Tournai*, zu D. 1.pr., ediert in: *Weigand*, Naturrechtslehre, 1967, S. 148.

155 Vgl. *Karsten, C.*, Die Lehre vom Vertrage bei den italienischen Juristen des Mittelalters. Ein Beitrag zur inneren Geschichte der Reception des römischen Rechtes in Deutschland, Rostock, 1882, ND Amsterdam, 1967, S. 122f.

156 *Placentinus*, Summe zum *Codex*, 1536, S. 42, zu C. 2.3 *(de pactis)*.

157 In dem von Placentinus kommentierten Codextitel *de pactis* finden sich die guten Sitten in den beiden *leges* C. 2.3.6 und C. 2.3.30. Die erste Stelle enthält die allgemeine Aussage von Kaiser Antonius, dass es unzweifelhaft zum Recht gehöre, dass *pacta*, die gegen die Gesetze, Konstitutionen oder die guten Sitten verstoßen würden wirkungslos seien. "*Idem [Imperator Antonius] Iuliae Basiliae. Pacta, quae contra*

Kriterium für die Zulässigkeit des Inhalts eines *pactum*. In dem Titel *de iure naturali et gentium et civili* der Institutionen (Inst. 1.2) zog Placentinus ebenfalls die Natur als Maßstab heran. So führte er dort aus, es habe den Kaisern gefallen, das Recht so zu setzen, dass es weder dem Herrn, noch der Natur entgegenstünde.[158] Rudolf Weigand versteht an dieser Stelle unter *natura* das natürliche Recht im Gegensatz zu *dominus*, der das göttliche Recht bezeichne.[159]

Nach Placentinus gab es für die Deutung des Ausdrucks Natur im Zusammenhang mit dem (natürlichen) Recht zwei Möglichkeiten.[160] Er erläuterte diese anhand der Glossierung der Stelle Inst. 1.2.pr.[161]. Je nachdem, ob *natura* als Nominativ oder Ablativ verstanden werde, sei sie entweder jene, die alle Lebewesen das Naturrecht lehre, oder sie sei es, durch welche das Naturrecht alle Lebewesen lehre.[162] Nach Rudolf Weigand liegt erstere Auslegung näher.[163] Nach beiden Möglichkeiten ist die Natur jedoch der Bezugspunkt und Mittler des Naturrechts, sei es als Lehrende oder als Vermittlerin der Lehre in Form des natürlichen Instinkts.[164] An anderer Stelle setzte Placentinus *natura* mit Gott gleich.[165] Diese Interpretation ist jedoch nicht stets zwingend, wie die oben genannte Kommentierung der Institutionenstelle Inst. 1.2 zeigt. Dort wurde bereits mit *dominus (Iesus Christus)* die göttliche Instanz genannt, ein Dualismus zwischen diesem und Gott als dem Schöpfer im Sinne von *natura* ohne Nennung des natürlichen Rechts ist fernliegend.

---

leges constitutionesque vel contra bonos mores fiunt, nullam vim habere indubitati iuris est." C. 2.3.6, *Corpus iuris civilis. Volumen secundum. Codex Iustinianus, Paul Krüger* (Hrsg.), 11. Aufl., Berlin, 1954, ND Hildesheim 1997, S. 93. Die zweite Stelle betrifft den Fall einer Vereinbarung über eine potentielle künftige Erbschaft, welche nach Justinian gegen die guten Sitten verstieß.

158 *„placuit inquam principi ut ius constituat ita ut non contra dominum statuat uel naturam.“ Placentinus*, Summe zu den *Institutiones*, 1535, S. 3, *De iure naturali gentium, et civili*, Tit.2 (Inst. 1.2).

159 Vgl. *Weigand*, Naturrechtslehre, 1967, S. 119.

160 Diese grammatikalische Auslegung von Placentinus wurde auch von Accursius in seiner Glosse zu Inst. 1.2.pr. übernommen.

161 *"Ius naturale est, quod natura omnia animalia docuit."* In: *Corpus iuris civilis*. Ed. *Krüger/Mommsen*, I, 1911, S. 1, Sp.1 (dort Inst. 1.2.11).

162 Vgl. *Placentinus*, Summe zu den *Institutiones*, 1535, S. 2f., *De iure naturali gentium, et civili*, Tit.2 (Inst. 1.2).

163 Vgl. *Weigand*, Naturrechtslehre, 1967, S. 45.

164 Vgl. *Weigand*, Naturrechtslehre, 1967, S. 45.

165 *"Natura, id est deus, quia facit omnia nasci." Placentinus*, Summe zu den *Institutiones*, 1535, S. 3, *De iure naturali gentium, et civili*, Tit.2 (Inst. 1.2).

Natura ist demnach in der oben genannten Stelle als Rechtsquelle neben dem *ius* zu verstehen und zwar als das göttliche Naturrecht im Gegensatz zum von Menschen gesetzten weltlichen beziehungsweise kirchlichen Recht und dem ungeschriebenen Recht der Sitten. Dass die guten Sitten durch Placentinus neben den beiden großen Erscheinungsformen des Rechts angeführt wurden, könnte ein Indiz für die große Bedeutung sein, die ihnen Placentinus zumaß. Dagegen spricht jedoch, dass sie bei Placentinus im Übrigen keine bedeutende Rolle spielten. Ihre Aufnahme in die Aufzählung der beiden Rechtsquellen Naturrecht und positives Recht ist wohl eher darauf zurückzuführen, dass sie in C. 2.3.6 neben den Rechtsquellen der Gesetzte und Konstitutionen genannt wurden. Diese wurden von Placentinus allgemeiner unter dem Ausdruck *ius* zusammengefasst und ihnen das Naturrecht beigefügt. C. 2.3.6 enthält die allgemeine Aussage von Kaiser Antonius, dass es unzweifelhaft zum Recht gehöre, dass *pacta*, die gegen die Gesetze, Konstitutionen oder die guten Sitten verstießen, wirkungslos seien.

> „*Idem* [Imperator Antonius] *Iuliae Basiliae. Pacta, quae contra leges constitutionesque vel contra bonos mores fiunt, nullam vim habere indubitati iuris est.*“[166]

Placentinus lehnte sich mit seiner Aufzählung der Rechtsquellen, gegen die der Gegenstand des *pactum* nicht verstoßen dürfe, demnach an den oben genannten Rechtsquellenkatalog von Kaiser Antonius an. Er modifizierte ihn jedoch durch Hinzufügung der *natura* und Zusammenfassung des gesetzten Rechts unter *ius*. So traten die Natur und das göttliche Naturrecht als Maßstab für die Beurteilung von Vereinbarungen in den Vordergrund. Dies entspricht Placentins Ausführungen zu der *aequitas pacti*, die sich nach der *naturalis summa* und damit Gott beurteile. Es trat damit ein transzendenter Maßstab bezüglich zulässiger Inhalte von Vereinbarungen hervor, wobei dieser nicht unmittelbar den Begriff der *boni mores* berührte. Die guten Sitten wurden vielmehr neben der *natura* genannt und an dieser Stelle nicht weiter erläutert.

Im Anschluss an die Aufzählung der Rechtsquellen nannte Placentinus jedoch konkrete Beispiele für Gegenstände, die keine Klage erlauben und damit die Vereinbarung wirkungslos machen würden. Diese sind das Versprechen eines unsterblichen Menschen, des Begehens eines Mordes und der Schändung eines Körpers. Placentinus folgerte hieraus, dass allein solche Gegenstände in das *pactum* Eingang fänden, die möglich, *iustum*, *honestum* und nicht *inhonestum* seien. Als Beispiele für untaugliche Gegenstände nannte er jenen, der dem

166 C. 2.3.6., in: *Corpus iuris civilis. Volumen secundum. Codex Iustinianus, Paul Krüger* (Hrsg.), 11. Aufl., Berlin, 1954, ND Hildesheim, 1997, S. 93, Sp.1.

Versprechensempfänger selbst gehöre, geweiht, heilig, oder religiös sei sowie eine freie Person.

> „*Ergo in pactum venit id duntaxat quod est possibile, iustum, honestum, vel non inhonestum. Siquis enim promiserit mihi rem meam propriam, rem sacram, sanctam, religiosam, liberam personam, nulla est pactio neque agitur ex pacto.*“[167]

Placentinus zog hier als materiellen Maßstab für mögliche Inhalte von *pacta* neben dem Kriterium der Gerechtigkeit das der Ehrbarkeit *(honestas)* heran. Die *honestas* fand sich bereits in D. 1.1.10.1 in einem der drei naturrechtlichen[168] Rechtsgebote als Maßstab für menschliche Handlungen:

> „*Iuris praecepta sunt haec: honeste vivere, alterum non laedere, suum cuique tribuere.*“[169].

Es zeigt sich demnach auch an dieser Stelle der naturrechtliche Ansatz, den Placentinus im Rahmen der inhaltlichen Beurteilung von *pacta* verfolgte.

Dabei bezog er sich jedoch auch an dieser Stelle nicht auf die guten Sitten. Diese nannte er zwar, wie gezeigt, in Anlehnung an C. 2.3.6 neben der Natur und dem Recht als Maßstab erlaubter Inhalte von Vereinbarungen. Er brachte sie jedoch nicht mit den Kriterien der Gerechtigkeit und der Ehrbarkeit in Verbindung. Er ordnete weder die Kriterien der *possibilitas*, *iustitia* und *honestas* den verschiedenen Rechtsquellen zu, gegen die ein *pactum* nicht verstoßen dürfe, noch die verschiedenen Beispiele den Kriterien. Auch auf den klassisch römisch-rechtlichen Zusammenhang der *impossibilitas* mit dem Sittenverstoß aus D. 28.7.15 ging Placentinus hier nicht ein. Aus den oben genannten Ausführungen von Placentinus lässt sich deshalb kein unmittelbarer Schluss auf dessen Definition der guten Sitten ziehen.

Placentinus ging jedoch unter der letzten Frage des Titels nach den *vires pactorum* inhaltlich auf die Sittenwidrigkeit ein. Im Rahmen einer Aufzählung verschiedener unwirksamer *pacta* nannte er auch die Vereinbarung von Vater und Tochter über die zukünftige Erbfolge oder über den Verzicht auf das väterliche Erbe. Deren Unwirksamkeit begründete er mit dem Verstoß gegen die guten Sitten, da das *pactum* die Testierfreiheit entziehe und die Kinder durch Verdienste und nicht *pacta* an den väterlichen Gehorsam zu binden seien.

> „*item pactum, quod fit a patre cum filia ut succedat cum fratre ex parte aequa, uel de dote conuenta non habeat regressum ad bona paterna, non ualet: et quia fit inter patrem et*

167 *Placentinus*, Summe zum *Codex*, 1536, S. 42, *In librum secundum codicis, de pactis* (C. 2.3).

168 Vgl. *Weigand*, Naturrechtslehre, 1967, S. 20.

169 D. 1.1.10.1 (Ulpian) in: *Corpus iuris civilis*. Ed. *Krüger/Mommsen*, I, 1911, S. 1, Sp.2.

filiam contra bonos mores, quia adimit libertatem testandi, et quia meritis non pactis ad obsequia paterna adstringendi sunt filii."[170]

Nach Placentinus war der Verstoß gegen das Recht von dem Fall der *turpitudo* zu trennen. Dies zeigt sich an der Differenzierung der Gründe, die zur Unwirksamkeit *(inutilitas)* des *pactum* führen. Hier unterschied er die *pacta contra iura* von den *pacta turpia*. Innerhalb der Frage nach der Unterscheidung der verschiedenen *pacta (pactorum divisiones)*, nannte er verschiedene Kriterien für die Beurteilung von *pacta* wie öffentlich/privat und *tacitum/expressum* mit deren jeweiligen weitergehenden Unterscheidungen. Unter den *pacta expressa* unterschied er die *pacta accessoria* und *principalia*. Zu letzteren zählte er zahlreiche unterschiedliche Gründe auf, die das *pactum* unwirksam *(inutile)* machen würden.[171]

Die Behandlung der *inutilitas* bzw. *utilitas* des *pactum* nahm unter den von Placentinus aufgeführten Unterscheidungen des *pactum* den größten Raum ein. Unter den Gründen dafür, dass ein *pactum* unwirksam sei, nannte Placentinus unter anderem den Verstoß gegen das Recht *(contra iura)*, den er wiederum in die Verstöße gegen verschiedene Rechtsquellen aufgliederte. Daneben nannte er als Grund für die Untauglichkeit eines *pactum* dessen Schändlichkeit *(turpitudo)*. Hierzu führte er das im klassischen römischen Recht übliche Beispiel an, dass vereinbart wird einen Mord zu begehen sowie den Fall, dass das *pactum* unehrenhaft oder unanständig *(inhoneste)* aufgesetzt wurde. Zu letzterem Fall nannte er die Vereinbarung über die Einsetzung eines Erbens. Eine solche *stipulatio* über eine Verpflichtung zur Erbeinsetzung wird in D. 45.1.61 als gegen die guten Sitten verstoßend gewertet. Placentinus ordnete diese Vereinbarung unter den Fall der *inhonestas* ein, ohne die Digestenstelle des Titels *de verborum obligationibus* zu nennen, in der der Fall für die *stipulatio* behandelt wird. Dass zwischen den *boni mores* und der *honestas* ein Zusammenhang bestand, zeigte Placentinus jedoch bereits weiter oben im Rahmen der Darstellung der möglichen Gegenstände des *pactum* auf. Dort bezeichnete er den Verstoß gegen die guten Sitten als unzulässig und folgerte hieraus, dass der Gegenstand des *pactum* unter anderem nicht unehrenhaft sein dürfe.[172]

Die schändlichen *pacta (pacta turpia)* hatten bei Placentinus demnach ihren Platz im Zusammenhang mit der möglichen Rechtsfolge des *pactum*, nämlich

---

170 *Placentinus*, Summe zum *Codex*, 1536, S. 46f., *In librum secundum codicis, de pactis* (C. 2.3).

171 Vgl. *Placentinus*, Summe zum *Codex*, 1536, S. 43.

172 Vgl. zu dem Absatz *Placentinus*, Summe zum *Codex*, 1536, S. 43, zu C. 2.3 *(de pactis)*.

der Herbeiführung einer Klagemöglichkeit *(actio)*. Das *pactum* mit einem schändlichen Gegenstand und der Rechtsfolge der Unwirksamkeit war dort als Gegensatz zum *pactum* über einen *iustum* und *honestum* Gegenstand zu sehen. Placentinus nannte als Beispiel für ein schändliches *pactum* das Beispiel der Vereinbarung einer Erbeinsetzung, die in D. 45.1.61 ausdrücklich als Verstoß gegen die guten Sitten gewertet wird. Demnach spielte der Verstoß gegen die guten Sitten, hier in Form der *turpitudo*, eine Rolle für die *utilitas* des *pactum* und damit für die Klagbarkeit. Dies entsprach dem zu Placentins Zeit herrschenden Typenzwang, der letztlich die Frage der Klagbarkeit betraf und bei welchem sich stets die eine Frage stellte, ob eine Vereinbarung dafür zu gebrauchen war, eine erfolgreiche *actio* zu bewirken.

Unter den Fällen der Wirksamkeit *(utilitas)* des *pactum* nannte Placentinus erneut die bereits oben genannten Unterscheidungen von *pacta expressa/tacita*, *principalia/nuda* sowie schließlich *nuda/induta*. Anhand der letzten Unterscheidung stellte Placentinus schließlich die Vestiturtheorie auf.[173] An der Aufzählung der verschiedensten Kriterien, anhand welcher das *pactum* bei Placentinus behandelt wurde, sowie an der nachrangigen Stellung der Frage der Vestitur zeigt sich deutlich die in der Legistik noch fehlende einheitliche Lehre vom Vertrag. Es wurde nicht vorrangig und primär auf die Klagbarkeit als dem im System des Typenzwangs allgemeinsten Kriterium für die Beurteilung der *pacta* eingegangen. Dass Placentinus jedoch grundsätzlich davon ausging, dass die allgemeineren Gegenstände vor den spezielleren behandelt werden sollten, zeigt sich in seiner Einleitung des Titels *de pactis*, in der er erläuterte, warum er die *pacta* vor den *transactiones* behandelte: „*(…) et quia pacta sunt generaliora quam transacta primo de pactis loquamur.*“[174].

Placentinus behandelte in seiner Darstellung der Lehre vom *pactum* vorab vorrangig die Sittenwidrigkeit im Zusammenhang mit den möglichen Gegenständen des *pactum*, bevor er unter dem Punkt der *pacta utilia* die Vestiturtheorie erläuterte. Dabei orientierte er sich an dem Aufbau des entsprechenden Digestentitels *de pactis*. Auch dort wird die Frage der Klagbarkeit erst nach der Differenzierung der *pacta tacita/expressa* (D. 2.14.4), *privata/publica* (D. 2.14.5) *legitima/iure gentium* (D. 2.14.6) unter D. 2.14.7 eingeordnet. Dort wird zwar nicht zwischen *pacta inutilia* und *utilia*, jedoch zwischen *conventiones, quae actiones parunt* und solchen, die *exceptiones parunt*, den *pacta nuda*, unterschieden.

---

173 *"Item quaedam sunt nuda, quaedam induta." Placentinus*, Summe zum *Codex*, 1536, S. 44. *In librum secundum codicis, de pactis*. Vgl. Fßn.107.

174 *Placentinus*, Summe zum *Codex*, 1536, S. 40.

Placentinus übernahm diese Differenzierung, benannte sie jedoch anders und ordnete die Frage der Klagbarkeit unter dem Punkt der *pacta utilia* ein. Dort unterschied er zwischen *pacta nuda* und *induta*.

Auch in seinem Traktat *De pactis* behandelte Placentinus die guten Sitten unter dem Gesichtspunkt des Gegenstands des *pactum*, nach der Behandlung der Arglist und dem Fall des Vertragsschlusses unter Furcht:

> „*Denique res in pacto uertens qualis sit iure distinguitur. Forte enim promittitur aliquid impossibile siue natura ut immortalem seruum dari, seu iure ut filio familias a patre donari, uel aliquid iuri contrarium; hoc est aut fieri quod iure uetatur aut permitti quod inhibetur et in hoc loco conuertantur et ea que bonis moribus aduersantur et preter hec aliquid faciendum, licet non tantum promittendum ut heredem instituere, quare nec hoc quidem promitti debet.*“[175]

Placentinus bemerkte hier, dass das Recht den zulässigen Gegenstand des *pactum* bestimme und nannte hierzu zwei Fälle der Unmöglichkeit, die von Natur und die von Rechts wegen. Er unterschied demnach die untauglichen Gegenstände des *pactum* in solche, die von Natur aus unmöglich sind und solche die gegen das Recht verstoßen und aus diesem Grunde nicht möglich seien.[176] An dieser Stelle brachte Placentinus die guten Sitten ins Spiel. Er zählte den Fall, dass etwas gegen die guten Sitten verstößt zur rechtlichen Unmöglichkeit und nannte als Beispiel erneut das Versprechen der Erbeinsetzung. Aus den Ausführungen von Placentinus in seinem Traktat *De pactis* und in seiner Summe ergibt sich demnach, dass er die Sittenwidrigkeit thematisch vor allem im Bereich der Testierfreiheit ansiedelte.

Aus der Untersuchung des Titels *De pactis* der Summe Placentins zum *Codex* ergibt sich, dass die Frage der Sittenwidrigkeit unter dem Gesichtspunkt der Unwirksamkeit *(inutilitas)* indirekt in Form der *turpitudo* eine Rolle spielte. Im Rahmen der Wirksamkeit *(utilitas)* und damit im Zusammenhang mit der Klagbarkeit erwähnte sie Placentinus nicht. Er beließ es vielmehr bei der Einordnung unter der Frage des zulässigen Gegenstands einer Vereinbarung. Bei Placentinus, der durch Entwicklung der Vestiturtheorie die theoretische Begründung des Typenzwanges neu fasste,[177] spielten damit die *boni mores* noch keine vom klassischen und nachklassischen römischen Recht abweichende Rolle im Rahmen

---

175 *Placentinus, De pactis,* ediert in: *Weigand,* Naturrechtslehre, 1967, S. 460–463, S. 462.

176 Placentinus übernahm jedoch nicht die Argumentation aus D. 28.7.15 bezüglich einer Subsumption des Sittenverstoßes unter die Unmöglichkeit.

177 Vgl. *Dilcher, Hermann,* Der Typenzwang im mittelalterlichen Vertragsrecht, in: ZRG RA 77 (1960), S. 271–303, 277.

der Lehre vom *pactum* und damit ebenso wenig in der Entwicklung auf dem Weg zu einem einheitlichen Vertragsrecht.

Auch inhaltlich finden sich bei Placentinus keine Fälle der Sittenwidrigkeit, die über die Fälle hinausgehen, die aus den klassisch römisch-rechtlichen Quellen im Zusammenhang mit der *stipulatio* bekannt waren. Diese sind die Vereinbarung eines Mordes (vgl. D. 45.1.27.pr.), einer Erbeinsetzung (vgl. D. 45.1.61), die Vereinbarung einer unmöglichen Sache, eines Verzichts der Tochter auf das väterliche Erbe und die Vereinbarung, dass der Ehemann im Falle der Scheidung verpflichtet ist, die gesamte *dos* zurückzuzahlen, auch wenn er hierzu nicht im Stande ist (vgl. D. 24.3.14.1). Gemäß der klassischen Tradition wurden damit durch die *boni mores* vor allem die öffentliche Sicherheit und der Erblasserwille sowie entsprechend dem *officium* das Erbrecht der Tochter geschützt.

Im Hinblick auf die Frage nach der Behandlung der Sittenwidrigkeit von *pacta* ergibt sich, dass sich Placentinus sowohl was die systematische Einordnung der Sittenwidrigkeit im Recht vom *pactum* betrifft, als auch was ihre inhaltliche Bestimmung angeht, auf die klassisch römisch-rechtliche Lehre stützte. Insofern hielt Placentinus an der überkommenden Behandlung der Sittenwidrigkeit fest.

Bemerkenswert ist jedoch im Hinblick auf die Frage nach seiner Lehre von der Sittenwidrigkeit von Vereinbarungen, dass er im Rahmen seiner allgemeinen Ausführungen zum *pactum* sowie bezüglich dessen zulässigen Inhalts das Kriterium der *natura* im Sinne des göttlichen, überpositiven Naturrechts heranzog. Hierdurch trat ein völlig neuer Ansatz in Bezug auf die Lehre vom *pactum* hervor. Als letzten Grund der Verpflichtung, Vereinbarungen zu halten, wurde nicht der römisch-rechtliche Naturrechtsgedanke, sondern die *naturalis summa* und damit Gott genannt. Damit übernahm Placentinus eine Deutung, die weniger von legistischer Seite, als von den Dekretisten herangezogen wurde.[178] Placentinus stellte die *natura*, die er mit deren Schöpfer gleichsetzte, auch dem Rechtsquellenkatalog aus C. 2.3.6 voran und modifizierte so die klassisch römisch-rechtliche Lehre. Es stellt sich die Frage, ob und inwiefern in der späteren Lehre der Legistik vom *pactum* diese Bezugnahme auf naturrechtliche Kriterien bei der Definition der guten Sitten aufgegriffen wurde. Bei Placentinus erfolgte dieser Schritt nicht.

---

178 Vgl. *Weigand*, Naturrechtslehre, 1967, S. 63.

d. Die Summe zu *Codex* und Institutionen von Azo

(1) Einleitung

Azo Porcius (verst. nach 1229[179]), der in seiner Heimatstadt Bologna unterrichtete[180], zählt zu den einflussreichsten unter den Glossatoren.[181] Neben seinem Hauptwerk, der *Summa Codicis*[182], verfasste er Glossen zu den verschiedenen Teilen des *Corpus Iuris*, Summen zum *Codex* und den Institutionen, *Brocarda* und *Quaestiones.*[183] Angesichts der großen Bedeutung seines Werkes stellt sich umso dringender die Frage, worum es Azo in Beziehung auf die Sittenwidrigkeit von Vereinbarungen im Wesentlichen ging, insbesondere wie er sie definierte und welche Funktion er ihr zumaß. Dabei ist auch bei Azo, wie bei Placentinus seine besondere Haltung gegenüber der Kirche zu bemerken. Auch er ging von einer Überordnung des Papstes gegenüber dem Kaiser aus, was er mit dem Vorrang der geistlichen vor den weltlichen Dingen begründete.[184] Auch in seiner Lehre findet sich wie bereits bei Placentinus eine Hinwendung zur Deutung des Naturrechtsbegriffs anhand der Heiligen Schrift[185], wie sie sich bei den Dekretisten fand[186]. Es stellt sich die Frage, ob sich dies wie bei Placentinus auch auf dogmatischer Ebene in Bezug auf das *pactum* und seinen zulässigen Inhalt auswirkte, insbesondere welche Bedeutung und welche Funktion Azo den guten Sitten im Zusammenhang mit Vereinbarungen zumaß.

(2) Das sittenwidrige *pactum*

Die Thematik der Sittenwidrigkeit findet sich im Werk von Azo sowohl im Zusammenhang mit dem *pactum*, als auch im Zusammenhang mit der der *stipulatio*. Im Hinblick auf die Frage nach seiner Lehre bezüglich *pacta contra bonos mores* sind dabei beide Bereiche bedeutsam. Von seiner Behandlung der guten

---

179 Vgl. *Savigny, Friedrich Carl von*, Geschichte des römischen Rechts im Mittelalter, Bd. 5, dreizehntes Jahrhundert, Bad Homburg, 1961, S. 8; *Lange, Hermann*, Römisches Recht im Mittelalter. Bd. 1. Die Glossatoren, München, 1997, S. 258.

180 Vgl. *Savigny, Friedrich Carl von*, a.a.O., S. 3f.

181 Vgl. *Lange, Hermann*, a.a.O., S. 260.

182 Vgl. *Lange, Hermann*, a.a.O., S. 262.

183 Vgl. Savigny, *Friedrich Carl von*, a.a.O., S. 11.

184 Vgl. *Lange, Hermann*, Römisches Recht im Mittelalter. Band 1. Die Glossatoren, München, 1997, S. 258.

185 Vgl. *Gratian*, DG *ante* D.1 c.1, s. hierzu *Weigand*, Naturrechtslehre, 1967, S. 133.

186 Vgl. *Weigand*, Naturrechtslehre, 1967, S. 55, 62, 120.

Sitten im Zusammenhang mit der *stipulatio* ist eine Erkenntnis bezüglich seiner Deutung der *boni mores* zu erwarten.

Zunächst soll Azos Lehre bezüglich der Sittenwidrigkeit von *pacta* untersucht werden. Wie Placentinus ließ Azo in seiner Codexsumme das Kapitel *de pactis* mit der Frage beginnen, wobei es sich bei einem *pactum* handele und woraus sich sein Name ergebe.[187] Die Frage des Inhaltes behandelte Azo wie Placentinus unter dem Punkt *pactorum divisiones*. Anders als Placentinus, der verschiedene Unterscheidungsmerkmale des Digestentitels *de pactis* (D. 2.14) vorausschickte, nannte er als erste Unterscheidung die zwischen unwirksamen *pacta (pacta inutilia)* und wirksamen *(pacta utilia)* und behandelte die anderen Unterscheidungskriterien erst an späterer Stelle. Er begann mit der Darstellung der unwirksamen *pacta* und zwar aufgrund der Vertragsschließenden, bevor er die Unwirksamkeit aufgrund des Gegenstandes *(ratione rerum)* behandelte.

Als ersten Grund für die Unwirksamkeit nannte Azo die Unmöglichkeit und schloss dabei die rechtliche Unmöglichkeit im Falle eines Rechtsverstoßes ein.

> „*Item ratione rerum que promittuntur pacta censentur inutilia. ut si impossibile promittatur. ut .ff. de reg. iur .l. impossibilium idem est si de iure sit impossibile. puta contra leges plebiscita, senatusconsulta, decreta pretorum. edicta principum. vel fraudem alicuius eorum. ut .ff. e .l. iuris gentium. § pretor [D. 2.14.7.7] […]*“[188]

Die Aufzählung der Rechtsquellen, bei deren Verletzung nach Azo rechtliche Unmöglichkeit eintrat, erinnert an die Codexstelle C. 2.3.6[189] des von Azo kommentierten Titels *de pactis*. Anders als diese Codexstelle erwähnte Azo die *boni mores* nicht in seiner Aufzählung von Rechtsquellen, bei deren Verletzung rechtliche Unmöglichkeit und damit Unwirksamkeit *(inutilitas)* des *pactum* vorliege. Er nannte unter Bezugnahme auf die fast gleichlautende Digestenstelle D. 2.14.7.7 aus dem Titel *de pactis* lediglich den Verstoß gegen die *leges plebiscita, senatusconsulta, decreta pretorum* und *edicta principium* und ordnete sie unter den Fall der Unwirksamkeit aufgrund von rechtlicher Unmöglichkeit ein. Wie im gesamten Titel *de pactis* seiner Codexsumme nannte Azo hier die guten Sitten nicht.[190]

---

187 „*Videamius igiur quid sit pactum et unde dicatur.*“ *Azo Porcius*, Summe zum *Codex*, 1506, S. 23 Sp.1.

188 *Azo Porcius*, Summe zum *Codex*, 1506, S. 23 Sp.2.

189 “*Idem [Imperator Antonius] A. Iuliae Basiliae. Pacta, quae contra leges constitutionesque vel contra bonos mores fiunt, nullam vim habere indubitati iuris est.*” In: *Corpus iuris civilis. Volumen secundum. Codex Iustinianus*, *Paul Krüger* (Hrsg.), 11. Aufl., Berlin, 1954, ND Hildesheim 1997, S. 93.

190 Vgl. *Azo Porcius*, Summe zum *Codex*, 1506, S. 23–25.

Er erwähnte sie jedoch an anderer Stelle seines Codexkommentars unter dem Titel *de institutionibus vel substitutionibus seu restitutionibus sub conditione factis* (C. 6.25) im Zusammenhang mit der rechtlichen Unmöglichkeit. Er unterteilte unmögliche Bedingungen, die die Zukunft betreffen, im Rahmen der Erbeinsetzung in rechtlich und tatsächlich unmögliche. Solche Bedingungen würden nach Azo als ungeschrieben behandelt und waren damit unbeachtlich. Zu dem Fall der rechtlichen Unmöglichkeit nannte er die *turpes conditiones.*[191] Weiter unten fasste er zusammen: *„liquet ergo conditionem impossibilem uel turpem uel inconuenientem pro non scripta haberi.*"[192].

Neben der Rechtsfolge der Unbeachtlichkeit der Bedingung *(tenere pro non scripta)* kam nach Azo jedoch, wenn es sich nicht um eine Potestativbedingung[193] handle, auch die Nichtigkeit der Erbeinsetzung in Frage, wenn der Erbe dies vorziehe. Azo schilderte hierzu den in D. 28.7.15 *(de condicionibus institutionum)* geschilderten Fall und zitierte die dort von Papinian vorgebrachte Begründung:

> *„nam quae facta ledunt pietatem extimationem verecundiam nostram. et ut generaliter dixerim. que contra bonos mores fuerint nec facere nos posse credendum est. ut .ff. de condi. insti .l. filius. [D. 28.7.15] [...]*"[194].

Papinian führte in D. 28.7.15 an, wann eine Verletzung der guten Sitten vorläge, nämlich im Falle der Verletzung des Pflichtgefühls *(pietas)*, der bürgerlichen Ehre *(extimatio)* oder des Schamgefühls *(verecundia)* und stellte die Sittenwidrigkeit der Unmöglichkeit gleich. Azo übernahm die klassisch römisch-rechtliche Argumentation und betrachtete eine sittenwidrige beziehungsweise schändliche Bedingung als nicht erfüllbar und damit als Fall der rechtlichen Unmöglichkeit.

Der Verstoß gegen die guten Sitten wirkte sich bei Azo demnach im Zusammenhang mit Bedingungen unter dem Aspekt der Unmöglichkeit aus, nicht jedoch als eigenständiger Nichtigkeitsgrund. Anders als Placentinus bezog er die

---

191 *"[...] Si quidem conditio sit impossibilis uel de iure ut quia turpis erat uel de facto quia natura resistebat ei omnino pro non scripta habetur: ut insti. de here. insti. § inpossibilis et.ff. de condi. insti .l. 1 et.l. conditiones quae contra. et .l. si quis institutus. et .l. conditiones contra edicta." Azo Porcius*, Summe zum *Codex*, 1506, S. 230, Sp.1, *Lib.VI*, *De institutionibus uel substitutionibus seu restitutionibus sub conditione factis* (C. 6.25).

192 *Azo Porcius*, Summe zum *Codex*, 1506, S. 230, Sp.1, *Lib.VI*, *De institutionibus uel substitutionibus seu restitutionibus sub conditione factis* (C. 6.25).

193 Eine solche liegt in diesem Zusammenhang vor, wenn der Eintritt der Bedingung von dem Erben herbeigeführt werden kann.

194 *Azo Porcius*, Summe zum *Codex*, 1506, S. 230, Sp.2, Lib.VI, *De institutionibus uel substitutionibus seu restitutionibus sub conditione factis* (C. 6.25). Das Zitat ist mit orthographischen Abweichungen wörtlich D. 28.7.15 entnommen.

Lehre von der rechtlichen Unmöglichkeit aufgrund von Sittenwidrigkeit auch nicht auf das Recht vom *pactum*. Unter Azo ergab sich demnach im Bereich der Sittenwidrigkeit, insbesondere in Bezug auf *pacta*, keine Neuerung gegenüber der klassisch römisch-rechtlichen Lehre. Er verortete die Lehre von der rechtlichen Unmöglichkeit aufgrund von Sittenwidrigkeit vielmehr dort, wo sie in den Digesten zu finden war, nämlich unter dem die Erbeinsetzungen betreffenden Titel.

Azo nahm die oben genannte Stelle auch nicht zum Anlass, die einzige im *Corpus Iuris Civilis* enthaltene, klassisch römisch-rechtliche „Definition" der Sittenwidrigkeit aus D. 28.7.15 in Frage zu stellen oder zu aktualisieren, sondern übernahm sie wörtlich. Auch an anderer Stelle, etwa im Rahmen der Codextitel, in welchen die *boni mores* ausdrücklich genannt wurden, nahm Azo keine neue Definition der *boni mores* vor.

Auch in den von Azo bearbeiteten und um die *solutiones* ergänzten *Brocardica* des Otto Papiensis[195] spielte der Ausdruck der *boni mores* keine bedeutende Rolle. Unter der Rubrik XIII, *De pactionibus*, wurden sie unter der Unterrubrik *„Pactis privatorum ius publicum non ledi nec licere renuntiari is, que tam pro se quam pro communi vtilitate sunt introducta"*[196] in einem Nebensatz zu der unter anderen aufgeführten Fundstelle D. 34.3.14.1 genannt, ohne jedoch im fließenden Text eine Rolle zu spielen.[197]

In der Unterrubrik *„Pacta turpia non debent servari"*[198] wurden jedoch die *pacta turpia* behandelt. In diesem Zusammenhang wurde unter anderem die Codexstelle C. 2.3.6 zitiert, die die Wirksamkeit des *pactum* ausdrücklich von den *boni mores* abhängig machte. Es ist demnach auch bei Azo von einer synonymen Verwendung der Ausdrücke *turpitudo* und *contra bonos mores* auszugehen. Zu der *turpitudo* (Schändlichkeit) des *pactum* verwies Azo auf D. 45.1.46, eine *lex* aus dem Digestentitel *de verborum obligationibus*, die bestimmt, dass allgemein schändliche *stipulationes* nichtig seien.

> *„Pacta turpia etc. si pactum turpe continet id dari vel fieri quod lex improbat, ipso iure nullum est, vt ff. de verbo. obligat .l. generaliter.[D. 45.1.26] [...]"*[199]

Unter der Rubrik XIV, *De stipulationibus sev obligationibus*, wurde umgekehrt zu der Frage der *turpis promissiones* unter der Unterrubrik *„Ex turpi promissione*

---

195 Vgl. *Coing*, Handbuch, I, S. 149, 239.

196 *Azo Porcius, Brocardica aurea*, 1568, S. 75, Sp.2.

197 Vgl. *Azo Porcius, Brocardica aurea*, 1568, S. 76, Sp.2.

198 *Azo Porcius, Brocardica aurea*, 1568, S. 83, Sp.1.

199 *Azo Porcius, Brocardica aurea*, 1568, S. 83, Sp.1.

neminem teneri"[200] auf die Ausführungen zu den *pacta turpia* verwiesen. Es wurden lediglich die beiden Fundstellen D. 45.1.26, die sich auch unter dem entsprechenden Abschnitt unter *de pactiones* findet, und der nachfolgende Paragraph D. 45.1.27.pr. zitiert. Letzterer enthält konkrete Beispiele für schändliche Versprechensinhalte, bei welchen eine *actio* versagt wurde.[201] Hieraus folgt, dass Azo, was die Frage der Schändlichkeit betrifft, auch nicht zwischen *pacta* und *stipulationes* beziehungsweise Versprechen unterschied. So galten die in D. 45.1.27.pr. zur inhaltlichen Bestimmung schändlicher *stipulationes* genannten Fälle auch für das *pactum*. *Pacta turpia* lägen demnach vor, wenn vereinbart werde, dass ein Mord oder Sakrileg begangen werde.

Auch in seiner Codexsumme behandelte Azo unter dem Titel *de pactis* nicht ausdrücklich die guten Sitten, so jedoch den synonym behandelten Fall des schändlichen *(turpe)* Gegenstandes.

> „*[...] ipso autem iure non tenet pactum non tamen in supradictis. Sed etiam si turpe sit quod promittitur. ut .ff. de ver. ob .l. generaliter [D. 45.1.26] et .l. veluti [D. 45.1.27.pr.] et .l. si stipuler [D. 45.1.38.20].*"[202]

Hierzu zitierte Azo erneut D. 45.1.26 aus dem Titel *de verborum obligationibus* und die unmittelbar daran anschließende Stelle D. 45.1.27.pr. . Es erfolgte demnach auch bei Azo keine Abweichung von der dem klassischen römischen Recht entnommenen Definition der *turpitudo* beziehungsweise Sittenwidrigkeit von *pacta*.

Was die übrige Lehre von der Wirksamkeit des *pactum* betrifft, schloss sich Azo der Vestiturtheorie an und unterschied demnach zwischen *pacta vestita* und *pacta nuda*, wobei er noch nicht von einer generellen Bindungswirkung sämtlicher *pacta* ausging. Es zeigt sich jedoch in seiner Kommentierung des Titels *de pactis* eine Systematik, die sich wie schon bei Placentinus nach der groben Differenzierung der *pacta utila* und *inutila* richtete. Es blieb auch nach Azo dabei, dass für die Wirksamkeit eines *pactum* ein *vestimentum* hinzutreten müsse. Es wurde jedoch neben der Behandlung der *vestimenta* ein besonderes Gewicht auf die Systematisierung der Gründe gelegt, die zu einer fehlenden Klagbarkeit führen würden. Unter diesen fanden sich nicht ausdrücklich die guten Sitten.

Was das *pactum* betrifft, stand bei Azo die Unwirksamkeit aufgrund eines schändlichen Gegenstandes im Vordergrund *(pacta turpia)*, wobei er zur Begründung Stellen heranzog, die die guten Sitten nennen. Es ist demnach auch

---

200 *Azo Porcius, Brocardica aurea*, 1568, S. 86, Sp.1.

201 Vgl. *Azo Porcius, Brocardica aurea*, 1568, S. 86, Sp.1.

202 *Azo Porcius, Brocardica aurea*, 1568, S. 23, Sp.2.

bei Azo nicht von einer Differenzierung der Begriffe auszugehen. Azo scheint jedoch, nach der Verwendung zu urteilen, den Ausdruck der *turpitudo* dem der *boni mores* vorgezogen zu haben. Was den Inhalt der *turpitudo* bzw. Sittenwidrigkeit angeht, finden sich jedenfalls in der Wahl der Ausdrücke bei Azo keinerlei Abweichungen vom klassischen römischen Recht. Er zitierte mit D. 28.7.15 die einzige etwas allgemeiner gehaltene Definition, die sich im klassischen römischen Recht zu den *boni mores* fand und nannte im Rahmen der *pacta turpia* die Stelle D. 45.1.27.pr., die den Mord und das Sakrileg als Fälle der *turpitudo*, wenn auch im Zusammenhang mit der *stipulatio*, anführt.

(3) Die sittenwidrige *stipulatio*

Da Azo bezüglich der inhaltlichen Bestimmung der *turpitudo* beziehungsweise der *boni mores* nicht nach der Art der Begründung der Verbindlichkeit unterschied, verspricht auch die Untersuchung der Lehre bezüglich der *stipulatio* Erkenntnisse bezüglich seiner Lehre von der Sittenwidrigkeit von Vereinbarungen. So finden sich die *boni mores* bei Azo in seiner Codexsumme, wie auch in dem entsprechenden Codextitel (C. 8.37.(38).4), unter dem Titel *de inutilibus stipulationibus*. Die Codexstelle enthält eine Entscheidung Kaiser Diokletians, in der er bestimmte, dass aus einer Urkunde nicht geklagt werden könne, da sie entgegen der guten Sitten eine *stipulatio* über eine zukünftige Erbfolge enthalte und alles, was gegen die guten Sitten in ein *pactum* oder in eine *stipulatio* eingeführt werde, unwirksam sei.[203] Azo nannte in dem der Entscheidung entsprechenden Titel seiner Summe unter dem Punkt der Unwirksamkeit *(inutilitas)* der *stipulatio* aufgrund der Person den Fall der *stipulatio* über die zukünftige Erbfolge als Beispiel für eine schändliche oder sittenwidrige *stipulatio*.

> *„Item quod dictum est stipulationem penalem valere etiam si inutilis sit stipulatio prima recipit bonam distinctionem. quia quandoque promittitur aliquid secundum legem. et tunc agitur omnino ad penam quandoque contra legem vt si promittitur turpe vel contra bonos mores vt de futura successione. et tunc nullo modo agitur ad penam. vt ff. de ver. ob. generaliter [D. 45.1.26] et .l. veluti [D. 45.1.27.pr.]. et .l. stipulatio hoc modo [D. 45.1.61]. et l. si stipuler [D. 45.1.38.20] vt id fiat. et. infra. eo .l. ex eo. [C. 8.38.4] Secus si promisisset aliquid turpe puta per metum vel dolum. tunc. non daretur actio. quia promissum*

203 *"Idem Ex eo instrumento nullam vos habere actionem, quia contra bonos mores de successione futura interposita fuit stipulatio, manifestum est, cum omnia, quae contra bonos mores vel in pacto vel in stipulatio deducuntur, nullius moment sint."* C. 8.37(38).4, in: *Corpus iuris civilis. Volumen secundum. Codex Iustinianus*, *Krüger, Paul* (Hrsg.), 11. Aufl., Berlin, 1954, ND Hildesheim, 1997, S. 351.

est non turpe. sed remoueretur exceptione quia turpiter factum est vt. infra. eo .l. dolo. [C. 8.38.5]“[204]

Zu den oben genannten Fällen der Vereinbarung eines Mordes oder Sakrilegs, auf die Azo auch an dieser Stelle verwies, trat demnach der ebenfalls dem klassischen römischen Recht entnommene Fall der Vereinbarung über die künftige Erbfolge als schändlicher beziehungsweise sittenwidriger Gegenstand eines *pactum* hinzu. Dieser Fall wurde von Azo in seiner Kommentierung des Codextitels *de inutilibus stipulationibus* als einziger Fall der Schändlichkeit oder Sittenwidrigkeit ausdrücklich genannt. Dabei führte er die *turpitudo* und die Sittenwidrigkeit ausdrücklich nebeneinander als gleichbedeutend an und definierte sie gemeinsam durch die angeführten Stellen aus den Digesten und dem Codex. An dieser Kommentierung, in der allein der erbrechtliche Fall der Vereinbarung einer künftigen Erbfolge ausdrücklich als Fall der *turpitudo* beziehungsweise Sittenwidrigkeit genannt wurde, deutet sich bereits an, dass die Frage der Sittenwidrigkeit von *pacta* in der Legistik vorrangig im Bereich des Erbrechts angesiedelt wurde. Dies weist auf eine besondere Praxisrelevanz der *boni mores* in diesem Bereich hin.

Die oben genannte Stelle der Codexsumme ist für Azos Lehre von der Sittenwidrigkeit insofern interessant, als an ihr eine Verbindung mit der Gesetzwidrigkeit deutlich wird, die besonderes Augenmerk verdient. In seiner Codexsumme[205] unterschied er die *stipulationes secundum legem* und *contra legem* nach ihrer Rechtsfolge, auch im Hinblick auf etwaige vereinbarte Vertragsstrafen. Als Beispiel für *stipulationes contra legem* nannte Azo solche, die *turpes* seien oder gegen die guten Sitten verstoßen würden. Hierzu nannte er den Fall der Vereinbarung bezüglich der zukünftigen Erbfolge. Zur Begründung zog Azo die bereits im Rahmen des *pactum* über einen *turpe* Gegenstand genannten Digestenstellen D. 45.1.26+27.pr. und D. 45.1.38.20 heran sowie die Stelle D. 45.1.61. Nach D. 45.1.26 sind schändliche *stipulationes* nichtig, nach D. 45.1.27.pr. ist dies der Fall, wenn die Begehung eines Mordes oder Sakrilegs versprochen wird. D. 45.1.61 handelt von einer *stipulatio* über die Einsetzung als Erbe und bestimmt, dass diese unwirksam sei, weil sie gegen die guten Sitten verstoße. Diese Stellen zog Azo zur Untermauerung der Aussage heran, dass im

---

204 *Azo Porcius*, Summe zum *Codex*, 1506, S. 317, Sp.1, *Lib. VIII*, *De inutilibus stipulationibus*.

205 Vgl. *Azo Porcius*, Summe zum *Codex*, 1506, S. 317, Sp.1, *Lib. VIII*, *De inutilibus stipulationibus*.

Fall der *turpitudo* bzw. der Sittenwidrigkeit eine *stipulatio contra legem* vorläge, die unwirksam sei.

Der Zusammenhang der Gesetzeswidrigkeit mit der Sittenwidrigkeit tritt hier deutlich hervor. Es stellt sich die Frage, ob die Gesetzeswidrigkeit nicht allein aus einer Verletzung eines Gesetzes folgte, das die Sittenwidrigkeit bzw. *turpitudo* verbietet und als Rechtsfolge die Unwirksamkeit anordnet, sondern bereits die Sittenwidrigkeit der *stipulatio* als Fall der Gesetzeswidrigkeit gewertet wurde. In der Lehre Azos von der Sittenwidrigkeit bzw. *turpitudo* zeigt sich an dieser Stelle, was die Systematik der Rechtsfolge betrifft, auf den ersten Blick eine unterschiedliche Behandlung des *pactum* und der *stipulatio*. Beim *pactum* wurde die Sittenwidrigkeit bzw. *turpitudo* nicht unter dem Nichtigkeitsgrund „*contra leges*"[206] behandelt, sondern unter dem eigenständigen Fall der Unwirksamkeit aufgrund eines schändlichen *(turpe)*[207] Gegenstandes. Im Fall der *stipulatio* dagegen wurde die Unwirksamkeit aus dem Verstoß gegen ein Gesetz *(contra legem)* hergeleitet.

Dass nach Azo im Fall der *turpitudo* die Nichtigkeit des *pactum* direkt aus der *turpitudo* folgte, ergibt sich daraus, dass er dort dieselben Digestenstellen zitierte, wie im Fall der *turpes stipulationes*, nämlich D. 45.1.26 und 27.pr. und D. 45.1.38.20. Er tat dies, obwohl bezüglich des *pactum* in C. 2.3.6 und D. 2.14.27.4 auch die allgemeine Regel existierte, dass das *pactum* im Falle der Sittenwidrigkeit oder der Schändlichkeit seiner *causa* unwirksam sein solle.

Im Rahmen der Lehre vom *pactum* betonte Azo damit die *turpitudo* als Kriterium für die Unwirksamkeit neben der Gesetzesmäßigkeit, während sich bei ihm im Rahmen der *stipulatio* die Grenzen verwischten und die *turpitudo* einen Fall der Gesetzeswidrigkeit darstellte. Dies spricht gegen eine Aufwertung des Kriteriums der Sittenwidrigkeit bei Azo und eher für eine gewisse Relativierung im Verhältnis zur Gesetzesmäßigkeit.

(4) Ergebnis

Bei Placentinus deutete sich eine Wende hin zu einer stärker naturrechtlichen Betrachtung des *pactum* unter Bezugnahme auf das göttliche Naturrecht an. Nach dieser wäre auch eine Entwicklung hin zu einer spezifisch naturrechtlichen Art der inhaltlichen Begrenzung des *pactum* beziehungsweise eine entsprechende Auslegung der guten Sitten konsequent gewesen. Eine solche Entwicklung fand unter Azo jedoch nicht statt.

---

206 *Azo Porcius*, *Summa super codicem*, a.a.O., S. 25, Sp.2, *Lib.II*, *De pactis*.

207 Hierunter fiel nach Azo, wie gezeigt wurde, auch die Sittenwidrigkeit.

Was den Inhalt der Sittenwidrigkeit betrifft, unterschied Azo weder zwischen einem Verstoß gegen die guten Sitten und der *turpitudo*, noch zwischen der Situation im Rahmen eines *pactum* oder einer *stipulatio*. Dabei bezog er sich wie Placentinus auf die Fälle, die bereits im klassischen römischen Recht genannt wurden und einen Mord, ein Sakrileg oder die künftige Erbfolge betrafen. Auch mit der Zitierung der einzigen etwas allgemeiner gehaltenen Ausführung, die sich in dem klassischen römischen Recht zu den *boni mores* fand (D. 28.7.15), hielt er sich an die bisherige römisch-rechtliche Lehre von der Sittenwidrigkeit ohne dieser eine neue Ausrichtung zu geben.

Er sprach den *boni mores* auch keine wesentliche Bedeutung im Zusammenhang mit der Lehre von der Wirksamkeit des *pactum* allgemein zu. Das entscheidende Kriterium für die Wirksamkeit war für ihn das *vestimentum*, also das formale Kriterium des Kontraktstyps, nicht ein materielles. Auch daran, dass er die schändliche *stipulatio* als Fall der Gesetzeswidrigkeit wertete, zeigt sich die untergeordnete Bedeutung der Sittenwidrigkeit als eigenständiges Wirksamkeitskriterium bei Azo.

e. Die *Glossa ordinaria* von Accursius

(1) Einleitung

Bei der Beantwortung der Frage, was die Legistik unter den *boni mores* verstand und welche Rolle die guten Sitten bei der Bestimmung zulässiger Vereinbarungen einnahmen, darf die Untersuchung des Werkes von Accursius, eines Schülers von Azo, nicht fehlen.

Seine Glosse wurde zur fortan maßgeblichen Kommentierung von *Codex*, Digesten und Institutionen *(Glossa ordinaria)*. Sie wurde selbst kommentiert und zum Bezugspunkt von Kommentaren.[208] Nach Savigny handelt es sich bei der Glosse des Accursius um eine Sammlung älterer Glossen.[209] Welche Werke Accursius der Glosse zu Grunde legte ist nicht abschießend untersucht worden.[210]

---

208 Vgl. *Coing*, Handbuch, I, S. 173.

209 Vgl. *Savigny, Friedrich Carl von*, Geschichte des römischen Rechts im Mittelalter, Bd. 5, dreizehntes Jahrhundert, Bad Homburg, 1961, S. 279. Insofern habe sich nach Friedrich Carl von Savigny der Verwender von Zitaten aus der Glosse des Accursius nicht auf diesen zu beziehen, sondern auf die „Glossatorenschule überhaupt". *Savigny, Friedrich Carl von*, a.a.O., S. 280.

210 Vgl. *Savigny, Friedrich Carl von*, a.a.O., S. 284 mit Verweis auf die größtenteils noch ungedruckten Werke der Vorgänger von Accursius, so auch *Genzmer, Erich*, Die Verbreitung der Accursischen Glosse in den einzelnen Gebieten Europas, in: Atti del convegno internazionale di studi accursiani. Bologna, 21–26 Ottobre 1963, Bd. 3,

Eine Identifizierung der Accursius selbst zuzuschreibenden Glossen ist trotz der, wenn auch nicht durchgehend, vorhandenen Siglen nicht stets zweifelsfrei möglich. Glossen älterer Glossatoren sind zwar erkennbar, wenn ihnen die entsprechende Sigle beigefügt wurde. Ist dies jedoch nicht der Fall oder wurde die Sigle ‚Ac.' für Accursius beigefügt, ist eine Zuordnung nicht möglich, da diese nicht besagt, dass der Inhalt der Glosse von Accursius selbst stammt, sondern, dass die Glosse der Sammlung des Accursius angehört.[211] Der *Glossa ordinaria* des Accursius wurden verschiedene Zusätze anderer Juristen beigefügt, unter anderem die *casus*-Sammlungen der Nachfolger von Accursius sowie Kommentare von Bartolus und Baldus.[212] Auch wenn eine Zuordnung der einzelnen Glossen nicht immer zweifelsfrei möglich ist, steht doch fest, dass der Einfluss und die Bedeutung der Glosse des Accursius groß waren.[213]

(2) Das *pactum contra bonos mores*

Auch bei der Untersuchung des Werkes von Accursius soll mit der Lehre von dem sittenwidrigen *pactum* begonnen werden, bevor die sittenwidrige *stipulatio* betrachtet wird. In der Glosse zum Codex finden sich die *boni mores* in der Glosse zu der Stelle C. 2.3.6 aus dem Titel *de pactis*. Dort werden die *boni mores* neben verschiedenen Rechtsquellen ausdrücklich genannt. Accursius glossierte die Stelle ‚*contra bonos mores*' ganz im Sinne des klassischen römischen Rechts mit einem Hinweis darauf, dass die allgemeinen Sitten und nicht die des Einzelnen entscheidend seien.

> „*§ contra bonos mores. sc. communes, non ipsius, qui fecit: ut ff. de iniu .l. item apud. §. idem ait adversus [D. 47.10.15.6] et da exemplum de futura successione: ut infra eod .l. fin.[C. 2.3.30] Idem dicas, si fiat contra alias partes iuris: ut ff. eod .l. iuris gentium § praetor [D. 2.14.7.7].*"[214]

Als Beispiel nannte Accursius den in C. 2.3.30 behandelten Fall einer Vereinbarung bezüglich einer künftigen Erbschaft. Schließlich wies er darauf hin, dass dasselbe auch für andere Teile des Rechts gelte und zitierte hierzu die *lex* D. 2.14.7.7 aus dem Digestentitel *de pactis*. Diese enthält wie die kommentierte

Milano, 1968, S. 781–798, 781. S. zu der Frage auch *Lange, Hermann*, Römisches Recht im Mittelalter. Band 1. Die Glossatoren, München, 1997, S. 352.

211 Vgl. *Savigny, Friedrich Carl von*, a.a.O., S. 290.

212 Vgl. *Coing*, Handbuch, I, S. 174.

213 Vgl. *Savigny, Friedrich Carl von*, a.a.O., S. 279.

214 *Accursius, Glossa ordinaria* zum *Codex*, 1627, Sp.333, Glosse ‚*contra bonos mores*' zu C. 2.3.6.

Codexstelle C. 2.3.6 eine Aufzählung verschiedener Rechtsquellen, gegen die ein *pactum* nicht verstoßen durfte, wenn es von dem Prätor beachtet werden und nicht wirkungslos sein sollte. Gemäß der legistischen Betrachtung des Ausdrucks *pactum* als Oberbegriff sämtlicher Vereinbarungen, war bei Accursius jedoch nicht allein das in D. 2.14.7.7 ursprünglich gemeinte *pactum nudum*, das eine Einrede zur Folge hatte, gemeint. Er verstand darunter vielmehr jede Vereinbarung im weitesten Sinne.

In dem Digestentitel *de pactis* ging Accursius bei der Kommentierung der Digestenstellen, die ausdrücklich von den *boni mores* sprechen, nicht auf diese ein.[215] Er verwies jedoch in der Glosse ‚*observanda*' zu D. 2.14.27.4 auf die Codexstelle C. 2.3.6 und auf die Digestenstelle D. 45.1.26.

> „*§ Observanda. sive nuda, sive vestita: ut hic, et Cod. eo .l. pacta quae [C. 2.3.6] et infra de verb. obl .l. generaliter. [D. 45.1.26] et l. si plagii.*"[216]

Die glossierte Digestenstelle aus dem Titel *de pactis* bestimmte, dass *pacta*, die eine schändliche *causa* enthalten würden, nicht zu befolgen seien.[217] Die Codexstelle, die Accursius hierzu zitierte, spricht nicht von der *turpitudo*, sondern von den guten Sitten. Dies spricht für einen gleichlaufenden Gebrauch der Ausdrücke *contra bonos mores* und *turpitudo* auch bei Accursius. Die zur Begründung

---

215 In einer späteren *additio* zog Contius jedoch bei der Kommentierung der Stelle D. 2.14.27.3, die die Arglist betrifft, eine Dekretale von Innozenz III. aus dem Titel *de iureiurando* des *Liber Extra* heran (*c. Ad nostram noveris,* X 2.24.21, Po 421, 1198). Die Entscheidung betraf die inhaltliche Begrenzung des Eides, der nach Innozenz III. keine Fessel des Unrechts *(iniquitas)* sein dürfe. Vgl. *c. Ad nostram noveris,* X 2.24.21 in: Die Register Innocenz' III., Bd. 1, Graz/Köln, 1964, S. 623f. Hier deutete sich die Tendenz der Übertragung von Regelungen bezüglich des Eides auf das Vertragsrecht auch in der Legistik an. Die *additio* ist Contius zuzuschreiben, obwohl sie hier nicht mit seinem Namen geschlossen wurde. Vgl. zu letzterem *Troje, Hans Erich, Graeca leguntur.* Die Aneignung des byzantinischen Rechts und die Entstehung eines humanistischen *Corpus iuris civilis* in der Jurisprudenz des 16. Jahrhunderts, Köln/Wien, 1971, S. 159.

216 *Accursius, Glossa ordinaria* zum *Digestum vetus*, 1627, Sp.249, Glosse ‚*observanda*' zu D. 2.14.27.4 *(de pactis)*.

217 *"Pacta, quae turpem causam continent, non sunt observanda: veluti si paciscar ne furti agam vel iniuriarum, si feceris: expedit enim timere furti vel iniuriarum poenam: sed post admissa haec pacisci possumus. item ne experiar interdicto unde vi, quatenus publicam causam contingit, pacisci non possumus. et in summa, si pactum conventum a re privata remotum sit, non est servandum: ante omnia enim animadvertendum est, ne conventio in alia re facta aut cum alia persona in alia re aliave persona noceat."* D. 2.14.27.4, in: *Corpus iuris civilis.* Ed. *Krüger/Mommsen*, I, 1911, S. 59, Sp.2.

herangezogene Stelle D. 45.1.26 betrifft die schändliche *stipulatio* und nicht ausdrücklich das *pactum.* Accursius unterschied demnach wie Azo bezüglich der Nichtigkeitsgründe nicht zwischen den Entstehungsgründen der Verbindlichkeit.

An der glossierten Stelle D. 2.14.27.4 und insbesondere an den Ausführungen im Rahmen der Glosse ‚*observanda*' zeigt sich, dass Accursius die Frage der Sittenwidrigkeit des *pactum* systematisch an den Punkt der Verbindlichkeit des *pactum* knüpfte und die Lehre von der Sittenwidrigkeit unabhängig von der Frage des *vestimentum* gelten ließ. Auch er gebrauchte die Ausdrücke ‚*contra bonos mores*' und ‚*turpitudo*' synonym und siedelte die Thematik der Sittenwidrigkeit von Vereinbarungen vor allem im Bereich des Erbrechts an.

(3) Die *stipulatio contra bonos mores*

Es stellt sich die Frage, was sich darüber hinaus aus der Lehre des Accursius im Zusammenhang mit der *stipulatio* für die Frage nach dem legistischen Begriff der *boni mores* ergibt. Accursius verwies in der Glosse zu D. 45.1.134.pr. *(de verborum obligationibus)*, in der von *stipulationes contra bonos mores* die Rede ist, auf die allgemeiner formulierte Codexstelle C. 2.3.6, die sich auf *pacta* bezieht.[218] Die glossierte Stelle D. 45.1.134.pr. betrifft den Fall, dass Eltern per Urkunde unter Vereinbarung einer Strafe die zukünftige Heirat ihrer Kinder stipulierten. Diese *stipulatio* widersprach laut Scaevola den guten Sitten, da es unehrenhaft oder unanständig *(inhonesta)* sei, eine Ehe mit der Fessel der Vertragsstrafe zu binden. Die Heranziehung der allgemeineren Codexstelle, in der lediglich von *pacta* die Rede ist, entspricht dem legistischen Verständnis von *pactum* als allgemeinem, sämtliche Vereinbarungen umfassenden Begriff.

In der Glosse ‚*contra bonos mores*' zu der Stelle D. 45.1.61 *(de verborum obligationibus)*, die ebenfalls eine *stipulatio contra bonos mores* zum Inhalt hat, bezog Accursius auch Vertragsstrafen in die Rechtsfolge einer sittenwidrigen *stipulatio* ein:

„*§ Contra bonos mores. et ideo in poena non teneris: ut [...]*"[219]

Hierzu zitierte er wie im Rahmen der Glossierung der Stelle D. 2.14.27.4, die das *pactum* mit einer schändlichen *causa* betrifft, die Stelle D. 45.1.26, die von

---

218 Vgl. *Accursius, Glossa ordinaria* zum *Digestum novum*, 1627, Sp.1032, Glosse ‚*bonos mores*' zu D. 45.1.134.pr. *(de verborum obligationibus).*

219 *Accursius, Glossa ordinaria* zum *Digestum novum*, 1627, Sp.966, Glosse ‚*contra bonos mores*' zu D. 45.1.61 *(de verborum obligationibus).*

schändlichen *stipulationes* spricht. Weiter zitierte er die Stelle C. 2.3.30, die von einem *pactum contra bonos mores* spricht und die Stelle C. 8.38.4, die wie die kommentierte Stelle eine *stipulatio contra bonos mores* zum Gegenstand hat. Dabei betrifft sowohl C. 2.3.30, als auch C. 8.38.4 thematisch den Fall, dass eine zukünftige Erbschaft oder Erbfolge zum Gegenstand einer *stipulatio* beziehungsweise eines *pactum* gemacht werden.[220]

Auch Accursius unterschied in der Glosse zu D. 2.14.7.16 im Rahmen der Rechtsfolgen der *stipulatio* solche *secundum* und *contra legem*. Zum Fall der *stipulatio contra legem* nannte er die Stelle D. 45.1.61, die von einer *stipulatio contra bonos mores* spricht. Accursius brachte dabei anders als Azo die Frage des Verbotsgesetzes ins Spiel, indem er zur *stipulatio contra legem* nicht nur die Stelle betreffend der *stipulatio contra bonos mores*, sondern auch C. 1.14.5 nannte. Die Codexstelle spricht eindeutig von Verbotsgesetzen, gegen die im Rahmen von Vereinbarungen und Kontrakten nicht verstoßen werden dürfe.

(4) Ergebnis

Wie bereits Azo unterschied Accursius, was die Frage der Sittenwidrigkeit bzw. *turpitudo* betrifft, nicht zwischen den Regelungen bezüglich des *pactum* und der *stipulatio*. Er zog vielmehr im Rahmen von Ausführungen zur *stipulatio leges* heran, die das *pactum* betrafen und umgekehrt. Er traf auch keine Unterscheidung zwischen den herangezogenen Stellen, die von den *boni mores* sprachen und solchen, in welchen von der *turpitudo* die Rede war.

Es findet sich auch bei Accursius keine von der Lehre des klassischen römischen Rechts abweichende inhaltliche Bestimmung der Sittenwidrigkeit. Thematisch berührten die zu der Frage der Sittenwidrigkeit bzw. *turpitudo* herangezogenen Stellen wie bei Azo die Verletzung bestimmter Rechtsquellen sowie den Gegenstand der zukünftigen Erbschaft oder Erbfolge.[221] Damit siedelte Accursius die Thematik der *boni mores* wie seine Vorgänger vor allem im Bereich erbrechtlicher Fragen an. Einen besonderen Stellenwert im Recht vom *pactum* nahmen sie auch bei ihm nicht ein.

f. Zusammenfassung

Für die Bedeutung der guten Sitten in der Legistik ergibt sich aus den untersuchten Quellen, dass dort keine von der Lehre des klassischen römischen Rechts

220 Vgl. *Accursius, Glossa ordinaria* zum *Digestum novum*, 1627, Sp.966, Glosse ‚*contra bonos mores*' zu D. 45.1.61 *(de verborum obligationibus)*.

221 Vgl. C. 2.3.30; C. 8.38.4.

abweichende inhaltliche Bestimmung der guten Sitten erfolgte. Diese bestand in dem, was dem Pflichtgefühl *(pietas)*, der bürgerlichen Ehre *(extimatio)* oder dem Schamgefühl *(verecundia)* widersprach.[222] Dabei wurde weniger auf die in D. 28.07.15 enthaltene Definition zurückgegriffen, als auf die dem klassischen römischen Recht bekannten Fälle sittenwidriger *pacta oder stipulationes*. Terminologisch wurde nicht zwischen dem Sachverhalt der *turpitudo* und dem Verstoß gegen die guten Sitten unterschieden. Hierunter wurden neben dem aus D. 45.1.27.pr. bekannten Fall der Vereinbarung eines Mordes oder Sakrilegs hauptsächlich Vereinbarungen im Zusammenhang mit erbrechtlichen Fragen genannt. Thematisch fand sich demnach der Schwerpunkt der legistischen Lehre von der Sittenwidrigkeit von *pacta* bis Accursius im Bereich der Erbfolge.

Dabei kam der Sittenwidrigkeit beziehungsweise der *turpitudo* im Verhältnis zu anderen Wirksamkeitskriterien des *pactum* keine besondere Bedeutung zu. Systematisch gesehen nahmen die *boni mores* beziehungsweise die *turpitudo* keinen besonderen Platz in der Lehre vom *pactum* und seiner Wirksamkeit ein. Die Frage der Sittenwidrigkeit wurde vielmehr als einer von zahlreichen Gründen für die Unwirksamkeit *(inutilitas)* von *pacta* genannt. Im Rahmen des in der legistischen Lehre vom *pactum* entscheidenden Punktes, der Durchsetzbarkeit, wurde jedoch allein auf die formalen Kriterien der *vestimenta* abgestellt, nicht dagegen auf materielle wie den Inhalt der Vereinbarung.

Die bei Placentinus anklingende naturrechtliche Betrachtungsweise des *pactum* wurde in der Folgezeit von der Legistik nicht aufgegriffen. Die inhaltliche Begrenzung von *pacta* erfolgte demnach nicht anhand eines allgemeinen, materiellen Kriteriums aus dem über- beziehungsweise außergesetzlichen Bereich, wie es bei dem heute geltenden Sittenwidrigkeitsbegriff im Sinne des § 138 Abs. 1 BGB der Fall ist. Die Wurzeln einer allgemeinen Idee der Nichtigkeit von Vereinbarungen aufgrund eines Verstoßes gegen die guten Sitten im Sinne eines moralischen Maßstabes sind demnach in der Lehre der Schwesterdisziplin Kanonistik zu suchen.

222 Vgl. *Azo Porcius*, Summe zum *Codex*, 1506, S. 230, Sp.2, Lib.VI, *De institutionibus uel substitutionibus seu restitutionibus sub conditione factis* (C. 6.25) und D. 28.7.15.

II. Die *boni mores* in der Theologie

1. Einleitung

Die Kirche unterscheidet sich in ihrem Charakter, ihrer Funktion und Motivation von den weltlichen rechtsetzenden Instanzen. Dies schlug sich auch in der Auslegung und Fortbildung des kirchlichen Rechts durch die Kanonisten nieder. In dem *dictum Gratiani* zu D.3 c.4 nannte es Gratian als Aufgabe der weltlichen sowie der kirchlichen Gesetze, zu befehlen, was notwendig sei und zu verbieten, was schlecht sei zu tun.[223] Da die Normgeber des Kirchenrechts stets sowie die Kanonisten in der Regel zugleich Theologen waren, liegt es nahe, dass bei der Entscheidung, was durch Recht befohlen oder erlaubt werden sollte sowie bei der Auslegung dieses Rechts theologische Argumente einflossen.[224] Dies ist auch im Bereich der kanonistischen Lehre von der Bindungswirkung von Vereinbarung und deren Begrenzung, insbesondere durch die Sittenwidrigkeit, anzunehmen.

Bevor im Hauptteil die kanonistische Lehre von sittenwidrigen Vereinbarungen in den Quellen der kirchlichen Rechtswissenschaft des späten 12. bis zum frühen 14. Jahrhundert untersucht wird, sind demnach vorab die Fragen zu beantworten, worin die Lehre der Theologie des Hochmittelalters bezüglich der Bindungswirkung von Vereinbarungen bestand, welche Rolle hierbei die *boni mores* einnahmen und wie diese von der Theologie inhaltlich bestimmt wurden. Dies soll es ermöglichen, die theologischen und damit speziell kanonistischen Aspekte der Lehre von der Sittenwidrigkeit von Vereinbarungen in der Kanonistik herauszuarbeiten und eine etwaige christlich begründete Definition der Sittenwidrigkeit in der Legistik nach dem Hochmittelalter aufzudecken.

---

223 „*Officium uero secularium, siue ecclesiaticarum legum est, precipere quod necesse est fieri, prohibere quod malum est fieri; […]*“ DG *ante* D.3 c.4, in: Ed. *Friedberg*, I, Sp.5. Zu dem Zweck der kirchlichen Gesetze s. *Graulich, Markus*, Das Verhältnis zwischen Theologie und Recht im *Decretum Gratiani*, in: *Olszewski, Mikołaj* (Hrsg.): What is "theology" in the Middle Ages? Religious cultures of Europe (11th – 15th centuries) as reflected in their self-understanding. *Archa verbi. Subsidia. I*, Münster, 2007, S. 507–516, 510.

224 Zur „[…] metakanonistischen Grundlegung des Rechts der Kirche, die davon ausgeht, das jedes Sollen des Christen seinen Grund im Sein Christus hat […]“. *Riedel-Spangenberger, Ilona*, Theologie und Kanonistik in der Mediävistik. in: *Olszewski, Mikołaj* (Hrsg.), What is "theology" in the Middle Ages? Religious cultures of Europe (11th – 15th centuries) as reflected in their self-understanding. *Archa verbi. Subsidia. I*, Münster, 2007, S. 471–472, 472. Nach Ilona Riedel-Spangenberger „[…] stellt sich [für die Kanonistik] nämlich die Frage nach dem jeweils in der mittelalterlichen Gesellschaft aus theologischen Gründen normativ und institutionell Gewordenen.“ *Riedel-Spangenberger, Ilona*, a.a.O.

2. Die Bindung aufgrund von Versprechen in der Theologie des Hochmittelalters und die *boni mores*

Das entscheidende Argument der Kanonistik bezüglich der Verbindlichkeit von *pacta*, das heißt einfacher, formloser Vereinbarungen, lag in der Gleichbehandlung[225] mit dem Eid.[226] Für die Untersuchung des theologischen Hintergrundes der Lehre der Kanonisten vom *pactum* und dessen Bindungswirkung beziehungsweise dessen Unwirksamkeit ist es demnach notwendig, die maßgebliche Lehre der Theologie vom Eid zu betrachten. Hierzu soll der einflussreichste Theologe des Hochmittelalters, Thomas von Aquin, herangezogen werden. Dessen Werk ist zeitlich teilweise nach den untersuchten kanonistischen Werken einzuordnen. Die in seiner *Summa theologiae* systematisierte Lehre der Theologie ist wegen der in ihr geübten Tradition jedoch bereits vor ihm gültig, so wie sie dies auch noch Jahrhunderte nach seinem Wirken der Fall ist.

Thomas behandelte die Frage des Eides in der *secunda secundae* seiner *Summa theologiae*. Dabei handelt es sich um den zweiten Abschnitt des zweiten der drei Teile, in die sich die *Summa* gliedert. Der erste Teil betrifft Gott, der zweite die Schöpfung und der dritte Christus. Innerhalb des zweiten Teils der *Summa*, der die Schöpfung und damit auch den Menschen zum Gegenstand hat, behandelte Thomas zunächst das letzte Ziel des menschlichen Lebens (*Prima secundae, q.1–5)*. Anschließend beantwortete er die Frage danach, durch welche Handlungen der Mensch sein letztes Ziel, die Seligkeit, also das ewige Leben, erlangen kann *(Prima secundae, q.6–114; secunda secundae)*. Die Frage des Seelenheils soll im Rahmen der Untersuchung noch eine bedeutende Rolle spielen. So ist es interessant, dass in diesem zweiten Bereich sachlich die Fragen einzuordnen sind, ob eine Vereinbarung beziehungsweise ein Eid zu halten sind und wann dies nicht der Fall ist. Die Einordnung der Thematik der Bindungswirkung von Versprechen unter die Frage nach den Handlungen, die zur Seligkeit, dem letzten Ziel menschlichen Handelns führen, deutet auf eine spezifisch christliche Antwort auf die Frage, unter welchen inhaltlichen Voraussetzungen eine Vereinbarung nicht zu halten ist, hin.

---

225 Hermann Dilcher sprach von einer „Analogie“, die Johannes Teutonicus erstmals „vom Gelöbnis zum *pactum nudum* im allgemeinen [zieht].“ *Dilcher, Hermann*, Der Typenzwang im mittelalterlichen Vertragsrecht, in: ZRG RA 77 (1960), S. 271–303, 284.

226 Vgl. *Huguccio von Pisa, Summa decretorum*, Glosse *'oportebit absolvere'* zu C.12 q.2 c.66, nach Manuskript Clm. 10247, fol.173vb, ediert in: *Landau, Pacta sunt servanda*, 2003, S. 462.

Thomas begann den Teil über die zum letzten Ziel führenden Handlungen mit allgemeinen Überlegungen über die menschlichen Handlungen *(Prima secundae, q.6–114)*, um dann in einem zweiten Teil spezielle Betrachtungen anzustellen *(Secunda secundae)*. Diese unterteilte er wiederum in solche, die alle Menschen gleichermaßen beträfen und solche, die nur bestimmte Menschen beträfen. Die hier zu beleuchtenden Fragen fallen unter den Bereich der Handlungen, die alle Menschen gleichermaßen betreffen. Hier unterschied Thomas die theologischen Tugenden *(virtutes theologicas)* und die Kardinaltugenden *(virtutes cardinales)*. Bei den theologischen Tugenden handelt es sich um die des Glaubens, der Hoffnung und der Liebe[227], bei den Kardinaltugenden um die der Klugheit *(prudentia)*, Gerechtigkeit *(iustitia)*, Tapferkeit *(fortitudine)* und Mäßigung *(temperantia)*.

Die Thematik des Eides und des Meineides hatte bei Thomas im Rahmen der Tugend der Gerechtigkeit ihre *sedes materiae*, und zwar unter den *partes potentialibus* der Gerechtigkeit, den Tugenden, die an die Gerechtigkeit anknüpfen *(Secunda secundae, q.80 pr.)*. Unter diese zählte Thomas unter anderem die Religion mit ihren inneren und äußeren Handlungen. Hierunter fällt nach Thomas auch der Eid, bei welchem der Name Gottes hinzugezogen werde sowie die Laster, die der Religion zuwider liefen, wie der Meineid *(Secunda secundae, q.97 pr.)*. Zu den an die Gerechtigkeit anknüpfenden Tugenden zählte er auch die Wahrheit mit ihren entgegengesetzten Lastern wie der Lüge *(Secunda secundae, q.110 pr.)*. Die Lehre der Theologie, die die kanonistische Lehre vom *pactum* und seiner Unwirksamkeit prägte, ist demnach in den thematischen Bereichen des Eides und der Wahrheit zu suchen.

Zu den inhaltlichen Voraussetzungen des Eides äußerte sich Thomas von Aquin in der *quaestio* 89 über den Eid *(de iuramento)*. Dort erörterte er die Frage, ob es angemessen sei, dem Eid die drei Gefährten Gerechtigkeit *(iustitia)*, Einsicht *(iudicium)* und Wahrheit *(veritas)* zuzuordnen. Die Forderung von Hieronymus, dass ein Eid diese drei Voraussetzungen erfüllen müsse, wurde in C.22 q.2 c.2 ins *Decretum Gratiani* aufgenommen und von Gratian im Rahmen von C.22 q.4 c.23 erläutert. In Bezug auf die theologischen Kriterien der Wirksamkeit von Vereinbarungen ist in den Ausführungen von Thomas in dem 3. Artikel der 89. *quaestio* interessant, dass es nach ihm für die Verbindlichkeit des Eides entscheidend war, ob der Eid beziehungsweise seine Erfüllung zu einem schlechteren Ausgang führen würden *(vergere in deteriorem exitum)*[228]. Es

---

227 Vgl. 1 Kor 13, 13.

228 „*[42894] IIª-IIae q. 89 a. 7 arg. 2 Praeterea, virtus non est virtuti contraria, ut dicitur in praedicamentis. Sed iuramentum est actus virtutis, ut dictum est. Quandoque autem*

handelte sich dabei um die gleiche Abwägung, die Hostiensis in seiner Kommentierung zu ‚*salutis aeternae*' in X 2.24.8 anstellte.[229]

An den Ausführungen von Thomas wird die Argumentation sichtbar, die in der Theologie hinter den Kriterien für die Begrenzung der Bindungswirkung von Versprechen oder Vereinbarungen stand. Es wurde eine Abwägung getroffen, ob die Erfüllung oder der Bruch zu einem besseren beziehungsweise schlechteren Ausgang für den Versprechenden führten. Dies bemaß sich an dem Kriterium der Sünde, die dabei begangen wurde, auch unter Berücksichtigung des Guten, das möglicherweise unterlassen wurde.[230] Diese Abwägung wurde im Hinblick auf die Auswirkung auf das ewige Heil getroffen. So wurde die Handlung des Menschen aus einer in den transzendenten Bereich hinübergreifenden Perspektive betrachtet und beurteilt. Thomas kam schließlich zu dem Ergebnis, dass jede der drei von Hieronymus verlangten Voraussetzungen notwendig sei.

---

esset contra virtutem, aut in aliquod eius impedimentum, si quis servaret id quod iuravit, sicut cum aliquis iurat se facere aliquod peccatum, vel cum iurat desistere ab aliquo opere virtutis. Ergo iuramentum non semper est obligatorium. […] [42899] IIª-IIae q. 89 a. 7 […] Ad secundum dicendum quod iuramentum potest vergere in deteriorem exitum dupliciter. Uno modo, quia ab ipso principio habet peiorem exitum. Vel quia est secundum se malum, sicut cum aliquis iurat se adulterium patraturum. Sive quia est maioris boni impeditivum, puta cum aliquis iurat se non intraturum religionem, vel quod non fiet clericus, aut quod non accipiet praelationem in casu in quo expedit eum accipere, vel si quid aliud est huiusmodi. Huiusmodi enim iuramentum a principio est illicitum, differenter tamen. Quia si quis iuret se facturum aliquod peccatum, et peccat iurando, et peccat iuramentum servando. Si quis autem iurat se non facturum aliquod melius bonum, quod tamen facere non tenetur, peccat quidem iurando, inquantum ponit obicem spiritui sancto, qui est boni propositi inspirator, non tamen peccat iuramentum servando, sed multo melius facit si non servet. Alio modo vergit in deteriorem exitum propter aliquid quod de novo emerserat, quod fuit impraemeditatum, sicut patet in iuramento Herodis, qui iuravit puellae saltanti se daturum quod petisset. Hoc enim iuramentum poterat esse a principio licitum, intellecta debita conditione, scilicet si peteret quod dare deceret, sed impletio iuramenti fuit illicita. Unde Ambrosius dicit, in I de officiis, est contra officium nonnunquam promissum solvere sacramentum, sicut Herodes, qui necem Ioannis praestavit ne promissum negaret.“ Thomas von Aquin, Summa Theologiae, *Secunda secundae, quaestio* 89, Art. 7, http://www.corpusthomisticum.org/sth3082.html, Seitenaufruf vom 27.05.2014.

229 Vgl. *Hostiensis (Henricus de Segusio)*, Kommentar zum *Liber Extra (Lectura)*, 1512, fol.354v, Glosse ‚*salutis aeternae*' zu X 2.24.8.

230 Vgl. IIª-IIae q. 89 a. 7 arg. 2 und IIª-IIae q. 89 a. 7 ad 2, *Thomas von Aquin, Summa Theologiae, Secunda secundae, quaestio* 89, Art. 7, http://www.corpusthomisticum.org/sth3082.html, Seitenaufruf vom 27.05.2014. S.a. C.22 q.4 c.8.

Dabei ordnete er der Voraussetzung der *iustitia* den Aspekt zu, dass der Inhalt des Eides erlaubt *(licitum)* sein müsse.[231]

An anderer Stelle, im Zusammenhang mit dem Versprechen, behandelte Thomas von Aquin in seiner *Summa theologiae* die Frage, ob dieses in jedem Fall zu halten sei.[232] Er warf hierzu die Frage auf, ob jede Lüge eine Sünde darstelle. Als ein Argument dafür, dass nicht jede Lüge Sünde sei, führte er den auch im zweiten Teil des *Decretum Gratiani* enthaltenen Ausspruch „*In malis promissis rescinde fidem.*"[233] von Isidor von Sevilla an.[234] Nach Isidor von Sevilla bestand in dem Fall, dass etwas Böses versprochen wurde, keine *fides*. Er sprach einem solchen Versprechen ein berechtigtes Vertrauen auf die Erfüllung ab. Damit konnte die *fides* nicht die Einhaltung des Versprechens gebieten. Thomas zog aus dem Ausspruch Isidors den Schluss, dass nicht jede Lüge, das heißt nicht jeder Bruch eines Versprechens, zu meiden sei.

231 „*[42861] IIª-IIae q. 89 a. 3 arg. 1 Ad tertium sic proceditur. Videtur quod inconvenienter ponantur tres comites iuramenti iustitia, iudicium et veritas. Ea enim quorum unum includitur in altero non sunt connumeranda tanquam diversa. Sed horum trium unum includitur in altero, quia veritas pars iustitiae est, secundum Tullium; iudicium autem est actus iustitiae, ut supra habitum est. Ergo inconvenienter numerantur tres comites iuramenti. […]*
[42865] IIª-IIae q. 89 a. 3 co. Respondeo dicendum quod, sicut supra dictum est, iuramentum non est bonum nisi ei qui bene utitur iuramento. Ad bonum autem usum iuramenti duo requiruntur. Primo quidem, quod aliquis non leviter, sed ex necessaria causa et discrete iuret. Et quantum ad hoc, requiritur iudicium, scilicet discretionis ex parte iurantis. Secundo, quantum ad id quod per iuramentum confirmatur, ut scilicet neque sit falsum, neque sit aliquid illicitum. Et quantum ad hoc, requiritur veritas, per quam aliquis iuramento confirmat quod verum est; et iustitia, per quam confirmat quod licitum est. Iudicio autem caret iuramentum incautum; veritate autem iuramentum mendax; iustitia autem iuramentum iniquum sive illicitum.", *Thomas von Aquin, Summa Theologiae, Secunda secundae, quaestio* 89, Art. 3, http://www.corpusthomisticum.org/sth3082.html; Seitenaufruf vom 09.04.2014.

232 Vgl. IIª-IIae q.110 a.3.

233 C.22 q.4 c.5, in Ed. *Friedberg*, I, Sp.876. Der Kanon ist überschrieben mit „*Turpia uota seruanda non sunt.*"

234 IIª-IIae q. 110 a.3 arg.5, [43661], *Thomas von Aquin, Summa Theologiae, Secunda secundae*, http://www.corpusthomisticum.org/sth3109.html, Seitenaufruf vom 04.04.2014.

„*Praeterea, mendacium est si quis non impleat quod promisit. Sed non omnia promissa sunt implenda, dicit enim Isidorus, in malis promissis rescinde fidem. Ergo non omne mendacium est vitandum.*“[235]

Dagegen wandte Thomas jedoch ein, dass die Treulosigkeit, die vorläge, wenn jemand sein Versprechen nicht erfülle, das dieser bei Abgabe des Versprechens vorgehabt habe zu erfüllen, auf zwei Arten entschuldbar sei. Einmal, wenn etwas versprochen werde, was offensichtlich unerlaubt sei, weil durch das Versprechen gesündigt würde. In diesem Fall handle derjenige, der später seine Gesinnung ändere und hierdurch die Treue bräche, gut. Die andere Art der Entschuldigung lag nach Thomas vor, wenn sich die Umstände der Personen oder des Geschäfts änderten.

„*Ad quintum dicendum quod ille qui aliquid promittit, si habeat animum faciendi quod promittit, non mentitur, quia non loquitur contra id quod gerit in mente. Si vero non faciat quod promisit, tunc videtur infideliter agere per hoc quod animum mutat. Potest tamen excusari ex duobus. Uno modo, si promisit id quod est manifeste illicitum, quia promittendo peccavit, mutando autem propositum bene facit. Alio modo, si sint mutatae conditiones personarum et negotiorum. Ut enim Seneca dicit, in libro de Benefic., ad hoc quod homo teneatur facere quod promisit, requiritur quod omnia immutata permaneant, alioquin nec fuit mendax in promittendo, quia promisit quod habebat in mente, subintellectis debitis conditionibus; nec etiam est infidelis non implendo quod promisit, quia eaedem conditiones non extant. Unde et apostolus non est mentitus, qui non ivit Corinthum, quo se iturum esse promiserat, ut dicitur II Cor. I, et hoc propter impedimenta quae supervenerant.*“[236]

Die Argumentation beruhte hier einmal auf der Sünde, die durch den Bruch des Versprechens vermieden werde. In dem zweiten Fall, der die Veränderung der Umstände in der Person oder des Geschäfts umfasste, war direkt der geschuldete Gegenstand betroffen, der bei Veränderung der Umstände möglicherweise nicht mehr vorlag.[237]

---

235 IIª-IIae q.110 a. 3 arg.5, [43661], *Thomas von Aquin, Summa Theologiae, Secunda secundae*, http://www.corpusthomisticum.org/sth3109.html, Seitenaufruf vom 04.04.2014.

236 *IIª-IIae q.110 a.3 ad 5, [43669], Thomas von Aquin, Summa Theologiae, Secunda secundae*, http://www.corpusthomisticum.org/sth3109.html, Seitenaufruf vom 04.04.2014.

237 Die gleiche Argumentation mit der Veränderung der Umstände findet sich in X 2.24.25. Vgl. hierzu die Ausführungen von Georg Gieg, der annimmt, dass der Gedanke der *clausula rebus sic stantibus* in der Kanonistik nach der Wende zum 13. Jahrhundert vor allem auf X 2.24.25 gestützt worden sei. Vgl. *Gieg, Georg, Clausula rebus sic stantibus* und Geschäftsgrundlage. Ein Beitrag zur Dogmengeschichte, Aachen, 1994, S. 182.

In der Theologie von Thomas wurden demnach nicht die *boni mores* zur Begrenzung der Bindungswirkung von Versprechen herangezogen. Maßgeblich war vielmehr, ob der Inhalt erlaubt *(licitum)* war, ob er eine Sünde darstellte sowie eine Abwägung zwischen dem Ausgang für das Seelenheil des Versprechenden im Fall der Erfüllung und des Bruchs des Versprechens.

3. Die guten Sitten und das ewige Heil

a. Einführung

Die guten Sitten wurden in der Theologie zwar nicht ausdrücklich zur Begrenzung der Bindungswirkung von Versprechen herangezogen. Für die Untersuchung der Lehre der Kanonistik von der Sittenwidrigkeit ist es jedoch dennoch entscheidend, den Begriff zu kennen, den der Kanonist als Theologe vor Augen hatte, wenn von den *boni mores* die Rede war. Es stellt sich dabei die Frage, ob nicht der Sache nach ein Zusammenhang bestand zwischen den Kriterien, die die Theologie bezüglich des Inhalts von Versprechen anlegte, und dem theologischen Begriff der guten Sitten.

Nach dem allgemeinen modernen Verständnis der Sitten als moralische Instanz ist es naheliegend, sie der Moraltheologie zuzuordnen. Die mittelalterlichen scholastischen Theologen unterteilten die Theologie jedoch noch nicht in verschiedene Wissenschaftszweige, sondern betrachteten sie als Einheit.[238] So wurde das menschliche Handeln und damit die Frage der Sitten im Rahmen der Glaubenslehre behandelt, bis sich in der katholischen Theologie des späten 16. Jahrhunderts die Moraltheologie als eigenständige Disziplin herausbildete. Deren Wurzeln und Vorläufer finden sich in der Betrachtung des menschlichen Handelns im Rahmen der Bußbücher[239]

---

238 Vgl. *Ramirez, J. M.*, Artikel „Moral theology", in: New Catholic Enzyclopedia, Bd. 9, New York u.a., 1967, S. 1109–1117, 1109.

239 Die *libri poenitentiales* fanden sich in den Jahren von 700–1200, danach wurden sie durch die *summae confessorum* abgelöst. Vgl. *Boyle, Leonard E.*, *Summae confessorum*, in: Les genres littéraires dans les sources théologiques et philosophiques médiévales. Définition, critique et exploitation. Actes de Colloque international de Louvain-la-Neuve 25–27 mai 1981, Louvain-la-Neuve, 1982, S. 227–237, 227.

und Pönitentialsummen[240] sowie in den allgemeinen Abhandlungen zur Sittenlehre.[241]

Zu der Theorie oder Definition der guten Sitten beziehungsweise der Sittenwidrigkeit ist zunächst auf die grundlegenden allgemeineren theologischen Werke, möglicherweise auch auf jene über die Sittenlehre zurückzugreifen. Es ist zu erwarten, dass dort die Antwort auf die hier behandelte Frage der Behandlung der guten Sitten im Zusammenhang mit Vereinbarungen in der Theologie zu finden ist.

b. Petrus Lombardus

Um den theologischen Hintergrund der hier behandelten Kanonisten im Hinblick auf die *boni mores* zu betrachten, ist es notwendig und an dieser Stelle auch ausreichend, zwei der im Hochmittelalter bedeutendsten Theologen heranzuziehen. Unter diesen ist Petrus Lombardus (†1160) zu nennen, dessen Sentenzen zu den bedeutendsten theologischen Werken des Mittelalters gehörten. Sie waren vom 12. bis ins 16. Jahrhundert[242] Gegenstand des Unterrichts an den

---

240 Die sogenannten Bußbücher, später Pönitentialsummen genannt, waren Anleitungen, die dem Beichtvater bei der Beurteilung der gebeichteten Handlung und der Findung der Buße im Rahmen der Spendung des Bußsakraments behilflich sein sollten. Vgl. *Hilpert, Konrad*, Artikel "Moraltheologie", in: *Kasper, Walter* (Hrsg.), Lexikon für Theologie und Kirche. Bd. 7, Freiburg im Breisgau, 1998, Sp.462–467, 465. Sie enthielten eine ausdifferenzierte Kasuistik. Dabei wurden bestimmten Handlungen je nach dem Grad der Schwere der begangenen Sünde eine entsprechende Buße zugeordnet. Zu der Literaturgattung der Bußbücher vgl. *Goering, Joseph*, The internal forum and the literature of penance and confession, in: *Hartmann, Wilfried/Pennington, Kenneth* (Hrsg.), The history of medieval canon law in the classical period, 1140–1234: from Gratian to the decretals of Pope Gregory IX, Washington D.C., 2008, S. 379–428; *Boyle, Leonard E., Summae confessorum*, in: Les genres littéraires dans les sources théologiques et philosophiques médiévales. Définition, critique et exploitation. Actes de Colloque international de Louvain-la-Neuve 25–27 mai 1981, Louvain-la-Neuve, 1982, S. 227–237; *Schmitz, Hermann Joseph*, Die Bussbücher und die Bussdisciplin der Kirche. Nach handschriftlichen Quellen dargestellt. I, Graz, 1958; *Schmitz, Hermann Joseph*, Die Bussbücher und das kanonische Bussverfahren. Nach handschriftlichen Quellen dargestellt. II, Graz, 1958; *Vogel, Cyrille*, Les *"libri paenitentiales"* (= Typologie des sources du moyen âge occidental, Bd. 27), Turnhout, 1978.

241 Zu diesem Absatz vgl. *Hilpert, Konrad*, Artikel "Moraltheologie", in: *Kasper, Walter* (Hrsg.), Lexikon für Theologie und Kirche. Bd. 7, Freiburg im Breisgau, 1998, Sp.462–467, 465.

242 Vgl. *Hödl, Ludwig*, Die Sentenzen des Petrus Lombardus in der Diskussion seiner Schule, in: *Evans, G.R.* (Hrsg.), Mediaeval commentaries on the Sentences of Peter Lombard. Current research. Bd. 1, Leiden/Boston/Köln, 2002, S.XIIIf.

Universitäten und wurden von verschiedenen späteren Theologen, unter ihnen Thomas von Aquin, kommentiert.[243] Wegen der großen Bedeutung der Sentenzen des Petrus Lombardus für die Lehre sind sie zur Beantwortung der Frage, welche Vorstellung die auch in der Theologie geschulten Kanonisten von den guten Sitten hatten, vorrangig heranzuziehen.

Die zweite Fassung der Sentenzen wurde spätestens 1157 vollendet.[244] Sie umfassen vier Bücher über die Dreifaltigkeit, die Schöpfung, die Inkarnation[245] und die Sakramente. Die *boni mores* werden in den Sentenzen an verschiedenen Stellen genannt. So in dem ersten Buch *De mysterio trinitatis* zu der *distinctio XI., Quod spiritus sanctus procedit a patre et filio.* In der *distinctio* wird die Frage behandelt, ob der Heilige Geist, die dritte Person der Dreifaltigkeit, von dem Vater allein oder von Vater und Sohn *(filioque)*, Jesus Christus, ausgehe. Es handelt sich dabei um einen bis heute nicht gelösten theologischen Streitpunkt zwischen der westlichen und der östlichen Kirche, bekannt unter der Bezeichnung *Filioque*-Streit. Petrus Lombardus zog zur Begründung dafür, dass der Heilige Geist sowohl vom Vater, als auch vom Sohn ausgehe, eine Homilie des Kirchenvaters Johannes Chrysostomos (†407) über das Glaubensbekenntnis heran. Dieser bekräftigte darin seine Ausführungen zu der Frage mit dem *Satz „Hoc credite, ne colloquia mala corrumpant bonos mores."*[246] Johannes Chrysostomos zitierte hier wohl Paulus, der in seinem ersten Brief an die Korinther ebenfalls darauf hinwies, dass schlechter Umgang[247] die guten Sitten verderbe.[248] Dies geschah bei Paulus ebenfalls unter dem Gesichtspunkt eines theologischen Streits über ein grundlegendes Thema. Paulus wehrte sich gegen die Behauptung einiger, es gebe keine Auferstehung der Toten und schloss seine Ausführungen unter anderem mit der Aufforderung an seine Zuhörer, sie sollten sich nicht irreführen lassen, schlechter Umgang verderbe die guten Sitten. Johannes Chrysostomos griff den Ausspruch wie Paulus anlässlich der Behandlung einer bestimmten

---

243 Vgl. *Evans, G.R.* in: *Ders.* (Hrsg.), Mediaeval commentaries on the Sentences of Peter Lombard. Current research. Bd. 1, Leiden/Boston/Köln, 2002, S.XIIIf.

244 Vgl. *Marcia Colish*, Peter Lombard, Bd. 1, Leiden/New York/Köln, 1994, S. 25.

245 Die Menschwerdung Gottes in Jesus Christus, wonach das Buch über die Inkarnation die Christologie betrifft.

246 *Petrus Lombardus, Petri Lombardi Novariensis cognomine magistri sententiarum, episcopi parisiensis, sententiarum libri quatuor, per Joannem Aleaume, Parisiensis theologiae professorem, pristino suo nitori vere restituti*, in: *Migne, Jacques Paul* (Hrsg.), *Patrologiae cursus completus, series secunda, patrologiae tom. CXCII, Lutetiae Parisiorum*, 1855, Sp.553.

247 Die Einheitsübersetzung übersetzt *colloquia* mit Umgang.

248 Vgl. *Vulgata*, 1 Kor 15,33.

Glaubensfrage auf. Der Lehre folgte bei beiden die Warnung, dass *colloquia prava*, schlechter Umgang, die guten Sitten verdürben. Dem Glauben beziehungsweise fehlenden Glauben an bestimmte Inhalte der Lehre der Kirche, wie die Auferstehung bei Paulus und der Ausgang des Heiligen Geistes bei Johannes Chrysostomos wurde hier Einfluss auf die guten Sitten zugeschrieben. Glaube und Sitten wurden zueinander in Beziehung gesetzt. Bereits hier, wie schon bei Paulus, der in seinem Brief an die Gemeinde in Korinth die guten Sitten erstmals in die schriftliche Tradition der Kirche einführte, zeigt sich eine Verbindung der guten Sitten mit den Glaubensinhalten und dem Glauben, die unter Augustinus zu dem Begriffspaar der *fides et bonos mores*[249] führte.[250]

Es stellt sich an dieser Stelle die Frage, was inhaltlich unter jenen guten Sitten zu verstehen war, auf die die oben genannten im Zusammenhang mit so wesentlichen theologischen Fragen Bezug nahmen.

Was Petrus Lombardus unter den guten Sitten verstand, wird in dem zweiten Buch der Sentenzen, *De rerum corporalium et spiritualium creatione et formatione, aliisque pluribus eo pertinentibus*, deutlich. Das zweite Buch behandelt die Schöpfung, worunter auch der Mensch und dessen Handlungen eingeordnet werden. So stellte und beantwortete Petrus Lombardus unter der *distinctio XLI, an omnis intentio vel actio eorum qui carent fide sit mala*, die Frage, ob jede Absicht oder Handlung derer, die keinen Glauben besäßen, schlecht sei. Der Sache nach handelte es sich hier um eine Frage, die die Bereiche, die das Begriffspaar ‚*fides et bonos mores*' umfasst, miteinander in Beziehung setzte. Dies geschah durch die Qualifizierung einer Handlung als gut oder schlecht unter Berücksichtigung des Glaubens des Handelnden. Petrus Lombardus zitierte hierzu unter anderem einen Abschnitt aus dem *Librum Sententiarum Prosperi* des Augustinus.

> *„Quod exponens August., in lib. Sententiarum Prosperi, c.105, dist.38, ait: Omnis infidelium vita peccatum est, et nihil bonum est sine summo bono; ubi deest agnitio aeterne veritatis, falsa virtus est, etiam in optimis moribus. Et Jacobus in Epistolâ canon., c. 2, ait: Qui offendit in uno, scilicet in charitate, factus est omnium reus. Qui ergo fidem et charitatem non habet, omnis ejus actio peccatum est, quia ad charitatem non refertur. Quod enim ad charitatem non refertur, ut supra meminit Aug., non fit quemadmodum fieri oportet, ideòque malum est. Non ergo mandata custodit, qui charitate caret, quia sine charitate nullum*

249 Der Brief an Januarius, in welchem Augustinus das Begriffspaar gebrauchte, ist auszugsweise in C.12 c.11 eingegangen und stammt aus dem Jahre 400. Vgl. Ed. *Friedberg*, I, Sp.29, Fn. 60.

250 Vgl. *Fransen, Piet*, A short history of the meaning of the formula *"fides et mores"*, in: *Mertens, Herman-Emiel/de Graeve, Frank* (Hrsg.), Hermeneutics of the councils and other studies, Leuven, 1985, S. 287–318, 293.

mandatorum custoditur; unde Aug. super Epistolam ad Gal., ait: Custoditionem legis dicit Apostolus, Rom. 13, non inebriari, non occidere. non moechari, et alia hujusmodi ad bonos mores pertinentia, quae sine charitate, fide, et spe, impleri non possunt. Nullum ergo mandatum implet, nullum bonum opus facit, qui fidem charitatemque non habet. [...]"[251]

Zunächst rechtfertigte Petrus Lombardus die in der *distinctio* gestellte Frage. Da die *intentio*, die Absicht, die gute Tat ausmache und der Glaube die *intentio* lenke, stelle sich die Frage, ob jede Absicht, die nicht vom Glauben gelenkt werde zu einer schlechten Tat führe. Hierzu verwies er auf Augustinus. Nach diesem kann nichts gut sein ohne das höchste Gute *(summum bonum)*, mit welchem Gott gemeint ist. So ist nach Augustinus das Leben eines Ungläubigen Sünde, und ohne die Erkenntnis der ewigen Wahrheit auch in den besten Sitten keine Tugend zu finden.

Weiter zitierte Petrus Lombardus eine Stelle des Jakobusbriefs, nach welcher sich, wer in einem Punkt fehle, in allem schuldig mache. Hieraus leitete Petrus Lombardus ab, dass im Fall der Verfehlung gegen die Liebe und im Fall des Fehlens der Liebe oder des Glaubens jede Handlung eine Sünde darstelle. So würden die Gebote nicht gehalten, wenn dabei die Liebe fehle. Hierzu führte er erneut Augustinus an, der an der zitierten Stelle auf die Sitten, diesmal die guten, Bezug nahm. Nach Augustinus bestand die Befolgung der Gebote *(custoditio legis)* unter anderem darin, sich nicht zu betrinken, nicht zu töten, nicht die Ehe zu brechen sowie anderem, das die guten Sitten beträfe, was ohne die Liebe, den Glauben und die Hoffnung nicht möglich sei. Die guten Sitten fassten hier dasjenige Verhalten zusammen, das der *custoditio legis*, der Befolgung der Gebote entspricht.

Die *leges*, wie sie Paulus in der von Augustinus kommentierten Stelle aus dem Brief an die Römer nannte, werden befolgt, indem nicht gesündigt wird, die zehn Gebote nicht verletzt werden. Ein solches Verhalten wurde durch Petrus Lombardus unter Bezugnahme auf Augustinus nicht nur als den guten Sitten entsprechend bewertet, sondern gehörte selbst zu den guten Sitten, stellte diese dar. Die guten Sitten waren nicht wie die *leges* auf der theoretischen Ebene der Norm, sondern auf der praktischen Ebene des zu subsummierenden Verhaltens anzusiedeln.

Bei der Befolgung der guten Sitten, wie sie in den *mandata/leges*, den Geboten Gottes vorgegeben seien, handelte es sich nach Petrus Lombardus jedoch nicht

---

251 *Petrus Lombardus, Petri Lombardi Novariensis cognomine magistri sententiarum, episcopi parisiensis, sententiarum libri quatuor, per Joannem Aleaume, parisiensis theologiae professorem, pristino suo nitori vere restituti, Liber II, distinctio XLI, n.1*, in: *Migne, Jacques Paul* (Hrsg.), *Patrologiae cursus completus, series secunda, patrologiae tom. CXCII., Lutetiae Parisiorum*, 1855, Sp.749f.

um rein äußerliche Handlungen. Eine Befolgung erforderte vielmehr zusätzlich die innerlichen Tugenden des Glaubens, der Liebe und der Hoffnung. Ohne diese würden die Gebote nicht erfüllt. Ausgehend hiervon machte Petrus Lombardus die Einschränkung, dass auch eine gute Tat und ein entsprechender guter Wille vorliegen könnten, wenn die Absicht nicht vom Glauben geleitet würde. In diesem Falle werde sie jedoch nicht zum ewigen Leben angerechnet.[252] Die Folge der Tat entspräche demnach nicht jener der Befolgung der Gebote unter Einbeziehung der drei theologischen Tugenden. Insoweit ist die Rechtsfolgenseite betroffen, nicht die Frage nach dem Inhalt der Handlung, die an sich als gut bewertet wird.

Dass die Erfüllung der Gebote und die damit einhergehende Vermeidung der Sünde die innere Haltung der *charitas* erfordert, ergibt sich aus den ersten beiden, nach jüdischer und christlicher Lehre wichtigsten Geboten:

> „[29]*[…] Höre, Israel, der Herr, unser Gott, ist der einzige Herr.* [30]*Darum sollst du den Herrn, deinen Gott, lieben mit ganzem Herzen und ganzer Seele, mit all deinen Gedanken und all deiner Kraft.* [31]*Als zweites kommt hinzu: Du sollst deinen Nächsten lieben wie dich selbst. Kein anderes Gebot ist größer als diese beiden.*“[253]

Dieses Gebot, das die Liebe zu Gott und dem Nächsten enthält, stellt nach Jesus Christus die Grundlage des gesamten Gesetzes dar.[254] An diesem Punkt setzte Petrus Lombardus im Rahmen seiner Kommentierung der ersten beiden Verse des dritten Kapitels des Briefs des Paulus an die Galater an. Es wird dort die Frage nach dem Verhältnis zwischen den Werken im Sinn der Erfüllung der jüdischen Gebote und dem Glauben aufgeworfen. Beide berühren nach dem oben Genannten ein den guten Sitten entsprechendes Verhalten. Im Hinblick auf die Betrachtung der *boni mores* in der Theologie ist an dieser Stelle zunächst nicht die Frage nach dem Vorrang des Glaubens oder der Werke zu erörtern. Es interessiert vielmehr, worin die Werke des Gesetzes, die *opera legis*, das Verhalten, das die jüdischen Gesetze verlangen, bestehen, da Petrus Lombardus hierzu erneut die guten Sitten heranzog.

---

252 *“Solaque illa intentio remunerabilis est ad vitam, quam fides dirigit; sed non illa sola bona est, ut aiunt.” Petrus Lombardus, Petri Lombardi Novariensis cognomine magistri sententiarum, episcopi parisiensis, sententiarum libri quatuor, per Joannem Aleaume, parisiensis theologiae professorem, pristino suo nitori vere restituti. Liber secundus, distinctio XLI, n.3*, in: *Migne, Jacques Paul* (Hrsg.), *Patrologiae cursus completus, series secunda, patrologiae tom. CXCII., Lutetiae Parisiorum*, 1855, Sp.750.

253 Mk 12, 29–31 (Einheitsübersetzung).

254 Vgl. Mt 22, 35–40; s.a. Röm 13, 8–10 und Gal 5,14.

Zur Lösung der Frage nahm er gemäß der scholastischen Methode eine Differenzierung zweier Arten von *opera legis* vor. Der einen schrieb er die *sacramenta* im Sinne der konkreten jüdischen Bräuche wie beispielsweise die Beschneidung und die Einhaltung des Sabbats zu. Die andere Art der *opera legis* sah er in den *mores*. Zu diesen zählte er wie oben bei der Frage nach der Notwendigkeit des Glaubens für gute Werke die Befolgung der zehn Gebote. Dabei genüge jedoch nicht nur eine äußerliche Befolgung, sondern sei auch ein Verständnis der Gebote erforderlich.[255] Dies führe dazu, dass die Befolgung nicht im Sinne einer Versklavung und unter Furcht erfolge, sondern dass die Sakramente in Freiheit gefeiert würden und Freude hervorbrächten. So führt nach Petrus Lombardus das Sakrament, das verstanden wird, entweder zur Betrachtung der Wahrheit, die in der Liebe zu dem einen Gott und dessen Erkenntnis begründet sei oder zu den guten Sitten, die in der Liebe zu Gott und dem Nächsten bestünden. Hierzu wies er darauf hin, dass von dieser Liebe zu Gott und dem Nächsten das gesamte Gesetz und alle Propheten abhingen.

> *„Hic ergo sensus est: Si in illis operibus legis esset salus vestra, non daretur vobis Spiritus sanctus, nisi circumcisis; sed fuit datus vobis antequam opera legis haberetis. Et sciendum quod nunc de operibus maxime tractat quae sunt in sacramentis, quae non sunt necessaria, ubi jam gratia fidei est. Bipertita enim sunt opera legis. Nam partim in sacramentis, partim in moribus accipiuntur. Ad sacramenta pertinent circumcisio, Sabbatum, neomeniae, sacrificia, et hujusmodi innumerae observantiae. Ad mores autem: Non occides; non moechaberis (Exod. XX), et hujusmodi. In observantiis autem si non intelligantur, servitus sola est, qualis erat in populo Judaeorum, et est usque adhuc. Si autem observentur illa et intelligantur, non modo nihil obsunt, sed etiam prosunt, si tempori congruant: sicut a Moyse et prophetis observata sunt congruentia illi populo, cui adhuc talis servitus utilis erat, ut sub timore custodiretur. Nihil enim tam praeterret animum quam sacramentum non intellectum; intellectum vero pium gaudium parit, et celebratur libere, si opus est tempori; si vero non est opus, cum suavitate spiritali tamen legitur, et tractatur. Omne autem sacramentum, cum intelligitur, vel ad contemplationem veritatis, vel ad bonos*

255 Zu der Unterscheidung der *opera legis* in *sacramenta* und *mores* sowie zu der Unterscheidung der freien Praktizierung der Sakramente durch Verständige im Gegensatz zur rein äußerlichen *(carnaliter)*, sklavischen Praktizierung s.a. *Petrus Lombardus*, *In Epistulam ad Galatas, cap.V, Vers. 11–16, ‚Omnis enim‘*: *„Nota etiam quod ait, omnis lex; nam et illa quae ad bonos mores pertinent, et illa quae in sacramentis sunt, cum bene a liberis intelliguntur, nec carnaliter observantur a servis, ad charitatem referantur necesse est.“* in: *Migne, Jacques Paul* (Hrsg.), *Patrologiae cursus completus, series secunda, patrologiae tom. CXCII., Lutetiae Parisiorum*, 1855, Sp.157.

> *mores refertur. Contemplatio veritatis in solius Dei dilectione et cognitione fundata est. Boni mores in dilectione Dei et proximi. In quibus duobus tota lex pendet et prophetae.*“[256]

Petrus Lombardus unterschied die *opera legis* in die *sacramenta*, die nicht notwendig seien, sofern bereits die Gnade des Glaubens vorliege,[257] und die *mores*, die Befolgung der zehn Gebote, die ohne den Glauben nicht möglich sei. Hierdurch stellte er eine Beziehung zwischen den Werken und dem Glauben her. Diese besteht nach Petrus Lombardus nicht in einem Vorrang des einen oder anderen. Was die *sacramenta* betrifft, sei deren Erfüllung dort nicht notwendig, wo bereits Glaube vorliege und es müsse mit der Befolgung ein gewisses Verständnis einhergehen, da nur dann das Ziel des Sakramentes, die Erkenntnis und Liebe Gottes erreicht werde. Was den Bereich der *mores* betrifft, würden auch diese nicht nur die äußerliche Befolgung der Gebote, sondern die Liebe zu Gott und dem Nächsten erfordern sowie auch den Glauben, wenn sie zu ihrem letzten Ziel, dem ewigen Heil des Menschen beitragen sollen:

> „*[...] neque enim qui circumciduntur, legem custodiant [Augustinus] Illam dicit custoditionem legis, scilicet non occidere, non moechari, et alia hujusmodi, ad bonos mores pertinentia: quae nisi charitate et spe aeternorum bonorum, quae per fidem accipiuntur, impleri non possunt, ut jam dictum est, [...]*“[258].

Für die guten Sitten, im Sinne der Befolgung der zehn Gebote, bedeutete dies, dass sie sich auf die ersten beiden Gebote, von welchen die anderen Gebote abhängen, konzentrierten. Nach Petrus Lombardus kann keines der Gebote ohne die Liebe zu Gott und den Nächsten, der Hoffnung auf das Heil, die *salus aeterna*,[259] und den Glauben vollständig erfüllt werden. In dieser vollständigen Erfüllung bestehen jedoch die guten Sitten. An diesem Punkt ist der Zusammenhang zwischen den guten Sitten und dem Seelenheil in der Theologie des Hochmittelalters zu finden. Es handelt sich dabei um einen funktionalen Zusammenhang.

---

256 *Petrus Lombardus, Petri Lombardi Collectaneorum in Paulum, Continuatio, In Epistulam ad Galatas, cap. III, vers. 1, 2; 'hoc solum volo'*, in: *Migne, Jacques Paul* (Hrsg.), *Patrologiae cursus completus, series secunda, patrologiae tom. CXCII., Lutetiae Parisiorum,* 1855, Sp.119.

257 Vgl. *Petrus Lombardus*, a.a.O.

258 *Petrus Lombardus*, Petri Lombardi Collectaneorum in Paulum, Continuatio, In Epistulam ad Galatas, *cap. VI, vers. 9–13, 'Videte etc.'* in: *Migne, Jacques Paul* (Hrsg.), *Patrologiae cursus completus, series secunda, patrologiae tom. CXCII., Lutetiae Parisiorum,* 1855, Sp.167.

259 Vgl. *Petrus Lombardus*, a.a.O.

Durch die guten Sitten, die sich in der Liebe zu Gott unter der Hoffnung auf das ewige Leben konkretisieren, wird das Seelenheil erlangt.

Die guten Sitten traten bei Petrus Lombardus noch in einem dritten Bereich, nämlich im Zusammenhang mit der *sana doctrina* auf. Es sei Auftrag der Kirche, die gesunde Lehre *(sana doctrina)* zu lehren. Diese bestehe nach der Kommentierung der Verse 1–8 des zweiten Kapitels des Briefes des Apostels Paulus an Titus durch Petrus Lombardus in der Lehre dessen, was zu den guten Sitten zu zählen sei. Hierzu griff er die in dem kommentierten Brief aufgezählten Verhaltensweisen auf und erläuterte sie. Zu den guten Sitten zählt hiernach unter anderem die Achtung der Alten, nüchtern zu sein, keusch, klug sowie gesund im Glauben und in der Liebe zu Gott und dem Nächsten. Im Grunde entsprechen die genannten Verhaltensformen einer Konkretisierung der Gebote, beispielsweise Vater und Mutter zu ehren oder nicht des Nächsten Mann oder Frau zu begehren.

> „*Tu autem loquere ea quae decent sanam doctrinam, id est doctrinam sanae fidei. Haec sunt quae ad bonos mores pertinent, scilicet hortare senes, ut sobrii sint, pudici, ne luxurient, prudentes, providentes fidei necessaria, sani in fide, scilicet ut habeant integram fidem similiter, ut sint sani in dilectione Dei, et proximi, in ordine ipso charitatis, et sint sani in patientia tentationum et tribulationum.*“[260]

Die guten Sitten beurteilten sich demnach in der Lehre von Petrus Lombardus danach, was der Befolgung der zehn Gebote entspricht und zum ewigen Heil führt, im Gegensatz zur Sünde, die das Seelenheil gefährdet.

Dieser Sicht von Petrus Lombardus bezüglich der guten Sitten ging eine lange theologische Tradition voraus, die bis zu Augustinus zurück reicht. Auch Augustinus verstand unter den Sitten jene Lebensweise, die geführt werden muss, um die Seligkeit zu erlangen. Er gab diese Definition in seiner Abhandlung *De moribus ecclesiae catholicae* im Zusammenhang mit der Frage nach dem besten Menschen.

> „*Aut si corpus est homo, quin hominis optimum anima ipsa sit, recusare non possum. Sed certe cum de moribus agitur, cum quaerimus quinam vitae modus tenendus sit ut beatitudinem possimus adipisci, non corpori praecepta dantur, non corporis investiganda est disciplina. Postremo bonos mores ea nostra pars actura est, quae inquirit, et discit; et*

---

260 *Petrus Lombardus, Petrus Lombardus, Petri Lombardi Collectaneorum in Paulum, Continuatio, In Epistulam ad Titum, cap. II, vers. 1- 8,* '*Tu autem loquere ea quae decent sanam doctrinam*' in: *Migne, Jacques Paul* (Hrsg.), *Patrologiae cursus completus, series secunda, patrologiae tom. CXCII., Lutetiae Parisiorum,* 1855, Sp.389.

> *haec animae sunt propria: non igitur de corpore, cum de virtute obtinenda satagimus, quaestio est.“*[261]

Da der Mensch aus Körper und Seele bestehe, kam es Augustinus bei der Frage nach dem besten Menschen nicht allein auf die Beurteilung des Körpers mit seinen äußerlichen Handlungen an. Er stellte die Frage unter dem Gesichtspunkt der Sitten der Kirche, das heißt der in der Kirche gelebten Sitten[262], so dass es ihm auch um die Seele der Menschen ging. Und gerade dieser Seite des Menschen ordnete er die guten Sitten, um die es ihm letztlich ging, als eine Art der Lebensführung zu.

In der Theologie des Hochmittelalters zeigte sich demnach eine spezifisch christliche Sicht der guten Sitten, die bereits in der Antike bei Augustinus bestand. Diese stand im Gegensatz zu der klassisch römisch-rechtlichen Anschauung. Sie folgte aus dem Zweck der menschlichen Handlung, das Seelenheil, das ewige Leben zu erlangen. Letztlich folgte der christliche Sittenbegriff jedoch aus dem christlichen Bild des Menschen als ein die Körperlichkeit überdauerndes, mit einer unterblichen Seele ausgestattetes Wesen, dessen Ziel die Erlangung des ewigen Heiles ist. Anders als im klassischen römischen Recht standen nicht das Allgemeinwohl, der gute Ruf und die öffentliche Meinung im Vordergrund, sondern die Person des Individuums und deren Schicksal.

c. Thomas von Aquin

Das Werk von Thomas wurde bereits zu der Frage nach der hochmittelalterlichen Lehre von der Verbindlichkeit von Versprechen herangezogen. Wegen seiner maßgeblichen Bedeutung für die Theologie soll er an dieser Stelle auch zu der Frage nach der Beziehung zwischen den guten Sitten und dem ewigen Heil in der hochmittelalterlichen Theologie herangezogen werden. Die Behandlung der *boni mores* bei Thomas bietet einen entscheidenden Hinweis auf einen Zusammenhang zwischen den *boni mores* und dem Seelenheil in der Theologie und damit auch in der Kanonistik.

---

261 *Augustinus, Aurelii Augustini Hipponensis Episcopi De moribus ecclesiae catholicae et de moribus manichaeorum libri duo, cap.V, n.8,* in: *Migne, Jacques Paul* (Hrsg.), *Patrologiae cursus completus, series prima, patrologiae tom. XXXII., Lutetiae Parisiorum,* 1845, Sp.1314.

262 Vgl. Jacques Paul Migne zu *S. Aurelii Augustini Hipponensis Episcopi De moribus ecclesiae catholicae et de moribus manichaeorum libri duo*, in: *Migne, Jacques Paul* (Hrsg.), *Patrologiae cursus completus, series prima, patrologiae tom. XXXII., Lutetiae Parisiorum,* 1845, Sp.1309f.

In seinem Werk finden sich die *boni mores* an zentralen Stellen der kirchlichen Dogmatik. So ist nach Thomas die Erneuerung der Erkenntnis Gottes und der Sitten eines der Ziele der Heilsgeschichte.

> „*Cum enim languore quodam humani generis obsolescere coepisset cognitio Dei inter homines et mores immutarentur, eligere dignatus est Abraham, in quo forma esset renovatae notitiae Dei et morum.*“[263]

Jesus Christus selbst solle die Menschen zu *mores optimos* anleiten, wie bereits Augustinus ausführe.[264]

> „*Et ideo in libro Octogintatrium Quaest. [q.44], alicubi dixit Augustinus quod "non oportuit divinitus venire Magistrum, cujus imitatione humanum genus in mores optimos formaretur, nisi tempore juventutis": [...]*“

Die Zulassung zur Taufe hinge von dem Ergebnis der Prüfung des Glaubens und der Sitten des Taufbewerbers ab.

> „*Quae quidem probatio sumitur de accedentibus ad baptismum, quando per aliquot spatium eorum fides et mores examinatur. [...]*“[265]

Bereits die Unkenntnis der Inhalte der Glaubenslehre sowie der guten Sitten stelle eine Sünde dar.

> „*[...] unicuique enim peccatum est ignorantia eorum quae ad bonos mores et fidei veritatem pertinent; [...]*“[266]

Wenn Fragen des Glaubens und der guten Sitten betroffen seien, sei es nicht entschuldbar, der irrenden Ansicht eines Lehrers zu folgen, da Unkenntnis in diesem Bereich nicht entschuldige.

> „*Respondeo. Dicendum, quod diversae opiniones doctorum sacrae Scripturae, si quidem non pertineant ad fidem et bonos mores, absque periculo auditores utramque opinionem sequi possunt: tunc enim habet locum quod apostolus dicit ad Rom., XIV, 5: unusquisque in suo sensu abundet. In his vero quae pertinent ad fidem et bonos mores, nullus excusatur,*

---

263 *Thomas von Aquin, Summa teologica tertia pars, q.1, a.6 co.*, in: Katholischer Akademikerverband (Hrsg.), Die deutsche Thomasausgabe. Vollständige, ungekürzte deutsch-lateinische Ausgabe der *Summa theologica*, Bd. 1–36, Zusatzbände 1 und 2, Salzburg/Leipzig, 1937, Band 25, S. 30f.

264 *Thomas von Aquin, Summa teologica, tertia pars, q.1, a.6, ad 1*, a.a.O., S. 32.

265 *Thomas von Aquin, Summa teologica, tertia pars, q.68 a.3 co.*, a.a.O., Bd. 29, S. 234.

266 *Thomas von Aquin, Scriptum super sententiis, lib.2, d.22, q.2, a.1 co.*, http://www.corpusthomisticum.org/snp2022.html, Seitenaufruf vom 14.01.2013.

si sequatur erroneam opinionem alicuius magistri: in talibus enim ignorantia non excusat;"[267]

Schließlich wurden die *boni mores* im Werk von Thomas wiederholt als Gegenstand der kirchlichen Lehre den Glaubensinhalten beigestellt. Nach Thomas von Aquin gehört es zur Aufgabe der *doctores*, zu lehren, was zum Glauben und den guten Sitten gehört.

„*[...] Et sub eodem addit et doctores, ad ostendendum quod proprium officium pastorum Ecclesiae est docere ea quae pertinent ad fidem et bonos mores. [...]*"[268]

Thomas kommentierte hier eine Stelle aus dem Brief des Apostels Paulus an die Epheser, in der von der Einsetzung der Apostel, Propheten, Evangelisten, Hirten und schließlich der Lehrer die Rede ist.[269]

Wie sich an den bereits genannten Beispielen aus der kanonistischen Literatur zeigt, trug das Postulat des Thomas auch in der Rechtslehre der Kanonisten Früchte. Diese waren bis auf wenige Ausnahmen stets auch Geistliche und damit nicht nur Lehrer der kirchlichen Rechts-, sondern auch Glaubenslehre. Damit traf sie als geistliche und kirchliche Lehrer eine Aufgabe, die Hostiensis ausdrücklich den Priestern zuschrieb, zu den guten Sitten und der Erlangung des ewigen Lebens anzuleiten.

„*Omnis adeo quod bonus pastor pro ovibus suis etiam animam suam dabit, quas non propter speranda beneficia non propter consanguinitates, vel affinitates, sed propter hoc tantum quod sunt naturae suae participes, tenetur dirigere ad bonos mores ad aeternam vitam consequendam earum saluti consulendo, et in earum peccatis, ac periculis sicut in alijs proprijs cogitando et eis subveniendo.de poen.distinct. 2 .§. ergo si charitatem Deo exhibeamus. [C.33 q.3 c.5, §2] & c.seq. [C.33 q.3 c.6] et §. qui vult. et §. hinc etiam. Aug. [C.33 q.3 c.17]*"[270]

---

267 *Thomas von Aquin, Disputationes de quodlibet, Quodlibet III, q.4 a.2 co.*, http://www.corpusthomisticum.org/q03.html, Seitenaufruf vom 27.05.2014.

268 *Thomas von Aquin, Sancti Thomae de Aquino Super Epistolam B. Pauli ad Ephesios lectura, cap.4, l.4*, http://www.corpusthomisticum.org/cep.html, Seitenaufruf vom 14.01.2013.

269 „*[...] Eph 4,11 et ipse dedit quosdam quidem apostolos quosdam autem prophetas alios vero evangelistas alios autem pastores et doctores.*" *Thomas von Aquin, Sancti Thomae de Aquino Super Epistolam B. Pauli ad Ephesios lectura, cap.4, l.4*, http://www.corpusthomisticum.org/cep.html, Seitenaufruf vom 14.01.2013.

270 *Hostiensis (Henricus de Segusio)*, Summe zum *Liber Extra (summa aurea), Venetiis*, 1570, fol.475^{v}, Sp.1, *Liber quintus summae Hostiensis, de poenitentiis et remissionibus, n.53 (In quo tenetur sacerdos illi cuius confessionem audivit).*

Dieselbe Aufgabe, zu den guten Sitten und der Erlangung des ewigen Lebens im Sinne des ewigen Heils anzuleiten, traf auch den kirchlichen Normgeber, Richter und Juristen. Es ist zu erwarten, dass sich dies auch in der kanonistischen Lehre vom *pactum* und seinem möglichen Inhalt niederschlug.

4. Ergebnis

Die Bereiche der hochmittelalterlichen theologischen Dogmatik, in welchen die guten Sitten nach dem oben Genannten eine zentrale Rolle spielten, hatten alle die *salus aeterna*, das Seelenheil zum Ziel. Zwischen den *boni mores* und dem Seelenheil bestand nach Thomas von Aquin, der die Lehre der Theologie weit über seine Zeit hinaus maßgeblich prägte, ein funktionaler Zusammenhang. Die guten Sitten bestanden nach ihm in der Erfüllung der Gebote, die sich in den beiden wichtigsten Geboten, Gott und den Nächsten zu lieben zusammenfassen lässt und sowohl über eine innere, als auch über eine äußere Komponente verfügt. Sie sind neben dem Glauben und der Liebe das Mittel, mit welchem der Mensch zu dem letzten Ziel, der ewigen Seligkeit gelangt.

Die Kriterien, die die Theologie zur Begrenzung der Bindungswirkung von Versprechen heranzog, nämlich, ob der Inhalt erlaubt war, zur Sünde verleitete oder das Seelenheil gefährdete, standen mit diesem theologischen Begriff der *boni mores* in einem unmittelbaren Zusammenhang. Sie schlossen all jenes Verhalten aus, das das Seelenheil gefährdete, und damit nicht zu den guten Sitten im theologischen Sinn zu zählen war. Unter dem Licht dieses Verständnisses der Theologie von der Verbindlichkeit von Vereinbarungen und von den *boni mores* ist die Lehre der Kanonisten von der inhaltlichen Begrenzung von Vereinbarungen, insbesondere durch die *boni mores*, zu betrachten und zu verstehen.

C Hauptteil: Die *boni mores* als Kriterium für die Verbindlichkeit von Vereinbarungen in der Kanonistik

I. Die Kanonistik

1. Das *Decretum Gratiani*

Die Untersuchung der Lehre von der Sittenwidrigkeit von Vereinbarungen in der Kanonistik beginnt entsprechend der Begrenzung des Untersuchungsgegenstandes mit dem *Decretum Gratiani.*[271] Es stellt sich die Frage, ob und inwiefern dort die Wirksamkeit von *pacta* von deren Inhalt, insbesondere von ihrer Übereinstimmung mit den guten Sitten abhing.

Im *Decretum Gratiani* findet sich die Thematik der Durchbrechung der Bindungswirkung, wenn auch lediglich einseitig begründeter Verpflichtungen, im Zusammenhang mit der Wirksamkeit des Eides. Bezüglich der fehlenden Bindungswirkung von *illicita iuramenta* führte Gratian in C.22 q.4 mehrere *canones* auf, welche unter anderem überschrieben sind mit: *„Turpia vota servanda non sunt."*[272], *„Tollerabilius est iuramentum non inplere, quam quod turpe est facere."*[273], *„Non omnia promissa solvenda sunt."*[274], *„Iuramentum, quod malum incaute promittitur, non est servandum."*[275], *„Illicitum iuramentum non est servandum."*[276] und *„Non observetur iuramenta, que fiunt contra divina mandata."*[277]. Es wurden zwar nicht die *boni mores* als Grund für die fehlende Bindungswirkung des Eides herangezogen, es war jedoch von *turpitudo*, Schändlichkeit, die Rede, welche später mit einer Verletzung der guten Sitten gleichgesetzt wurde.

Den Hintergrund der Entscheidungen bildete eine Abwägung zwischen dem Bruch des Eides, welcher ein großes Übel darstellte und der Erfüllung desselben,

271 Zu den früheren Sammlungen vgl. *Kéry, Lotte,* Canonical Collections of the middle ages (ca. 400–1140). A bibliographical guide to the manuscripts and literature (History of medieval canon law I), Washington D.C., 1999.

272 In: Ed. *Friedberg,* I, Sp.876, C.22 q.4 c.5. Der Kanon enthält unter anderem den Ausspruch Isidors von Sevilla: *„In malis promissis rescinde fidem."*

273 In: Ed. *Friedberg,* I, Sp.877, C.22 q.4. c.8.

274 In: Ed. *Friedberg,* I, Sp.878, C.22 q.4. c.12f.

275 In: Ed. *Friedberg,* I, Sp.879, C.22 q.4 c.16.

276 In: Ed. *Friedberg,* I, a.a.O., C.22 q.4 c.18.

277 In: Ed. *Friedberg,* I, a.a.O., C.22 q.4 c.19.

welche unter Umständen ebenfalls ein solches, möglicherweise noch größeres, bewirkte. In diesem Kollisionsfall war das geringere Übel zu wählen. Die Wahl des geringeren Übels, nicht nur im Falle des Eides, wird in C.22 q.4 c.7 gefordert. Der Kanon wurde von Gratian in dieselbe *causa* eingereiht und überschrieben mit „*De duobus malis minus eligi oportet.*"[278].

Demgemäß entschied Isidor in C.22 q.4 c.13, dass es besser sei, den Eid, seiner außerehelichen Geliebten treu zu sein, zu brechen, als in der ehebrecherischen Situation zu verharren. Dabei führte Isidor sogar allgemein an, dass ein *sacramentum*, ein Eid, mit welchem unvorsichtig etwas Böses versprochen werde, nicht zu befolgen sei.[279]

Weiter findet sich im *Decretum Gratiani* ein Kanon der *Capitula Angilramni* (c.36), nach welchem „*constitutiones contra canones et decreta Presulum Romanorum, vel bonos mores, nullius [sunt] momenti*"[280]. Hier ist zwar erneut von einseitig begründeten Verpflichtungen, Konstitutionen, die Rede und nicht von wechselseitigen Vereinbarungen im Sinne eines *pactum*. Der Kanon wurde jedoch später von Johannes Teutonicus im Zusammenhang mit der Lehre von der Verbindlichkeit beziehungsweise fehlenden Bindungswirkung von *pacta* herangezogen.[281]

Die *boni mores* wurden im *Decretum Gratiani* zwar nicht ausdrücklich als Kriterium zulässiger Inhalte von Vereinbarungen herangezogen, jedoch als Maßstab zur Beurteilung der Gebotenheit bestimmter Handlungen allgemein. So reihte Gratian in die zwölfte *distinctio* des ersten Teils des Dekrets, welche von der *consuetudo* handelt, einen Ausspruch von Augustinus ein. Dieser regelte die Streitfrage, welcher der verschiedenen örtlichen Praktiken bezüglich des Empfangs der Heiligen Kommunion richtig und damit zu befolgen sei. Nach Augustinus war dabei entscheidend, ob die jeweilige Praxis gegen den Glauben oder die guten Sitten verstoße. Sei weder das eine, noch das andere der Fall, seien die verschiedenen Bräuche nicht zu unterscheiden und von den Angehörigen des jeweils betroffenen Personenkreises zu befolgen.

---

278 In: Ed. *Friedberg*, I, Sp.876; C.22 q.4 c.7: "*Non solum in iurando, sed in omne, quod agimus, hec est moderatio sollicitius observanda, ut, si talem forte in lapsum versuti hostis inciderimus insidiis, ex quo sine aliquo peccati contagio surgere non possumus, illum pocius evadendi aditum petamus, in quo minus periculi nos perpessuros esse cernimus.*" In: Ed. *Friedberg*, I, Sp.876.

279 Vgl. C.22 q.4 c.13, in: Ed. *Friedberg*, I, Sp.878.

280 D.10 c.4, in: Ed. *Friedberg*, I, Sp.20.

281 Vgl. *Johannes Teutonicus, Decreta partum sive concordia discordantium canonum Gratiani auctoris sive compilationis: cum apparatibus Johannis ac additionibus Bartholomei brixiensis*, Antonius Koberger, Nürnberg, 1493, Glosse '*mores*' zu D.10 c.4.

„[...] § 1. Alia vero, que per loca terrarum regionesque variantur, sicut est [...]: et si quid aliud huiusmodi animadverti potest, totum hoc genus rerum liberas habet obseruationes; quod enim neque contra fidem, neque contra bonos mores esse convincitur, indifferenter habendum, et pro eorum, inter quos vivitur societate servanudm est. [...]“[282]

In diesem Ausspruch ging unter Augustinus in der Theologie der Ausdruck der *boni mores* eine Verbindung mit der *fides* ein,[283] die bis in die heutige Zeit besteht.[284] Die *boni mores* bilden zusammen mit dem Glauben *(fides)* den Gegenstand der kirchlichen Lehre, die zwei unterschiedlichen Bereiche unterscheidet. Es zeigt sich hier, dass die *boni mores* in der Theologie bereits sehr früh zur Beurteilung von Handlungen herangezogen wurden.

Aus einer Vielzahl von Entscheidungen von Bischöfen und Päpsten sowie Aussprüchen der Kirchenväter aus Jahrhunderten der Kirchengeschichte wählte Gratian unter anderem diese Entscheidung von Augustinus für seine Sammlung. In ihr wurden die guten Sitten als Maßstab dafür herangezogen, welche lokalen Praktiken verbindlich seien. Gratian verschaffte so dem Begriffspaar *fides et mores* einen Platz in einer der wichtigsten Sammlungen der Kanonistik. Er betonte damit die Maßgeblichkeit der *boni mores* für die Beurteilung von Handlungen allgemein in der Kanonistik. Aus theologischer Sicht bewies er damit besondere Weitsicht. Die *boni mores* spielten zwar bereits in der Lehre von Petrus Lombardus, einem Zeitgenossen von Gratian, eine entscheidende Rolle. Bei Thomas von Aquin jedoch sollten sie in der bereits von Augustinus verwandten Kombination mit der *fides* im Rahmen zentraler dogmatischer Themen zu einem gängigen Kriterium werden.[285]

---

282 D.12 c.11 *(Augustinus)*, in Ed. *Friedberg*, I, Sp.29f. An dieser Stelle deutete sich im kirchlichen Recht bereits sehr früh eine besondere Stellung der *boni mores* als Beurteilungsmaßstab von menschlichem Handeln allgemein an.

283 Vgl. *Fransen, Piet*, A short history of the meaning of the formula *“fides et mores”*, in: *Mertens, Herman-Emiel/de Graeve, Frank* (Hrsg.), Hermeneutics of the councils and other studies, Leuven, 1985, S. 287–318, 293.

284 Vgl. den Titel der Sammlung kirchlicher Texte von den Aposteln bis zu Benedikt XVI.: *Hünermann, Peter* (Hrsg.), Heinrich Denzinger. *Enchiridion symbolorum definitionum et declarationum de rebus fidei et morum.* Kompendium der Glaubensbekenntnisse und kirchlichen Lehrentscheidungen. Lateinisch – Deutsch, 43. Aufl., Freiburg im Breisgau, 2010.

285 S.o. B. II. 3. c. Vgl. *Thomas von Aquin, Summa teologica, tertia pars, q.68 a.3 co.*, a.a.O., Bd. 29, S. 234; *Scriptum super sententiis, lib.2, d.22, q.2, a.1 co.*, http://www.corpusthomisticum.org/snp2022.html, Seitenaufruf vom 14.01.2013;
Disputationes de quodlibet, Quodlibet III, q.4 a.2 co., http://www.corpusthomisticum.org/q03.html, Seitenaufruf vom 27.05.2014;

Ob sich diese Bedeutung des Begriffs der guten Sitten auch bei den Juristen, die sich in der Folgezeit mit dem *Decretum Gratiani* beschäftigten, in deren Lehre vom *pactum* niederschlug, lässt sich an dieser Stelle noch nicht beantworten. Im Ergebnis ist im Hinblick auf die Behandlung der Sittenwidrigkeit von *pacta* im *Decretum* Gratiani jedoch folgendes festzuhalten. Die Aufnahme des oben genannten Kanons D.12 c.11 in das *Decretum Gratiani* deutet jedenfalls darauf hin, dass Gratian den guten Sitten als Beurteilungskriterium Bedeutung zumaß. Zu dem Inhalt der guten Sitten findet sich in den übrigen von ihm gesammelten Texten keine Äußerung. Die oben genannten Stellen aus dem *Decretum Gratiani* enthalten zwar einige konkrete Fälle, die als schändlich *(turpia)* bewertet werden, es findet sich jedoch keine Aussage zu dem Inhalt der *boni mores.* Hierzu ist demnach der theologische Begriff der guten Sitten heranzuziehen, der dem kirchlichen Juristen zur Zeit Gratians geläufig war, und möglicherweise aus diesem Grunde auch nicht definiert werden musste.

Es ist anzunehmen, dass Gratian die bereits dargelegte, bis zu Augustinus zurückreichende spezifisch christliche Sicht der Sitten als jenem Verhalten, das zum ewigen Leben führt, bekannt war. In den von Gratian zusammengestellten Texten werden sie im Zusammenhang mit *pacta* nicht genannt. Sie wurden durch die Aufnahme der oben genannten Entscheidung von Augustinus ins Dekret jedoch dank Gratian zum Gegenstand der hochmittelalterlichen Rechtswissenschaft. Inwiefern die guten Sitten in der Lehre der Dekretisten für die Wirksamkeit von *pacta* eine Rolle spielten und welchen Inhalt sie ihnen zumaßen, soll im Folgenden untersucht werden. Es wird sich zeigen, dass die inhaltliche Bedeutung der *boni mores* im Rahmen der Beurteilung der Inhalte rechtlicher Vereinbarungen nicht nur in der Theologie, sondern auch in der Lehre der Kanonisten gegenüber der Legistik eine besondere Ausprägung erhielt.

2. Die Dekretistik

a. Die Summe des Huguccio von Pisa

Das *Decretum Gratiani* wurde in der Kanonistik, der kirchlichen Rechtswissenschaft des Mittelalters, zum Gegenstand der wissenschaftlichen Bearbeitung durch die Dekretisten. Um die Lehre der Kanonistik von der Sittenwidrigkeit von Vereinbarungen zu beleuchten und herauszuarbeiten, welchen Begriff sich

---

Sancti Thomae de Aquino Super Epistolam B. Pauli ad Ephesios lectura, cap.4, l.4, http://www.corpusthomisticum.org/cep.html, Seitenaufruf vom 14.01.2013.

die Kanonisten von den *boni mores* machten, soll deshalb als erstes das Werk von Huguccio von Pisa (Ugutio Pisanus) untersucht werden.

In seiner *Summa decretorum* (ca.1188–1190) findet sich die erste Stelle, an welcher in den hier untersuchten Quellen der Kanonistik die Bindungswirkung eines *pactum* von dessen Inhalt abhängig gemacht wurde. Dies geschah in der Glosse ‚*oportebit absolvere*' zu dem Kanon *quicumque suffragio* (C.12 q.2 c.66[286]).[287] Dabei handelt es sich nach Peter Landau um jene Glosse, in der Huguccio die bisherige Lehre der Kanonistik bezüglich der *pacta nuda* reformierte, indem er jedes *pactum nudum* als bindend betrachtete. Dabei habe er zu dessen Durchsetzung auf die Notwendigkeit einer *actio* verzichtet und auf das *officio iudicis* verwiesen, so dass die *actio* nicht mehr die Grundlage für den materiellen Anspruch aus dem *pactum* dargestellt habe.[288]

Die Glosse lautet:

> „*Licet stipulatio non intervenerit, obligatur enim nuda promissione saltem et si non civiliter unde tenetur ad promissum persolvendum […] peccaret enim quis nisi nudum pactum observeret honestum tamen licet nulla sollempnitas intervenerit. Nam quoad observantiam Deus nullam differentiam vult esse inter simplicem promissionem et iuramentum vel aliter firmatam promissionem.*"[289]

---

286 "*Unde in IV. Concilio Tolletano [c.36.] legitur: C. LXVI. Que de rebus ecclesiae in remuneratione obsequii prestantur rata permanebunt. Quicumque suffragio cuiuslibet aliquid eccleciasticae utilitatis prouiderint et pro eo quodcumque commodum in remuneratione promiserint, promissi solutionem eos absoluere oportebit, ita ut ad concilium conprouinciale deferatur, ut eorum conuentu confirmetur, quia (sicut Paulus ait) dignus est mercenarius mercede sua.*" C.12 q.2 c.66, in Ed. *Friedberg*, I, Sp.708. Vgl. hierzu *Landau, Pacta sunt servanda*, 2003, S. 460f.

287 Vgl. *Huguccio von Pisa, Summa decretorum*, Glosse ‚*oportebit absolvere*' zu C.12 q.2 c.66, teilweise ediert in *Roussier, Jules*, Le fondement de l'obligation contractuelle dans le droit classique de l'Eglise, Paris, 1933, Appendice I, nach den Manuskripten der Nationalbibliothek Paris 3891, fol.177^{v}; 3892, fol.209^{r} und 15.396, fol.185^{r}. S.a. die Edition des Manuskripts MS München Clm. 10247, fol.173vb bei *Landau, Pacta sunt servanda*, 2003, S. 462. Die Datierung erfolgte nach *Pennington, Kenneth*, Medieval Canonists, http://faculty.cua.edu/pennington/1140a-z.htm, Seitenaufruf vom 03.02.1015.

288 Vgl. *Landau, Pacta sunt servanda*, 2003, S. 462f.

289 *Huguccio von Pisa, Summa decretorum*, Glosse '*oportebit absolvere*' zu C.12 q.2 c.66, nach Manuskript Clm. 10247, fol.173vb, ediert in: *Landau, Pacta sunt servanda*, 2003, S. 462.

Nach Huguccio[290] waren *pacta nuda honesta* zu befolgen, da sonst gesündigt würde. Dies begründete er damit, dass Gott keine unterschiedliche Beurteilung des einfachen Versprechens und des Eides oder eines [mit solchem] bekräftigten Versprechens, bei deren Bruch Meineid vorläge, gelten lasse. Im Umkehrschluss bedeutete dies, dass bezüglich *pacta nuda inhonesta* jedenfalls keine Bindungswirkung angenommen wurde.[291] Die *honestas* war damit das erste Kriterium der Kanonistik für die Bindungswirkung formfreier einfacher Versprechen.

Sie findet sich bereits in einem Ausspruch von Ambrosius, der von Gratian unter C.22 q.4 c.8 in sein *Decretum* aufgenommen wurde, als Maßstab dafür, ob das einseitig wirkende *promissum* zu erfüllen war. Dies sollte nach Ambrosius nicht der Fall sein, wenn etwas versprochen wurde, das *inhonestum* sei und somit bei der Erfüllung des Versprechens etwas getan werde, was schändlich *(turpe)* wäre:

> „*[...] nihil promittat inhonestum: ac si promiserit, tolerabilius est promissum non facere, quam facere quod turpe sit.*“[292]

Die *turpitudo* als Argument gegen die Erfüllung des Versprechens und damit auch als das entscheidende Kriterium für dessen Verbindlichkeit wurde in der Überschrift, mit welcher der Kanon versehen wurde, hervorgehoben: „*Tollerabilius est iuramentum non inplere, quam quod turpe est facere.*“[293] Hierdurch wird

---

290 Zu der Frage, ob der Einschub „*[...] – peccaret enim [...]*“ von Huguccio stammt oder später eingefügt wurde, s. gegen die Urheberschaft und für einen späteren Einschub *Dilcher, Hermann*, Der Typenzwang im mittelalterlichen Vertragsrecht, in: ZRG RA 77 (1960) S. 271–303, 282f.; für die Urheberschaft Hugguccios: *Landau, Pacta sunt servanda*, 2003, S. 462. Gegen eine spätere Einfügung spricht, dass auch Bernardus Parmensis in seiner Kommentierung der Stelle X 1.35.8 in der Glosse ‚*Legitimas*‘ die Ausdrücke ‚*pactum*‘ und ‚*promissiones*‘ parallel gebrauchte. Dabei gebrauchte er die Stelle C.22 q.4 c.20 sowohl im Zusammenhang mit der Unwirksamkeit von *promissiones*, als auch zur Erläuterung, wann ein *pactum turpe* genannt werden könne. Vgl. *Bernardus Parmensis, Gregorii Papae IX. Decretales cum glossis, Venetiis*, 1615, fol.318, Sp.1.

291 Ein Verbot deren Befolgung wurde hier nicht ausdrücklich ausgesprochen, jedoch später bei Bernardus Parmensis im Zusammenhang mit dem Eid in der Glosse ‚*oculos vel nasum*‘ zu X 2.24.15. Vgl. *Bernardus Parmensis* in: *Gregorii Papae IX. Decretales cum glossis, Venetiis*, 1615, fol.582, Sp.2.

292 *Ambrosius, Sancti Ambrosii Mediolanensis Episcopi De officiis ministrorum libri tres, lib. III, cap.12*, in: *Migne, Jacques Paul* (Hrsg.), *Patrologiae cursus completus, series prima, patrologiae tom. XVI., Parisiis*, 1845, Sp.167, Nr. 76; Vgl. C.22 q.4 c.8, in: Ed. *Friedberg*, II, Sp.877.

293 C.22 q.4 c.8, in: Ed. *Friedberg*, II, Sp.877.

die Verbindung der *honestas* bzw. *inhonestas* mit der *turpitudo* deutlich. Der Bezug des Kriteriums der *honestas* zu den (guten) Sitten wiederum findet sich bei Huguccio, der die *mores* definiert als "*[…] honestas consuetudines vel leges particulares*"[294].

Zu Beginn der kanonistischen Lehre von der Verbindlichkeit des *pactum nudum* wurde demnach zur inhaltlichen Begrenzung nicht auf den aus der Legistik bekannten Ausdruck der *boni mores* zurückgegriffen. Huguccio stellte vielmehr auf das Kriterium der *honestas* ab. Dieses zog er zwar auch im Rahmen der Definition der Sitten heran. Im Zusammenhang mit der Wirksamkeit des *pactum* trat jedoch ein anderer Aspekt in den Vordergrund. Der *pactum nudum* sollte nach Huguccio gehalten werden, weil sonst gesündigt würde. Dies ließ er jedoch nur für den Fall des *pactum honestum* gelten. Die inhaltliche Einschränkung von *pacta* durch das Kriterium der *honestas* stand dabei in einem untrennbaren Zusammenhang mit dem Argument der Sünde, auf dem die Bindungswirkung einfacher Vereinbarungen beruhte. Damit war das eigentliche Kriterium die Sünde, die vermieden werden sollte. Sei es durch den Bruch eines Versprechens oder die Erfüllung von etwas, das *inhonestum* war. Dabei war im Hinblick auf die Begrenzung der Bindungswirkung des *pactum* durch das Kriterium der Sünde unter *pactum honestum* eine Vereinbarung zu verstehen, die inhaltlich kein sündhaftes Verhalten darstellte.

Im Hinblick auf die Frage nach der Lehre von der Sittenwidrigkeit von Vereinbarungen in der Kanonistik ergibt sich hieraus, dass in der Kanonistik die Sorge um die Vermeidung der Sünde im Vordergrund stand. Auf den aus der Legistik bekannten Ausdruck der guten Sitten oder auf die Fälle von Sittenwidrigkeit im römischen Recht wurde im Zusammenhang mit der Wirksamkeit von Vereinbarungen an dieser Stelle nicht rekurriert. Dies deutet darauf hin, dass die Kanonistik bezüglich der Begrenzung zulässiger Inhalte von Vereinbarungen und damit auch bezüglich der Frage, wann ein Fall von Sittenwidrigkeit vorliegt sowie welche Folge dies für die Vereinbarung hat, gegenüber der Legistik einen eigenen Weg einschlug. Es ist jedoch im Auge zu behalten, dass durch das Kriterium der *honestas* und letztlich der Sünde der Sache nach der theologische Begriff der guten Sitten berührt wurde.

Dem kanonistischen Grundsatz der Bindung aufgrund einfacher *pacta* war von Anfang an ein materielles Kriterium bezüglich der Wirksamkeit von

---

294 *Huguccio von Pisa, Summa decretorum. Tom. 1. Distinctiones I-XX (= Monumenta iuris canonici. Series A: Corpus glossatorum. Vol.6)*, Città del Vaticano, 2006, S. 133, Glosse *'mores'* zu D.8 c.2.

Vereinbarungen und damit bezüglich der Geltung des Grundsatzes immanent. Die formellen Kriterien der Legistik wichen in der Kanonistik aus theologischen Gründen zu Gunsten materieller Maßstäbe. Dass diese eine spezifisch kanonistische Prägung aufwiesen war dabei nur konsequent.

b. Die *Glossa ordinaria* von Johannes Teutonicus

Es stellt sich die Frage, wie sich die Thematik der *boni mores* im Zusammenhang mit Vereinbarungen bei Johannes Teutonicus darstellte, der mit seiner Glossierung der Stelle C.12 q.2 c.66 Vater der Theorie einer Klage *condictio ex canone* im Falle des einfachen Versprechens wurde.[295]

In seiner *Glossa ordinaria* zum *Decretum Gratiani*[296] nahm Johannes Teutonicus die Glossierung des bereits erwähnten Kanons D.10 c.4, der sich nach seinem Wortlaut ursprünglich nur auf *constitutiones* bezog, zum Anlass, den Ausschluss der Bindung im Fall eines Verstoßes gegen die guten Sitten auch auf den Eid auszudehnen:

> „*mores. nec iuramentum obligat contra bonos mores. ut extra de iureiur. quemadmodum [X 2.24.25] et ff. de le. infra si quis inquilinos § ulti. [D. 30.112.4]*“[297]

In der Glosse ‚*mores*‘ bezog er dabei lediglich den Fall des Verstoßes gegen die guten Sitten, nicht jedoch wie in D.10 c.4 auch den Fall des Verstoßes gegen die *leges* auf den Eid. Eine Ausdehnung auch auf die *pacta* erfolgte an dieser Stelle noch nicht.

Auf den Begriff, den sich Johannes Teutonicus von den *boni mores,* wenn auch im Zusammenhang mit dem Eid, machte, gibt die zitierte Stelle aus dem *Liber Extra* X 2.24.25 lediglich einen Hinweis. Dort wurde die Wirksamkeit eines Eides unter anderem von den Kriterien der Sünde und der *turpitudo* abhängig gemacht.[298]

---

295 Vgl. *Roussier, Jules,* Le fondement de l'obligation contractuelle dans le droit classique de l'Église, Paris, 1933, S. 147; *Landau, Pacta sunt servanda*, 2003, S. 468, wobei die *condictio ex canone* bei Laurentius Hispanus nach Peter Landau noch eine „bloße Denkmöglichkeit“ darstellte. *Landau,* a.a.O., S. 469.

296 Johannes Teutonicus verfasste sie um das Jahr 1216. Vgl. *Pennington, Kenneth,* Medieval Canonists, http://faculty.cua.edu/pennington/1140a-z.htm#Johannes Teutonicus (Zemeke), Seitenaufruf vom 03.02.2015.

297 *Johannes Teutonicus, Decreta partum sive concordia discordantium canonum Gratiani auctoris sive compilationis: cum apparatibus Johannis ac additionibus Bartholomei brixiensis*, Antonius Koberger, Nürnberg, 1493, Glosse '*mores*' zu D.10 c.4.

298 Vgl. *C. Quemadmodum si* (1207; Po 3168), ediert in: Die Register Innocenz' III., Bd. 10, Wien, 2007, S. 195f.

Der Frage nach der Beschränkung des Inhalts von Vereinbarungen im *Liber Extra* soll an dieser Stelle nicht vorgegriffen werden. Es bleibt jedoch festzuhalten, dass auch Johannes Teutonicus bezüglich des *pactum* nicht unmittelbar auf die *boni mores* abstellte. Er zog sie jedoch als Maßstab für die Wirksamkeit des Eides heran. Dabei ist seinen Ausführungen zum Eid mittelbar zu entnehmen, dass er sich, was den Begriff der Sittenwidrigkeit betrifft, am Kriterium der *turpitudo* und der Sünde orientierte. Damit verfolgte die Kanonistik, jedenfalls was die Sittenwidrigkeit einseitiger Versprechen betrifft, auch bei Johannes Teutonicus einen von der Legistik abweichenden Weg.

3. Die *Quinque compilationes antiquae* und ihre Kommentierung

a. Die Summe von Bernhard von Pavia

Im *Decretum Gratiani* und bei den oben genannten Dekretisten wurde bezüglich der Wirksamkeit von *pacta* nicht unmittelbar auf die *boni mores* Bezug genommen. Vorrangiges Kriterium war vielmehr die Sünde. Hierin deutet sich eine Verbindung zum theologischen Sittenwidrigkeitsbegriff an. Zur Beantwortung der Frage nach der Lehre der Kanonistik von der Sittenwidrigkeit von *pacta* sind demnach auch die auf das *Decretum Gratiani* folgenden maßgeblichen Sammlungen kirchlichen Rechts, die *Quinque compilationes antiquae*, und ihre Kommentierung durch die Juristen zu untersuchen.

Dabei erscheinen die *boni mores* in den hier untersuchten kanonistischen Quellen erstmals in der Summe zur *Compilatio prima*[299] von Bernhard von Pavia (Papiensis)[300], einem Schüler von Huguccio,[301] im Zusammenhang mit den *pacta (nuda)*. Dies geschieht unter dem Titel *de pactis* unter dem Gliederungspunkt *effectus pactorum* im Zusammenhang mit der Bindungswirkung des *pactum*. In seiner Summe zur *Compilatio prima* führte Bernardus Papiensis aus:

299 Der ursprüngliche Titel *Breviarium extravagantium* ist weniger gebräuchlich als *Compilatio prima*.

300 Verfasst zwischen 1191 und 1198. Vgl. *Coing*, Handbuch, I, S. 374.

301 Vgl. *Pennington, Kenneth*, The Decretalists 1190 to 1234, in: *Hartmann, Wilfried/Pennington, Kenneth* (Hrsg.), The history of medieval canon law in the classical period, 1140–1234: from Gratian to the decretals of Pope Gregory IX, Washington D.C., 2008, S. 211–245, 211.

„§ 4 Effectus pactorum est, ut serventur, nisi sint contra leges vel contra bonos mores, ut ar. Di. X. constitutiones (c.4) [D.10 c.4] et C.VIII qu.3 Talia (c.1) [C.8 q.3 c.1] et C.XXV. qu.2 imperiali (c.13) [C.25 q.2 c.13] et Cod. eod. Pacta (L.6) [C. 2.3.6].“[302]

Nach Bernardus Papiensis waren *pacta* allgemein, also auch die formlosen *pacta nuda* verbindlich. Dies begründete er in dem Titel *de pactis* der *Compilatio prima* mit der Aufnahme des *c. Antigonus*[303] des Konzils von Karthago (345–348) als ersten Kanon des Titels.[304] Der Kanon endet mit dem Satz: „*Pax servetur, pacta custodiantur.*“[305]

Nach Peter Landau handelt es sich bei dem Kanon um einen von insgesamt lediglich zwei Fällen, in denen Bernardus Papiensis auf die pseudo-isidorische Sammlung zurückgriff. Hieraus schloss er, dass sich Bernardus Papiensis gezielt auf die Suche nach einer Stelle zum Beleg für die Verbindlichkeit formloser *pacta* gemacht habe und lediglich in der erwähnten Sammlung fündig geworden sei. Dank des angeführten *c. Antigonus* sei so in seiner *summa* zur *Compilatio prima* bezüglich der Verbindlichkeit einfacher *pacta*, anders als bezüglich der Fälle, in denen sie zu verneinen sei, kein weiterer Beleg anzuführen gewesen.[306]

Die Verbindlichkeit des *pactum (nudum)*, also der formlosen Vereinbarung, wurde von Bernardus davon abhängig gemacht, dass dieses nicht gegen die *leges* oder die guten Sitten verstieß. Hier wurden die *boni mores* innerhalb der untersuchten Quellen erstmals ausdrücklich als Kriterium für die Wirksamkeit von *pacta* angeführt. Bemerkenswert ist dabei, dass bereits zu Beginn der Lehre von der Bindung aufgrund *pacta nuda* die Einschränkung durch die *honestas* bei Huguccio beziehungsweise durch die *boni mores* bei Bernardus Papiensis stand. Der Grundsatz *pacta sunt servanda* ist somit nicht von dem der Nichtigkeit sittenwidriger Verträge zu trennen. Dieser Zusammenhang stellt auch den Unterschied zu der Funktion der *boni mores* im *ius civile* dar, in welchem im Fall des *pactum nudum* lediglich die Einrede der fehlenden Klagbarkeit gewährte wurde[307] und sich die Unwirksamkeit des *pactum nudum* bereits aus dessen fehlender Vestitur ergab. Als Folge der Entwicklung einer allgemeinen Vertragslehre in der Kanonistik, die sich aus der Klagbarkeit des *pactum nudum* ergab,

302 *Bernardus Papiensis*, Summe zur *Compilatio prima*, 1860, S. 21, *liber I, titulus XXVI, de pactis, §4, effectus pactorum*.

303 1 Comp. 1.26.1 = X 1.35.1 (348), vgl. *Friedberg, Emil, Quinque compilationes antiquae. Nec non collectio canonum lipsiensis*, Graz, 1956, S. 10; Ed. *Friedberg*, II, Sp.203f.

304 Vgl. *Landau, Pacta sunt servanda*, 2003, S. 466.

305 1 Comp. 1.26.1 = X 1.35.1, in: Ed. *Friedberg*, II, Sp.203f.

306 Zu diesem Absatz vgl. *Landau, Pacta sunt servanda*, 2003, S. 466.

307 Vgl. zu D. 2.14.7.7 *Zimmermann*, Obligations, 1990, S. 509f.

trat so in der Kanonistik an Stelle der aufgegebenen formalisierten Wirksamkeitskriterien der Legistik *(vestimenta)* allein ein materielles. Dieses war dagegen in der Legistik, was das *pactum nudum* betrifft, sekundär, da nach dem *ius civile* ein *pactum* ohne *vestimentum* in der Regel schon aus diesem Grunde wirkungslos war.

Als einen Beleg für die fehlende Bindungswirkung der *pacta* im Falle des Verstoßes gegen die guten Sitten oder das Gesetz führte Bernardus zunächst den Kanon D.10 c.4[308] auf, der sich seinem Wortlaut nach lediglich auf *constitutiones* bezieht. Als weitere Belegstellen für eine Einschränkung der Bindung im Falle des Verstoßes gegen die *leges* oder die guten Sitten nannte Bernardus C.8 q.3 c.1, der als Beispiel eines unwirksamen Versprechens das Versprechen von Gegenleistungen für die Wahl zum Bischof nennt sowie C.25 q.2 c.13[309] und C. 2.3.6[310]. Die Codexstelle enthält den Ausspruch von Kaiser Antonius, dass *pacta*, die gegen die *leges, constitutiones* oder die guten Sitten verstoßen nichtig seien. Da zur Zeit des Antonius noch der Typenzwang und bei den Legisten die Vestiturtheorie herrschte, konnte die Legistik hieraus noch nicht der Schluss gezogen gehaben, dass *pacta (nuda)* ohne einen solchen Verstoß bindend seien. Dies kann so erst mit Bernardus Papiensis beziehungsweise Huguccio (der nicht die *leges* erwähnt) unter dem Regime des neuen Rechts vom *pactum* in der Kanonistik gesagt werden.

Mangels einer allgemeinen Vertragslehre in der Legistik zu diesem Zeitpunkt konnte dort die in C. 2.3.6 aufgestellte Regel auch nicht den gleichen Stellenwert und die gleiche Funktion haben, die sie in der Kanonistik erhielt. Dort nämlich wurden die *boni mores* in einen untrennbaren Zusammenhang mit der Lehre von der Verbindlichkeit sämtlicher *pacta* und damit der Entwicklung eines allgemeinen Vertragsrechts gestellt. So nannte Azo in seiner Summe zum Codex in dem Kapitel *de pactis* (C. 2.3) als *pacta inutila* unter anderem diejenigen, deren

---

308 D.10 q.4: "*C.IV. Moribus et decretis Romanorum Pontificum constitutiones contraire non possunt. Item. Constitutiones contra canones et decreta Presulum Romanorum, vel bonos mores, nullius sunt momenti.*" In: Ed. *Friedberg*, I, Sp.20.

309 C.25 q.2. c.13: „*C.XIII. Quae contra leges fiunt pro infectis habeantur. Idem [Gregorius Papa] in Registro, (lib. VII. Indict. 2. epist. 7. Ianuario Caralitano). Imperiali constitutione sancitum est aperte, ut ea, que contra leges fiunt, non solum inutila, sed etiam pro infectis habenda sint.*" In: Ed. *Friedberg*, I, Sp.1015.

310 C. 2.3.6: "*Idem [Imperator Antonius] Iuliae Basiliae. Pacta, quae contra leges constitutionesque vel contra bonos mores fiunt, nullam vim habere indubitati iuris est.*" In: *Corpus iuris civilis. Volumen secundum. Codex Iustinianus, Paul Krüger* (Hrsg.), 11. Aufl., Berlin, 1954, ND Hildesheim 1997, S. 93.

Inhalt unmöglich sei sowie solche, die gegen *leges plebiscita, senatusconsulta, decreta pretorum* oder *edicta principium* verstoßen würden, nicht jedoch solche, die den *boni mores* widersprechen.[311]

Bei Bernardus Papiensis zeigt sich demnach die besondere Funktion, die den guten Sitten in der Kanonistik im Rahmen der Lehre von den Vereinbarungen zukam. Die Beschränkung der Bindungswirkung der *pacta* durch das materielle Kriterium der guten Sitten ging mit der kanonistischen Lehre von der Verbindlichkeit der *pacta nuda* einher. Bezüglich der inhaltlichen Bestimmung der guten Sitten finden sich bei Bernardus Papiensis jedoch keine näheren Angaben. Es bleibt zu klären, worin die *boni mores* in der Kanonistik bestanden, beziehungsweise ob die Kanonistik andere, eigene Kriterien zur inhaltlichen Beschränkung der Wirksamkeit von Vereinbarungen heranzog, wie es sich bei den Vorgängern von Bernardus andeutete.

b. Der Glossenapparat von Tancred und Laurentius Hispanus

Zur Beantwortung der Frage nach der speziell kanonistischen Lehre von den sittenwidrigen *pacta* ist demnach zu klären, welche Funktion und welchen Inhalt spätere Kanonisten den guten Sitten im Rahmen der Lehre vom *pactum* zuschrieben beziehungsweise welche Kriterien sie zur inhaltlichen Begrenzung von Vereinbarungen heranzogen. Hierzu soll das Werk von Tancred und Laurentius Hispanus untersucht werden.

Der oben genannte *c. Antigonus*, der den Titel *de pactis* der *Compilatio prima* anführt, wurde auch durch Tancred in seinem Glossenapparat zur *Compilatio prima*[312] glossiert und stellte bei ihm den Anknüpfungspunkt sowohl für die Lehre von der Verbindlichkeit des *pactum nudum*, als auch für die Lehre von dessen Sittenwidrigkeit dar.

Was die Lehre Tancreds vom *pactum nudum* betrifft, ging dieser in seiner Glosse ‚*placita*' zum c. *Antigonus*[313] über die des Huguccio hinaus, indem er aus dem Argument der Sünde, welches Huguccio zu Gunsten der Verbindlichkeit der *pacta nuda* anführte[314], das Vorliegen einer *actio* zu dessen Durchsetzung ableitete.

---

311 Vgl. *Azo Porcius*, Summe zum *Codex*, 1506, S. 23, Sp.2, *de pactis*.

312 Es handelt sich dabei um die *Glossa ordinaria* zur *Compilatio prima*. Tancred verfasste die ursprüngliche Fassung vor 1215. Vgl. *Pennington, Kenneth*, Medieval Canonists, http://faculty.cua.edu/Pennington/1140a-z.htm#Tancred, Seitenaufruf vom 03.02.2015.

313 1 Comp. 1.26.1 = X 1.35.1.

314 S.o. S. 90.

„placita esse licet secundum leges non detur actio ex nudo pacto secundum canones aliud dico quia scilicet datur actio cum mortaliter peccet non servando pactum. ar.22 q.2 [sic] predicandum [C.22 q.1 c.17]. Non est enim differentia an simplib. verbis an iuramento quid dicatur. ut. 22 q.5 iuramenti [C.22 q.5 c.12]"[315]

Laurentius Hispanus, dem nach Ansicht Peter Landaus die oben genannte Glosse zu 1 Comp. 1.26.1 aus dem Glossenapparat des Tancred zuzuschreiben sei,[316] verfasste zur gleichen Zeit, zwischen 1210 und 1218[317], einen Glossenapparat zum *Decretum Gratiani*, die so genannte *Glossa Palatina*[318]. Zum Zwecke der Durchsetzung von Verbindlichkeiten aus einfachen Versprechen entwarf er anhand der Glossierung der Stelle C.12 q.2 c.66, derselben Stelle aus der Huguccio die Bindungswirkung eines jeden *pactum nudum* herleitete, die *actio condictio ex canone.*[319]

Wie bereits gezeigt wurde, ging die Lehre von der Bindung aufgrund des *pactum nudum* und damit das durch die Kanonistik entwickelte einheitliche Vertragsrecht Hand in Hand mit dessen inhaltlicher Begrenzung. So findet sich im Glossenapparat von Tancred in der Glossierung der Stelle *(pacta) custodiantur* zunächst die Beschränkung der Pflicht zur Befolgung auf *„pacta legitima"*[320] sowie, wie bereits bei Bernhard von Pavia, die Einschränkung, dass ein *pactum* nur dann zu befolgen sei, wenn es nicht gegen die guten Sitten verstoße. Daneben solle die Pflicht der Erfüllung des *pactum* in Anlehnung an das *ius civile* auch dann ausgeschlossen sein, wenn dieses anderen verfänglich sei[321] oder gegen die Gesetze oder *canones* verstoße.

---

315 *Apparatus* von Tancred zur *Compilatio prima*, MS Vat. lat. 2509, fol.15r, Glosse *'placita'* zu *c. Antigonus* (1 Comp. 1.26.1; 348).

316 Vgl. *Landau, Pacta sunt servanda,* 2003, S. 468, Fn. 54 unter Verweis auf die Edition bei *Bellini, Piero,* L'obbligazione da promessa con oggetto temporale nel sistema canonistico classico. Con particolare riferimento ai secoli XII e XIII, Milano, 1964, S. 239.

317 Datierung nach *Pennington, Kenneth,* Medieval Canonists, http://faculty.cua.edu/Pennington/1140a-z.htm#Laurentius Hispanus, Seitenaufruf vom 03.02.2015.

318 Vgl. *Kenneth Pennington*, Medieval Canonists, http://faculty.cua.edu/Pennington/1140a-z.htm#Laurentius Hispanus, Seitenaufruf vom 03.02.2015. Zur Urheberschaft des Laurentius Hispanus vgl. auch *Landau, Pacta sunt servanda,* 2003, S. 468, Fn. 53 unter Berufung auf *Stickler, Alfons Maria*, Il decretista Laurentius Hispanus in: *Forchielli, Giuseppe/Stickler, Alfons Maria* (Hrsg.), *Studia Gratiana. Post octava decreti saecularia. IX., Bononiae*, 1966, S. 461–549.

319 Vgl. *Landau, Pacta sunt servanda,* 2003, S. 468.

320 *Tancred, Apparatus* zur *Compilatio prima*, MS Admont Stiftsbibliothek 22, Glosse *'custodiantur'* zu *c. Antigonus* (1 Comp. 1.26.1; 348). Die Handschrift enthält keine Folierung.

321 Vgl. D. 18.5.7.pr.

„*§ ar. pacta legitima custodienda 20 q.1 puelle [C.20 q.1 c.8] 22 q.4 innocens [C.22. q.4 c.23] 18 q.2 eleutherius [C.18 q.2 c.30] ff. de pactis. iuris gentium § ait pretor [D. 2.14.7.7] infra c. prox. 10 q.3 relatum [C.10 q.3 c.9] § q quidem verum est nisi dolo malo [...] fuerunt. ar [unleserlich] oē [schlecht lesbar]. 1 prescriptur [...] vel nisi alteri sit captiosum .ff. de rescidenda venditorem si id quod [D. 18.5.7] vel nisi sit contra bonos mores est. de inutil. stipulationibus [...] ex eo ff. de pactis. iuris. § si ob maleficium [D. 2.14.7.3] vel nisi sit contra leges vel canones .ff. de pactis iuris gentium § ait pretor [D. 2.14.7.7] Vincentius Hispanus [vic̄.]*“[322]

Dabei ist das oben genannte Kriterium ‚*legitima*‘ theologisch zu deuten. Dies ergibt sich aus dem Verweis auf Stellen aus dem *Decretum Gratiani*, die wiederum auf das Kriterium der Sünde abstellen.

Neben diesen allgemeinen Ausführungen anhand des *c. Antigonus* im Zusammenhang mit dem Vertragsrecht wurden die *boni mores* von Tancred im Rahmen der Glossierung der Dekretale *mulieres vero*[323] aus dem Titel *de dote post divortium restituenda* im Zusammenhang mit einer konkreten sittenwidrigen Vereinbarung genannt.

„*dotem. si totam maritus reddere potere alioquin in quantum facere potest condempnabitur C. de rei uxoriae actione .l. 1 c. cum autem [C. 5.13.7] ff. de re iudicata non tamen nisi dolo suam diminueritur substantiam. ut in eodem c. et hic adeo vera sunt. ut si maritus paciscatur ut a se solidum exigatur pactum ut pote contra bonos mores factum infirmum est. ut ff. soluto matrimonio. alia causa. c.1 [D. 24.3.14.1] Si tamen totam solverit repetere non potest ut .ff. de conditi. indebiti. nam et maritus [D. 12.6.9].p.*“[324]

Tancred zog hier die römisch-rechtliche Lösung aus D. 24.3.14.1 anhand der *boni mores* heran. Abgesehen von diesem konkreten Fall der Sittenwidrigkeit, der gemäß D. 24.3.14.1 bereits im klassischen römischen Recht vorlag, findet sich auch im Werk von Tancred kein Hinweis auf eine eigenständige kanonistische Definition der *boni mores*. Insoweit verwies Tancred vielmehr auf das römische Recht.

---

322 *Tancred*, *Apparatus* zur *Compilatio prima*, MS Admont Stiftsbibliothek 22, Glosse‚*custodiantur*‘ zu *c. Antigonus* (1 Comp. 1.26.1; 348). Die Handschrift enthält keine Folierung. Die Sigle am Ende der zitierten Stelle weist auf die Urheberschaft von Vincentius Hispanus hin. Obwohl die Glossen ‚*pacta*‘ bzw.‚*custodiantur*‘ zu dem *c. Antigonus* (1 Comp. 1.26.1) aus dem Glossenapparat des Vincentius Hispanus zur *Compilatio prima* (vgl. die Handschrift Erlangen Universitätsbibliothek, 349) von der oben genannten Glosse ‘*custodiantur*‘ zu *c. Antigonus* (1 Comp. 1.26.1) aus dem Glossenapparat von Tancred abweicht, ist sie wohl Vincentius Hispanus zuzuschreiben.

323 1 Comp. 4.21.1 = X 4.20.1.

324 Tancred, Glosse‚*dotem*' zu 1 Comp. 4.21.1, MS Vat. lat. 2509, fol.74r.

Die guten Sitten wurden jedoch auch bei Tancred in einen engen Zusammenhang mit der Bindung durch *pactum (nudum)* gestellt. Dabei wurden sie neben anderen materiellen Kriterien, von der die Wirksamkeit des *pactum* in erster Linie abhängig gemacht wurde, herangezogen. Hierzu ist das Kriterium, ob die Vereinbarung im Hinblick auf Dritte verhängnisvoll ist sowie, in erster Linie, ob der *pactum* rechtmäßig *(legitima)* ist, zu nennen. Im Hinblick auf das Kriterium der Rechtmäßigkeit, die sich gemäß der zitierten Stellen aus dem *Decretum Gratiani* vor allem durch das Kriterium der Sünde bestimmte, traten die *boni mores* als Kriterium in den Hintergrund.

Tancred zog demnach die guten Sitten zwar als Kriterium heran, verstand sie jedoch im römisch-rechtlichen Sinn und stellte ihnen das kanonistisch gedeutete Kriterium der Rechtmäßigkeit voran. Hierin zeigt sich bei Tancred ein Bewusstsein dafür, dass die Wirksamkeit von Vereinbarungen von materiellen Kriterien abhing und dass sich diese in erster Linie nach den theologischen Kriterien der Kanonistik bestimmten. Dies führte bei ihm jedoch noch nicht zu einer ausdrücklichen kanonistischen Deutung der guten Sitten.

Es blieb demnach auch bei Tancred dabei, dass die Kanonistik bezüglich der Wirksamkeit von *pacta* vorrangig auf das eigenständige, theologisch geprägte Kriterium der Sünde abstellte. Hierdurch wurde der Sache nach der theologische Begriff der Sittenwidrigkeit berührt. Die Frage der Nichtigkeit von Vereinbarungen aufgrund von Sittenwidrigkeit beurteilte sich demnach in der Kanonistik nach eigenständigen Kriterien und wurde unabhängig von den Fallgruppen des klassischen römischen Rechts beziehungsweise der Lehre der Legistik bezüglich der *boni mores* behandelt.

4. Der *Liber Extra*

a. Einleitung

Auf der Suche nach dem Ursprung eines kanonistischen Begriffs der Sittenwidrigkeit von Vereinbarungen beziehungsweise nach den materiellen Wirksamkeitskriterien der Kanonistik ist nach den *Quinque compilationes antiquae* die nächste bedeutende Sammlung der Kanonistik zu untersuchen, der *Liber Extra*.

Da vor allem seit Papst Alexander III. (Papst von 1159–1181) immer mehr Dekretalen ergingen, beauftragte Gregor IX. (Papst von 1227–1241) Raymundus de Pennafort damit, die Dekretalen, die nach und nach in den *Quinque compilationes antiquae* gesammelt worden waren, zu ordnen, zu redigieren und zu einer ausschließlichen Sammlung zusammenzufassen. Der hieraus entstandene

Liber Extra[325] wurde im Jahre 1234 durch Übersendung an verschiedene Universitäten wie Bologna und Paris durch Gregor IX. mit der Bulle *Rex pacificus* promulgiert.[326]

Neben der Mehrzahl der Dekretalen der *Quinque compilationes antiquae*, die auch vorgratianische *canones* enthalten sowie den Texten des 3. und 4. Laterankonzils,[327] beinhaltet der *Liber Extra* auch Dekretalen von Gregor IX.[328] So kam es, dass sich die Lehre der Dekretalisten von der Bindungswirkung des *pactum nudum* und von dessen Sittenwidrigkeit vor allem anhand zweier zeitlich weit auseinanderliegender Texte aus dem *Liber Extra* entspann. Diese sind der *c. Antigonus* (1 Comp. 1.26.1 bzw. X 1.35.1) aus dem Konzil von Karthago aus den Jahren 345 bis 348 und die Dekretale *c. Pactiones* von Gregor IX. aus dem Zeitraum von 1227 bis 1234[329].

Der von Bernardus Papiensis in der *Compilatio prima* an den Beginn des Titels *de pactis* gestellte *c. Antigonus* (1 Comp. 1.26.1) fand unter Gregor IX. an gleicher Stelle Eingang in den gleichnamigen Titel des *Liber Extra* (X 1.35.1) und blieb wie schon für Tancred Anknüpfungspunkt für die Lehre von der Verbindlichkeit des *pactum nudum*. Er wurde darüber hinaus jedoch auch Anknüpfungspunkt für die kanonistische Lehre von der Sittenwidrigkeit beziehungsweise *turpitudo* von *pacta* in ihrer spezifisch kanonistischen Ausgestaltung.

Im Folgenden ist der Weg zu beleuchten, den die Kanonistik seit dem *Liber Extra* in Bezug auf die inhaltliche Begrenzung von *pacta* nahm, wobei ein besonderes Augenmerk auf die Funktion und den Inhalt der *boni mores* gerichtet werden soll.

b. Gregor IX. und das Seelenheil

Ein entscheidender Beitrag zu einer spezifisch kanonistischen Ausgestaltung der Lehre von der Unwirksamkeit sittenwidriger Vereinbarungen erfolgte durch Gregor IX. in der Dekretale aus *c. Pactiones* (X 1.35.8)[330].

---

325 Der Name leitet sich aus ‚*extra decreta vagantium*' her, da in der Sammlung Dekretalen zusammengestellt wurden, die nicht im *Decretum Gratiani* enthalten waren. Vgl. *Coing*, Handbuch, I, S. 842.

326 Vgl. *Coing*, Handbuch, I, S. 840–842.

327 Das dritte Laterankonzil fand im Jahre 1179 unter Papst Alexander III. statt, das vierte im Jahre 1215 unter Papst Innozenz III. .

328 Vgl. *Coing*, Handbuch, I, S. 842.

329 Po 9568. Die Datierung erfolgte nach Po I, S. 817.

330 Po 9568 (zwischen 1227 und 1234).

„Pactiones factae a vobis, ut audivimus, pro quibusdam spiritualibus obtinendis, quum in huiusmodi omnis pactio, omnisque conventio debeat omnino cessare, nullius penitus sunt momenti. Quod etiam de aliis est dicendum, quae observatae vergunt in animae detrimentum. Nam etiam iuxta legitimas sanctiones pactum turpe, vel rei turpis aut impossibilis de iure vel de facto, nullam obligationem inducit.“[331]

Die Entscheidung erfolgte aus Anlass von *pacta* über geistliche Gegenstände *(spiritualia)*, die Gregor IX. zu Ohren gekommen waren. Das Schließen solcher Vereinbarungen, die in der Regel entgeltlich waren, wurde in Anlehnung an den Zauberer Simon als Simonie bezeichnet. Nach der Apostelgeschichte bot Simon den Aposteln Geld, um von ihnen die Gabe zu erwerben, durch Handauflegung den Heiligen Geist vermitteln zu können.[332] Hierum ging es der Sache nach, wenn in der Kanonistik die entgeltliche Veräußerung geistlicher Gegenstände, wie beispielsweise kirchlicher Ämter, als Simonie verworfen wurde.

In der Entscheidung aus X 1.35.8 ging Gregor IX. jedoch über diesen Gegenstand hinaus und bestimmte, ausgehend von den konkreten *pactiones* über geistliche Gegenstände, allgemein, dass alle *pactiones* und *conventiones*, deren Einhaltung sich auf einen Schaden *(detrimentum)* der Seele richten würden, wirkungslos seien. Als Begründung führte er an, dass auch nach dem weltlichen Recht *(legitimas sanctiones)* ein *pactum turpe*, oder *rei turpis* sowie ein rechtlich oder tatsächlich unmöglicher *pactum* keine Verpflichtung begründen würden. Die Schädigung der Seele wurde demnach von Gregor IX. als ein Fall der *turpitudo* oder der aus der *turpitudo* beziehungsweise dem Sittenverstoß folgenden rechtlichen Unmöglichkeit dargestellt.[333]

Nach dem *ius civile* dagegen durfte ein *pactum* lediglich nicht *personas* oder *res* schädigen.[334] So bemerkte Hostiensis zu der Stelle ‚*legitimas sanctiones*‘, dass diese, also das *ius civile*, sich weniger um die Schädigung der Seele kümmern würden.[335] Aus diesem Grunde war es notwendig, in der Entscheidung aus X 1.35.8 ausdrücklich auf das Kriterium der Unversehrtheit der Seele hinzuweisen. Um die Unversehrtheit der Seele ging es Gergor IX. vorrangig in dem Fall der Vereinbarung über geistliche Güter und nicht primär um einen Sittenverstoß.

331 *C. pactiones* (*Gregor IX.*, Po 9568, zwischen 1227 und 1234), X 1.35.8, in: Ed. *Friedberg*, II, Sp.205f.

332 Vgl. Apg. 8, 18ff.

333 Nach dem *ius civile* war, was gegen die guten Sitten verstoßen würde, so zu betrachten, als ob es nicht möglich sei. Vgl. D. 28.7.15.

334 Vgl. D. 2.14.27.

335 Vgl. *Hostiensis (Henricus de Segusio)*, Kommentar zum *Liber Extra (Lectura)*, 1512, fol.186^{v}, Sp.2, Glosse ‚*legitimas sanctiones*‘ zu X 1.35.8.

Dieser wurde in der Entscheidung nicht angesprochen. Gregor IX. bestimmte vielmehr, dass sämtliche Vereinbarungen, die zu einer Schädigung der Seele führen würden, unwirksam seien, nicht nur solche über geistliche Güter.

Gregor IX. verwies in dieser Entscheidung zwar nicht auf die *boni mores*, jedoch auf die *turpitudo*, die in der Legistik mit diesen synonym verwendet wurde. Er stellte damit das Kriterium des Seelenheils in einen Zusammenhang mit den guten Sitten. Dieser bestand auf einer Ebene, die Gregor IX. möglicherweise noch näher stand als die der legistischen Lehre, nämlich die der Theologie. So kam den *boni mores* in der Kanonistik in ihrer Funktion des Schutzes des Seelenheils vor Verletzungen durch *pactiones* oder *conventiones* möglicherweise sogar eine gegenüber der legistischen Lehre erhöhte Bedeutung zu.

Grundsätzlich waren nach der Lehre der Kanonisten bereits seit Huguccio,[336] spätestens jedoch seit der Glosse des Johannes Teutonicus zu C.22 q.5 c.6[337] auch formlose *pacta* bindend.[338] Argument für die Bindung war, dass es in den Augen Gottes keinen Unterschied mache, ob ein Eid oder ein einfaches formloses Versprechen gebrochen werde, da beides eine Sünde darstelle und demnach vermieden werden müsse.[339] Dies galt nach Gregor IX. gemäß seiner Entscheidung in X 1.35.8 jedoch nicht, wenn die Befolgung der *pactio* zu einer Schädigung der Seele führen würde. Wenn ein solches *pactum* ohne Wirkung war, konnte es nicht gebrochen und hierdurch gesündigt werden. Hierdurch wurde der Konflikt gelöst, der sich ergeben konnte, wenn sowohl durch die Erfüllung, als auch

---

336 Vgl. *Landau, Pacta sunt servanda,* 2003, S. 462f.

337 S. *Johannes Teutonicus, Glosssa ordinaria* zum *Decretum Gratiani,* 1493, Glosse‚*distantiam*' zu C.22 q.5 c.12, keine Folierung vorhanden.: „*(…) Item hic est arg. quod ex nudo pacto oritur actio, ut. xij. q.ij quicumque suffragio et q.v. quia Iohannes. [C.12 qu.2 c.66 und qu.5 c.3]*".

338 Vgl. *Dilcher, Hermann,* Der Typenzwang im mittelalterlichen Vertragsrecht, in: ZRG RA 77 (1960), S. 271–303, 284, unter Verweis auf *Bussi, Emilio,* La formazione dei dogmi di diritto privato nel diritto comune. Diritti reali e diritti di obbligazione, Padua, 1937, S. 222; *Fedele, Pio,* Lo spirito del diritto canonico, Padua, 1962, S. 141; *Karsten, C.,* Die Lehre vom Vertrage bei den italienischen Juristen des Mittelalters. Ein Beitrag zur inneren Geschichte der Reception des römischen Rechtes in Deutschland, Rostock, 1882, ND Amsterdam, 1967, S. 128; *Leicht, Pier Silverio,* Storia del diritto italiano, Bd. 3: Il diritto privato- Le obbligazioni, Milano, 1969, S. 13. Vgl. *Dilcher, Hermann,* a.a.O., Fßn.60.

339 Vgl. *Huguccio von Pisa, Summa decretorum,* Glosse *'oportebit absolvere'* zu C.12 q.2 c.66, nach Manuskript Clm. 10247, fol.173vb, ediert in: *Landau, Pacta sunt servanda,* 2003, S. 462.

den Bruch des Versprechens eine Sünde begangen worden wäre und damit in jedem Fall die Gefährdung des Seelenheils drohte.

c. Die Bindungswirkung des Eides und das Seelenheil

Wie bereits gezeigt wurde, war der Eid entscheidend für die Entwicklung eines einheitlichen Vertragsrechts. Er stand Modell für die Verbindlichkeit selbst einfacher Versprechen sowie für die Art ihrer Durchsetzung mit Hilfe der *condictio ex canone*. Auch das Kriterium der *salus aeterna* findet sich in der Kanonistik bereits vor der Entscheidung von Gregor IX. aus X 1.35.8 im Zusammenhang mit dem Eid, zur Begrenzung dessen Bindungswirkung. Die *salus aeterna*, das ewige Heil, bezeichnet dabei das Leben des Menschen mit Leib und Seele auch nach seinem physischen Tod in der Ewigkeit. Dabei kann vom Heil der Seele nur gesprochen werden, wenn dieses Leben im Angesicht Gottes fortgesetzt wird und nicht getrennt von ihm in der Hölle.[340]

Im *Decretum Gratiani* wurde die *salus aeterna* noch nicht ausdrücklich als Argument im Zusammenhang mit der Bindungswirkung von *pacta* oder *iuramenta* herangezogen. In der *Compilatio prima* und später im *Liber Extra* findet sich jedoch unter dem Titel *de iureiurando* eine Entscheidung von Alexander III. (Papst von 1159 bis 1181), in welcher er bestimmte, dass ein Eid dann nicht zu halten sei, wenn sich die Erfüllung auf den Verlust des ewigen Heiles richte:

> „*[…] hoc tibi duximus respondendum, quod non est tutum, quemlibet contra iuramentum suum venire, nisi tale sit iuramentum, quod servatum vergat in interitum salutis aeterne. […]*“[341]

Innerhalb der Sammlungen des *Corpus Iuris Civilis* wurde hier die *salus aeterna* erstmals als Argument für eine Durchbrechung der im kirchlichen Recht sonst streng verteidigten Bindungswirkung des Eides herangezogen. Es folgte eine Entscheidung von Innozenz III. aus dem Jahre 1210, die in die *Compilatio quarta* und später in den *Liber Extra* aufgenommen wurde.

---

340 Vgl. Mk 8,36. “[36] *Quid enim prodest homini, si lucretur mundum totum et detrimentum faciat animae suae?*”, *Nova vulgata, Bibliorum Sacrorum editio, Sacrosancti oecumenici concilii vaticani II ratione habita iussu Pauli PP. VI recognita auctoritate Ioannis Pauli PP. II promulgata, editio typica altera*, http://www.vatican.va/archive/bible/nova_vulgata/documents/nova-vulgata_nt_evang-marcum_lt.html#8, Seitenaufruf vom 26.05.2014.

341 *Alexander III.* (JL 12293, 1 Comp. 2.17.4 = X 2.24.8, 1173–1174), in: Ed. *Friedberg*, II, Sp.361f. Datierung nach *Jaffé* II, 1956, S. 270.

„[...] mulieres ipsae servare debent huiusmodo iuramenta, sine vi et dolo, sponte ac pro fide praestita, quum in alterius praeiudicium non redundant, nec observata vergant in dispendium salutis aeternae.“[342]

In der *Compilatio tertia* findet sich eine weitere Entscheidung von Innozenz III. zur Frage der Verbindlichkeit eines Eides, der c. *Quemadmodum si* (3 Comp. 2.15.11[343]) aus dem Titel *de iureiurando*. In seinem Glossenapparat hierzu[344] griff Tancred die *salus aeterna*, welche Innozenz III. in dieser Entscheidung nicht bemühte, als Kriterium auf. In der Dekretale wurde die Frage behandelt, ob der Eid, eine bestimmte Frau zu heiraten, auch dann zu halten sei, wenn sich diese der *fornicatio* (Unzucht) schuldig mache. Innozenz III. löste die verschiedenen zeitlichen Konstellationen der Frage indem er dem Eid eine stillschweigende Bedingung beifügte. Diese bestünde darin, dass sich der Zustand bei Eidabgabe in der Zukunft nicht verändern würde. Ein (promissorischer) Eid, der ein Versprechen enthielt, war demnach nach Innozenz III. dann nicht zu halten, wenn sich die Umstände, die bei Leistung des Eides vorlagen, veränderten. Es handelt sich dabei um die sogenannte *clausula rebus sic stantibus*[345].

Die Erfüllung des Eides hätte unabhängig von der Frage der Verpflichtung nicht zu einer Gefährdung des Seelenheils geführt. Demnach führte Innozenz III. bei der Beantwortung der Frage, anders als in seiner Entscheidung *c. Quum contingat* (4 Comp. 4.9.1, *de iureiurando*)[346] nicht die *salus aeterna* an. Tancred tat dies jedoch unter anderem in der Glosse ‚*vel nasum*‘ zu 3 Comp. 2.15.11:

---

342 *Innozenz III.*, (*c. Cum contingat*, X 2.24.28, 1210; Po 4006, = 4 Comp. 4.9.1), in: Ed. *Friedberg*, II, Sp.371. Die Formulierung weicht in der Wortwahl *(„dispendium salutis aeternae“)* etwas von der Alexanders III. in 1 Comp. 2.17.4 bzw. X 2.24.8 (1173–1174; JL 12293) *(„interitum salutis aeterne“)* ab. Tancred wiederum gebrauchte wie Alexander III. den Ausdruck *„interitum“*, vgl. *Tancred*, *Apparatus* zur *Compilatio tertia*, MS Vat. lat. 2509, fol.198ʳ.

343 Po 3168 (1207) = X 2.24.25.

344 Es handelt sich dabei um die *Glossa ordinaria* zur *Compilatio tertia*, ihre endgültige Fassung stammt aus der Zeit um 1220. Vgl. *Pennington, Kenneth*, Medieval Canonists, http://faculty.cua.edu/pennington/1140a-z.htm#Tancred, Seitanaufruf vom 03.02.2015.

345 Vgl. zu dem Institut der *clausula rebus sic stantibus Gieg, Georg*, *Clausula rebus sic stantibus* und Geschäftsgrundlage. Ein Beitrag zur Dogmengeschichte, Aachen, 1994 und *Köbler, Ralf*, Die ‚*clausula rebus sic stantibus*‘ als allgemeiner Rechtsgrundsatz, Tübingen, 1991.

346 Po 4006 (1210) = X 2.24.28.

„vel nasum. […] iuramentum potest servari sine interitum salutis eterne et tamen non tenetur illud […] sic c. quintavallis [3 Comp. 2.15.9 = X 2.24.23] et c. tua [X 2.24.24]“[347]

Tancred verwies hier darauf, dass ein Eid, der ohne Verlust des ewigen Heils erfüllt werden könne, wie es in der kommentierten Dekretale unter anderem der Fall war, dennoch nicht zu halten sein müsse. Hierzu zitierte er eine Entscheidung von Innozenz III. (*c. Quintavallis*[348]) aus dem Jahre 1203. In der Entscheidung entband Innozenz III. Qintavallis von seinem Eid, seine Kinder zu enterben und sich von seiner Frau scheiden zu lassen, wenn diese oder seine Söhne die durch den Eid Begünstigten erneut beleidigen würden.

Dieser Fall lag ähnlich wie der hier von Tancred kommentierte aus dem *c. Quemadmodum si* (3 Comp. 2.15.11), da im Fall des *c. Quintavallis* jedenfalls die Erfüllung des Eides durch die Enterbung der Kinder nicht zum Verlust des ewigen Heils führen würde. Eine Anwendung dieser Regelung auf das Recht des *pactum* erfolgte zu diesem Zeitpunkt noch nicht. Es zeigt sich jedoch die Gebräuchlichkeit des von Alexander III. und Innozenz III. in das Recht des Eides eingeführten Argumentes der *salus aeterna* bei den Kanonisten.

Die Einkehr der *salus aeterna* als theologisches, moralisches Kriterium in den Bereich des (kanonischen) Rechts könnte dabei in einem Zusammenhang mit der umgekehrt erfolgten Einführung zivilrechtlicher Bestimmungen in die Schriften der Beichtliteratur[349] gestanden haben. Das Bußwesen, das auf die Abkehr von der Sünde und das Erreichen des Seelenheils gerichtet ist, erfuhr eine gewisse Verrechtlichung, während sich das Recht im Bereich des Eides mit der Betonung des Seelenheils stark der Theologie und der christlichen Moral öffnete. Es zeigt sich hier im Bereich der Lehre vom Eid eine deutliche Verschränkung der beiden Bereiche Recht und Moral in Theologie und Kanonistik. So wurde die oben genannte Entscheidung von Alexander III. aus 1 Comp. 2.17.4 beziehungsweise X 2.24.8 von Raymundus de Pennafort in seiner *Summa de poenitentia* unter dem Kapitel über den Eid und Meineid als Kriterium dafür herangezogen, ob ein Eid zu halten sei:

347 *Tancred*, *Apparatus* zur *Compilatio tertia*, MS Vat. lat. 2509, fol.198^{r}, Glosse ‚*vel nasum*‘ zum *c. Quemadmodum si* (1207; Po 3168 = 3 Comp. 2.15.11 = X 2.24.25).

348 *C. Quintavallis* (1204), Po 2108 = 3 Comp. 2.15.9 = X 2.24.23.

349 Vgl. *Schmitz*, *Hermann Joseph*, Die Bussbücher und die Bussdisciplin der Kirche. Nach handschriftlichen Quellen dargestellt. I, Graz, 1958, S. 834.

„[...] Item quia potest servari sine interitu salutis aeternae; cum sit licitum, quod iuratum est, ergo est servandum. 22. quaest. 4. si aliquid. ext. eod. si vero. [C.22 q.4 c.6; 1 Comp. 2.17.4=X 2.24.8] [...]"[350]

Das Seelenheil, das bereits in den oben genannten Dekretalen von Alexander III. und Innozenz III. das entscheidende Kriterium für die Verbindlichkeit des Eides war, erschien in den untersuchten Quellen in dem *c. Pactiones* erstmals im Zusammenhang mit *pacta*. So wurde nunmehr durch Gregor IX. die Lehre vom Eid, auch was die inhaltliche Begrenzung der Bindungswirkung betrifft, auf die *pacta* übertragen. Die Aufnahme und Fortführung dieser Entwicklung in der Kanonistik zeigte sich später an der Kommentierung der Stelle‚*cessare*' aus X 1.35.8, die das *pactum* betrifft, durch Bernardus Parmensis. Dieser verwies dort zur Exemplifizierung seiner Ausführungen zum *pactum* auf einen Abschnitt des *Decretum Gratiani* bezüglich des Eides:

„[...] de iuramento habes multa exempla. 22. q. 4. si aliquid [C.22 q.4 c.6] et c. non est observandum. [C.22 q.4 c.13] et in pluribus aliis capitulis ibidem."[351]

d. Ergebnis

An der Entscheidung von Gregor IX. aus dem *c. Pactiones* (X 1.35.8) zeigt sich, wie bedeutend das Argument des Seelenheils beziehungsweise der Vermeidung des Sündigens für die Entwicklung des Vertragsrechts in der Kanonistik war. Es fungierte nicht nur als Argument für die Verbindlichkeit einfacher Versprechen und *pacta,* sondern auch als Argument dagegen, als Kriterium zur Begrenzung der Bindungswirkung. Durch die Berufung auf das *animae detrimentum* und somit auf die *salus aeterna* erhielt der von den Kanonisten im Zusammenhang mit den *pacta* bisher gebrauchte inhaltliche Maßstab der *turpitudo* beziehungsweise der *boni mores* eine weitere, der kirchlichen Lehre insgesamt, auch unter Berücksichtigung der Theologie, entsprechende Dimension.

Nach der Lehre der Theologie beurteilten sich die guten Sitten danach, was zum ewigen Heil führte.[352] Vor diesem Hintergrund stellte Gregor IX. zur inhaltlichen Begrenzung von *pacta* direkt auf das Seelenheil ab und führte so in das

---

350 *Raymundus de Penyaforte, Summa Sancti Raymundi de Peniafort [...] de poenitentia, et matrimonio cum glossis Ioannis de Friburgo, Romae*, 1603, S. 87, Sp.2, *De iuramento, et periurio, § 3.*

351 *Bernardus Parmensis, Gregorii Papae IX. Decretales cum glossis, Venetiis*, 1615, fol.317, Sp.2, Glosse‚*cessare*' zu X 1.35.8.

352 S.o. B. II. 3.

Recht vom *pactum* ein speziell kanonistisches Kriterium ein. Dabei lief die Begrenzung der Bindungswirkung von Vereinbarungen in der Kanonistik argumentativ mit der Begründung der Bindungswirkung des Eides, von Versprechen sowie schließlich auch von Vereinbarungen in der Theologie einher.

Nach der Theologie handelte es sich bei den guten Sitten weder um eine rein äußerliche Handlungen betreffende Norm, noch um einen Wert an sich, wie es nach römisch-rechtlichem Verständnis der Fall war. Soweit demnach die guten Sitten in der Kanonistik als Kriterium für die Zulässigkeit von Vereinbarungen verschiedener Art berücksichtigt wurden, hatten diese bereits aus diesem Grunde eine über die weltlichen Realitäten hinausgehende Funktion. Diese kam in der Verbindung mit der *salus animarum* beziehungsweise der *salus aeterna* explizit zum Ausdruck. Es war letztlich das Seelenheil, das durch die Befolgung der guten Sitten bewahrt werden sollte, so dass Gregor IX., was die Bestimmung zulässiger Inhalte von *pacta* betraf, direkt darauf Bezug nahm.

Nach Manlio Bellomo stellte die Berücksichtigung der über die irdische Wirklichkeit hinausgehenden Umstände, wie das angestrebte ewige Heil, neben den übrigen Bedürfnissen und Lebensumständen der Menschen des späten Mittelalters einen entscheidenden Faktor für die Gestaltung der Rechtsordnung durch die Juristen dar.[353] Die oben genannten Beispiele zeigen die besondere Motivation der kirchlichen Juristen sowie den hohen Stellenwert der guten Sitten in der kirchlichen Glaubens- und Rechtslehre auf.[354] Damit bestätigt sich die These, dass die kirchliche Rechtswissenschaft den Rechtsgedanken der guten Sitten mit gegenüber dem *ius civile* neuer Bedeutung ausfüllte. Dass den Kanonisten die theologische Bedeutung der guten Sitten im Hinblick auf das ewige Leben bewusst war, zeigt sich an den Ausführungen, die Hostiensis in seiner Summe zum *Liber Extra* im Zusammenhang mit dem Bußsakrament machte:

> „*Omnis adeo quod bonus pastor pro ovibus suis etiam animam suam dabit, quas non propter speranda beneficia non propter consanguinitates, vel affinitates, sed propter hoc tantum quod sunt naturae suae participes, tenetur dirigere ad bonos mores ad aeternam vitam consequendam earum saluti consulendo, et in earum peccatis, ac periculis sicut in suis propriis cogitando et eis subveniendo. de poen. distinct. 2 .§. ergo si charitatem Deo*

353 Vgl. *Bellomo, Manlio, Ius civile, ius canonicum*, società medievale, in: *Condorelli, Orazio/Roumy, Franck/Schmoeckel Mathias* (Hrsg.), Der Einfluss der Kanonistik auf die europäische Rechtskultur Bd. 1: Zivil- und Zivilprozessrecht, Köln/Weimar/Wien, 2009, S. 1–6, 6.

354 Vgl. B. II. 3.

exhibeamus. [D.2 c.5 de poenit., §2] & c. seq. [D.2 c.6 de poenit.] et §. qui vult. et §. hinc etiam. Aug. [D.2 c.16 de poenit.]"[355].

Die große Bedeutung der Liebe in diesem Zusammenhang wird an den von Hostiensis hierzu zitierten Stellen des *Decretum Gratiani* deutlich.

Die Fragen, die sich den Vertragsschließenden, dem Richter oder dem Rechtswissenschaftler, sei es Legist oder Kanonist im Zusammenhang mit Vereinbarungen stellten, waren vor allem jene nach deren Wirksamkeit und Durchsetzbarkeit. Daneben stellte sich ihnen jedoch auch die Frage nach der Vereinbarkeit mit jenen Normen, die die Folgen für das ewige Heil regeln. Die Antwort hierauf gab die Theologie. So waren letztlich das Bewusstsein dafür, dass jede menschliche Handlung, sei es im rechtlichen oder rein persönlichen Bereich, über die irdische Wirklichkeit hinausgehende Auswirkungen hat und die entsprechende Lehre in der Theologie ausschlaggebend für die Entwicklung, die das Recht vom *pactum* und seiner Wirksamkeit im kanonischen Recht und auch im *ius civile* nahm.[356]

In der Übertragung des Kriteriums des Seelenheils aus dem Bereich des Eides auf den des *pactum* durch Gregor IX. in X 1.35.8 fand die schrittweise Angleichung der Lehre von den einfachen *pacta* an die vom Eid ihre Vervollständigung und damit auch die Entwicklung des Vertragsrechts in der Kanonistik. Im Hinblick auf das letzte Ziel menschlicher Handlungen, das Seelenheil, stellten die guten Sitten jedoch nur das Mittel dar. Es stellt sich demnach an dieser Stelle die Frage, ob diese Entwicklung letztlich sogar eine Ersetzung des Kriteriums der *boni mores*, welches bereits im *ius civile*, wenn auch in anderer Bedeutung und Funktion bekannt war, durch die *salus aeterna* beziehungsweise *salus animarum* zur Folge hatte. Oder erfolgte nur in eine neue, der kirchlichen Lehre entsprechende Bezeichnung und Deutung der guten Sitten, wie sie beispielsweise im Werk von Thomas von Aquin sichtbar wird, als die die inneren und äußeren Handlungen des Menschen betreffende Komponente des Weges zum ewigen

355 *Hostiensis (Henricus de Segusio)*, Summe zum *Liber Extra (Summa aurea)*, 1570, fol.475v, Sp.1, *Liber quintus summae Hostiensis, de poenitentiis et remissionibus, n.53 (In quo tenetur sacerdos illi cuius confessionem audivit)*.

356 Dazu, dass es letztlich die menschlichen Umstände und die gesellschaftliche Realität gewesen seien, die zur einer entsprechenden Gestaltung der beiden Rechte geführt hätten und nicht die Kanonistik, losgelöst von der Lebenswirklichkeit der Menschen, das *ius civile* umgestaltet habe vgl. *Bellomo, Manlio, Ius civile, ius canonicum*, società medievale, in: *Condorelli, Orazio/Roumy, Franck/Schmoeckel Mathias* (Hrsg.), Der Einfluss der Kanonistik auf die europäische Rechtskultur Bd. 1: Zivil- und Zivilprozessrecht, Köln/Weimar/Wien, 2009, S. 1–6.

Heil neben dem Glauben. Um dies zu beantworten muss auch der Umgang der in der Zeit nach Gregor IX. wirkenden Juristen mit der Frage der *boni mores* und der *salus aeterna* beziehungsweise *animarum* im Zusammenhang mit Vereinbarungen berücksichtigt werden.

5. Die Dekretalisten

a. Die *Glossa ordinaria* von Bernardus Parmenis

Einer der Juristen, die sich in der Folgezeit mit dem *Liber Extra* beschäftigten, ist Bernardus de Botone (Parmensis, †1266[357]). Er behandelte die guten Sitten in seinem Kommentar, der *Glossa ordinaria*[358] zum *Liber Extra*, anhand der Erläuterung verschiedener Stellen, unter anderem unter den Titeln *de pactis, de foro competenti, de iureiurando, de sententia et re iudicata, de sponsalibus et matrimonio, de deposito* und *de donationibus inter virum et uxorem et de dote post divortium restituenda.*

Die Lehre von der Sittenwidrigkeit im Zusammenhang mit Vereinbarungen knüpfte er an den *c. Antigonus* (X 1.35.1) und die oben behandelte Dekretale Gregors IX., *c. Pactiones* (X 1.35.8)[359], aus dem Titel *de pactis.* Daneben behandelte er die Sittenwidrigkeit des *pactum* im Rahmen der Kommentierung des *c. Etsi necesse sit*[360] (X 4.20.5, *de donationibus inter virum et uxorem et de dote post divortium restituenda*).

Weiter nannte Bernardus Parmensis die *boni mores* im Zusammenhang mit der Wirksamkeit des Eides in der Kommentierung zu *c. Quemadmodum* von Innozenz III. (X 2.24.25, *de iureiurando*)[361] neben dem Seelenheil.[362]

---

357 Vgl. *Pennington, Kenneth,* Medieval Canonists, http://faculty.cua.edu/Pennington/1140a-z.htm, Seitenaufruf vom 03.02.2015.

358 Die erste Fassung entstand von 1234 bis 1241, die letzte Redaktion erfolgte 1263. Vgl. *Pennington, Kenneth,* Medieval Canonists, http://faculty.cua.edu/Pennington/1140a-z.htm, Seitenaufruf vom 03.02.2015.

359 Po 9568 (1227–1234).

360 *Innozenz III.*, 1199, Po 716).

361 Po 3168 (1207).

362 Bereits Tancred bemerkte in der Glossierung des *c. Cum contingat* (1210, Po 4006, 4 Comp. 4.9.1 = X 2.24.28, *de iureiurando*), dass selbst dann, wenn bei Erfüllung des Eides das Seelenheil bewahrt würde, der Eid unter Umständen nicht erfüllt werden müsse. Hierzu zitierte er einen weiteren solchen Fall aus dem *c. Quintavallis* (1204; Po 2108, 3 Comp. 2.15.9 = X 2.24.23). Er setzte diese Durchbrechung der Bindung des Eides jedoch nicht in Zusammenhang mit den *boni mores.* Vgl. *Tancred, Apparatus* zur *Compilatio tertia,* MS Vat. lat. 2509, fol.198^r.

Wie Tancred in seinem Glossenapparat zur *Compilatio prima* knüpfte auch Bernardus Parmensis seine Ausführungen zur Bindungswirkung einfacher *pacta* an die Kommentierung des *c. Antigonus* (X 1.35.1) im Rahmen der Stelle ‚*pacta custodiantur*'.

> *„§ Pacta custodiantur.] […] Et ita est arg. quod pacta legitima custodiantur. 20. q. 1. puellae in fi. [C.20 q.1 c.8] et 22. q. 4. innocens. [C.22 q.4 c.23] et 18. q. 2. Eleutherius. [C.18 q.2 c.30] Pacta enim legitima, quae neque dolo malo. neque adversus leges, neque quib. fraus alicui fiat. facta sunt, seruabo ait praetor .ff. de pact l. iurisgentium .§. ait praetor. [D. 2.14.7.7] Pactum vero quod dolo initum est non valet. infra de rerum permu. ea. cum universorum. C. de excep. et praescript .l. adversus [C. 8.35.3]. Item si alteri sit captiosum .ff. de rescin.uendi. si is quod pure. in fi [D. 18.5.7.1 a.E.] 1 Item si sit contra bonos mores, C. de inutilibus stipul. ex eo. [C. 8.38.4] 2 Item quod obseruatum vergit ad dispendium salutis aeternae, non tenet. infra eo. pactiones. [X 1.35.8] vbi de hoc. Item habes hic arg. quod ex nudo pactio oritur actio. 12. q. 2. quicunque suffragio. [C.12 q.2 c.66] et q. 5 quia Ioan. [C.12 q.5 c.3] licet sit contra secundum leges .ff. de pact .l. iuris gentium. § quinimmo.[D. 2.14.7.5] igitur nuda pactio obligationem non parit, sed parit exceptionem: quia mortaliter peccat recedendo a pacto. arg. 22. q. 1. praedicandum.[C.22 q.1 c.17] quia inter simplicem loquelam et iuramentum non facit Deus differentiam. 22. q. 5. iuramenti. [C.22 q.5 c.12] De hoc dic, ut habes 12. quaest. 2. c. quicunque suffragio. [C.12 q.2 c.66]"*[363]

Dabei machte auch Bernardus Parmensis die Einschränkung, dass nur *pacta legitima* zu befolgen seien. Hierzu zitierte er die *canones* C.20 q.1 c.8, C.22 q.4 c.23 und C.18 q.2 c.30. Die erste Stelle handelt davon, dass Frauen, die sich einmal nach freiem Entschluss für das geweihte Leben entschieden und den Habit angenommen hätten, pflichtwidrig handeln würden, wenn sie später heiraten würden. Eine solche Eheschließung stellte nach Bernardus also kein *pactum legitimum* dar. Ebenso nicht ein *pactum*, bei dessen Abschluss einer der Beteiligten getäuscht und hintergangen wird, wie es in dem Beispiel aus dem von Bernardus zitierten *c. Innocens* (C.22 q.4 c.23) der Fall ist.

Im Anschluss an die oben genannten *canones* erläuterte Bernardus, wann ein *pactum legitimum* sei, nämlich wenn keine Arglist vorliege, nicht gegen die Gesetze verstoßen werde und durch das *pactum* niemand betrogen werde[364],

---

363 *Bernardus Parmensis*, *Glossa ordinaria* zum *Liber Extra*, 1615, fol.314, Sp.2, fol.315, Sp.1, Glosse ‚*pacta custodiantur*' zu *c. Antigonus* (X 1.35.1; 348).

364 Nach D. 2.14.7.7 darf das *pactum* nicht unter Arglist geschlossen worden sein, nicht gegen Gesetze, Plebiszite, Senatsbeschlüsse, Entscheidungen oder Edikte der Kaiser sowie Entscheidungen des Prätors verstoßen oder die Regelungen dieser Rechtsquellen umgehen. (S. die Übersetzung von *Christoph Krampe* in: *Behrends, Otto/Knütel, Rolf/Kupisch, Berthold/Seiler, Hans Hermann* (Hrsg.), *Corpus iuris civilis.* Text und Übersetzung. Auf der Grundlage der von Theodor Mommsen und Paul Krüger

wozu er die Digestenstelle D. 2.14.7.7 zitierte. Im Anschluss führte Bernardus als Nichtigkeitsgründe die Arglist an, wenn das *pactum* jemandem verfänglich sei sowie wenn es gegen die guten Sitten verstoße. Letzteres begründete er mit der Codexstelle C. 8.38.4, die den Fall der *stipulatio* bezüglich einer künftigen Erbfolge betrifft. Die Codexstelle führt am Ende allgemein aus, dass *pacta* und *stipulationes*, deren Inhalt gegen die guten Sitten verstoßen nichtig seien. Was die Sittenwidrigkeit betrifft, bezog sich Bernardus also allein auf das *ius civile*. Als letzten Nichtigkeitsgrund nannte er jedoch den Fall, dass die Befolgung auf den Verlust des ewigen Heils gerichtet sei, wozu er allein die Dekretale von Gregor IX. aus X 1.35.8 zitierte.

Bernardus stellte hierdurch die Frage der Bindung durch einfache *pacta* nicht nur in einen engen Zusammenhang mit den bislang bekannten Nichtigkeitsgründen des *ius civile*, sondern auch mit dem durch Gregor IX. in X 1.35.8 in das Recht vom *pactum* eingeführten Kriterium des Seelenheils. Die kanonistische Lehre von der Verbindlichkeit einfacher *pacta*, die schon Bernhard von Pavia[365] an dem *c. Antigonus* (1. Comp. 1.26.1 bzw. X 1.35.1) festmachte, wurde somit seit der Aufnahme des *c. Pactiones* (X 1.35.8) in den *Liber Extra* von den nachfolgenden Juristen ergänzt. Dies geschah insofern, als dass die Bindungswirkung des *pactum nudum* neben der Voraussetzung, dass das *pactum legitimum* sein musste und nicht gegen die guten Sitten verstoßen durfte, erforderte, dass die Erfüllung nicht zu einem Verlust des Seelenheils führte. Bernardus sprach in seiner Beschreibung des *casus* im Rahmen von X 1.35.8 sogar davon, dass bereits im Falle einer Gefahr für die Seele das *pactum* nicht wirksam sei.[366]

Die *boni mores* wurden in der Kanonistik unter Bernardus Parmensis in ihrer legistischen Bedeutung unter Berufung auf das *ius civile* weiterhin als Unwirksamkeitsgrund genannt. Sie wurden jedoch als das legistische Kriterium zur inhaltlichen Begrenzung von Vereinbarungen durch das theologische Kriterium der *salus aeterna* ergänzt. In diesem Sinne wurde die Entscheidung von Gregor IX. aus X 1.35.8 verstanden und in der Lehre berücksichtigt.

---

besorgten Textausgabe. Band 2: Digesten 1–10, Heidelberg, 1995, S. 229, Fn. 1). Bernardus Parmensis dagegen bezog die Umgehung nicht auf die *leges*, sondern spricht von dem Hintergehen irgendjemandes („*neque quibus fraus alicui fiat.*“ *Bernardus Parmensis*, *Glossa ordinaria* zum *Liber Extra*, 1615, fol.314, Sp.2, fol.315, Sp.1, Glosse ‚*pacta custodiantur*‘ zu *c. Antigonus* (X 1.35.1; 348).

365 Vgl. *Landau, Pacta sunt servanda*, 2003, S. 466.

366 Vgl. *Bernardus Parmensis*, *Glossa ordinaria* zum *Liber Extra*, 1615, fol.317, *casus* zu X 1.35.8.

Die kanonistische Lehre bezüglich der möglichen Inhalte von *pacta* setzte also zunächst nicht bei einer spezifisch theologischen Deutung des dem klassischen römischen Recht entnommenen rechtlichen Begriffs der guten Sitten an. Eine solche kanonistische Umdeutung durch Einführung der theologischen Definition der guten Sitten wäre durchaus denkbar gewesen. Die Kanonistik ging jedoch einen anderen Weg, indem das theologische Kriterium des Seelenheils direkt in das Recht eingeführt wurde, ohne den Umweg über eine ausdrückliche kanonistische Deutung der *boni mores* zu nehmen. Der Bezug des Kriteriums des Seelenheils zu dem theologischen Begriff der guten Sitten, wie er sich bei Petrus Lombardus und Thomas von Aquin fand, war jedoch unabhängig davon gegeben. Er ist bei der Betrachtung der Entwicklung der Idee der Nichtigkeit sittenwidriger Rechtsgeschäfte nicht aus dem Blick zu verlieren.

Die Etablierung der *salus aeterna* als Wirksamkeitskriterium zeigt sich bei Bernardus auch im Rahmen der Kommentierung des *c. Pactiones*[367], in welchem Gregor IX. das Kriterium des Seelenheils auf das *pactum* anwandte. Bernardus ging dort zunächst im Rahmen der Stelle ‚*cessare*' auf die Frage der Simonie, die Veräußerung geistlicher Güter,[368] ein.[369] Hierzu nannte er unter anderem eine Entscheidung von Papst Innozenz III. aus dem Jahre 1207[370], die unter dem Titel *de simonia* in den *Liber Extra* aufgenommen wurde. Die Dekretale von Innozenz III. hatte wie die kommentierte Stelle X 1.35.8 die Simonie zum Gegenstand. Innozenz III bestimmte in der Entscheidung, unter welchen Umständen sich ein Geistlicher der Simonie schuldig mache. Er bediente sich dabei der gleichen Formulierung wie Gregor IX. im *c. Pactiones*, als er verlangte, dass *pacta* und *conventiones*, die Simonie zum Gegenstand hätten nach den kirchlichen Bestimmungen gänzlich aufhören müssten:

„*[…] in talibus omnis pactio ac conventio cessare debeant iuxta canonicas sanctiones.*"[371]

Im Unterschied zu Innozenz III. ging Gregor IX. in seiner Entscheidung aus *c. Pactiones* über den Gegenstand der Simonie hinaus. Er urteilte allgemein über auf eine Schädigung des Seelenheils gerichtete Vereinbarungen. Innozenz III. wies in seiner Entscheidung ausdrücklich darauf hin, dass ihm nur

---

367 Po 9568 (1227–1234) = X 1.35.8.

368 Zur Simonie s.o. S. 103f.

369 Vgl. *Bernardus Parmensis, Glossa ordinaria* zum *Liber Extra,* 1615, fol.317, Sp.2, Glosse ‚*cessare*' zu X 1.35.8.

370 S. *c. Tua nos duxit, Innozenz III.,* 1207, Po 3235 = X 5.3.34.

371 *C. Tua nos duxit* (*Innozenz III,* 1207), Po 3235 = X 5.3.34, in: Die Register Innocenz' III., Bd. 10, Wien, 2007, S. 279f, 279.

über den vorliegenden Fall zu entscheiden aufgegeben sei, bevor er dann doch Ausführungen zu hypothetischen, anders gearteten Fallkonstellationen machte. Er tätigte demnach wie Gregor IX. allgemeine Aussagen über den gegebenen Anlass hinaus. Anders als in seiner Entscheidung im Rahmen des Eidesrechts[372] ging er jedoch in dieser Entscheidung in seiner Argumentation nicht wie Gregor IX. den Schritt zu dem allgemeineren Kriterium des Seelenheils. Er bezog auch nicht wie Gregor. IX. die *legitimas sanctiones*, das weltliche Recht, in seine Argumentation ein.

Nach den Ausführungen zu den unerlaubten Vereinbarungen über geistliche Gegenstände, die aufhören müssten, weil sie zu Simonie führen würden, fügte Bernardus gemäß der kommentierten Entscheidung *c. Pactiones*[373] hinzu, dass dies auch gelte, wenn das *pactum*, ein Versprechen oder auch ein Eid auf eine Schädigung der Seele gerichtet seien.

„*§ Cessare] […] Item si huiusmodi pactum sive promissio, autem etiam iuramentum vergat in animae detrimentum, ut hic dicit, si solus hominem spoliare non possit, inveniat socium cum quo paciscatur ut simul id faciant, et dividant spolia. 22. q. 4. si ad peccatum [C.22 q.4 c.20], et c. mulier [C.22 q.4 21] non enim fert opem quia adiuvat ad peccandum. 14. q. 6. si res. [C.14 q.6 c.1] de iuramento habes multa exempl. 22. q. 4. si aliquid et c. non est observandum [C.22 q.4 c.6+13] et in pluribus alijs capitulis ibidem.*“[374]

Durch den Verweis auf das Eidesrecht, in dem bereits zuvor Innozenz III. und Alexander III. das Kriterium des Seelenheils anwandten, wird der Gleichlauf deutlich, der nun in der Kanonistik zwischen den Verbindlichkeitsvoraussetzungen des *pactum* und des Eides bestand.

Bernardus verwies zu dem Kriterium der Schädigung der Seele auf C.22 q.4 c.20. Dieser enthält einen Auszug des vierten Kapitels aus der Abhandlung von Augustinus über das Gut der Ehe *(de bono conjugali)*[375]. Dort behandelte Augustinus die Treue *(fides)*, die die Ehegatten einander schulden und betonte dabei ihre besondere Bedeutung. Dabei ging er so weit, dass es ihm zwar in dem Fall, dass die Treue zur Begehung einer Sünde ausgenutzt werde, seltsam erschien, von *fides* zu sprechen. Dennoch beurteilte er eine dieser Art von *fides* entgegen stehende Tat als äußerst schlechte Tat. Augustinus billigte nur dann ein

372 Vgl. X 2.24.28, Po 4006 (1210).

373 X 1.35.8 (1227–1234), Po 9568.

374 *Bernardus Parmensis, Glossa ordinaria* zum *Liber Extra,* 1615, fol.317, Sp.2, Glosse *'cessare'* zu X 1.35.8.

375 Vgl. *Augustinus, S. Aurelii Augustini Hipponensis Episcopi De bono conujugali liber unus, cap. IV*, in: *Migne, Jacques Paul* (Hrsg.), *Patrologiae cursus completus, series latina prior, patrologiae latinae tom. XL., Lutetiae Parisiorum*, 1861, Sp.375f.

Außerachtlassen der *fides*, wenn dadurch zu der wahren und richtigen *fides*, wie der gegenüber dem Ehegatten, zurückgekehrt würde. In diesem Fall lag nach Augustinus in der gebrochenen *fides* also keine wahre *fides* vor und der Bruch des Versprechens geschehe gerade zu Gunsten der wahren *fides*.

Hierzu machte Augustinus zur Verdeutlichung das Beispiel, dass zwei Personen vereinbarten, gemeinsam einen Raub zu begehen und die Beute zu teilen, wobei nach Begehung des Raubes der eine die Beute nicht an den anderen herausgab. Dem so Hintergangenen gestand Augustinus nicht zu, sich auf die *fides* zu berufen und dies zu beklagen. Er gab ihm vielmehr zu bedenken, dass wenn er fühle, auf welch ungerechte Weise ihm die Übereinkunft in der Sünde *(in peccati societate)* nicht gewahrt worden sei, er besser durch ein gutes Leben die menschliche Gesellschaft *(humanae societati)* gewahrt hätte. Diese Passage, in der Augustinus den Fall des Missbrauchs der *fides* durch eine Übereinkunft zur Begehung einer Sünde und den späteren Bruch dieser „*fides*" behandelte, nahm Gratian in C.22 q.4 c.20 auf. Damit wurde sie in der vierten *quaestio* der 22. *causa* unter *canones* eingereiht, die die Bindung durch Eid zum Gegenstand haben.

Die *fides* spielte in der Kanonistik hierfür eine entscheidende Rolle. So war es nach Augustinus auch die *fides*, nämlich die von ihm als wahre und richtige bezeichnete, jene innerhalb der menschlichen Gesellschaft, die es rechtfertige, eine *fides*, die zur Begehung einer Sünde missbraucht worden sei, zu brechen. Diese Ausführungen von Augustinus aus dem Kontext der *fides* und des Eides zog Bernardus durch die Zitierung des C.22 q.4 c.20 zu dem ebenfalls dem Eidesrecht entstammenden Kriterium des *animae detrimentum* aus X 1.35.8 heran.[376]

Neben dem *canon* C.22 q.4 c.20 zitierte Bernardus auch C.22 q.4 c.21, der ebenfalls die eheliche Treue *(fides)* betrifft, und schloss seine Ausführungen mit der Feststellung, dass eine solche Vereinbarung nichts helfe, weil sie es unterstütze zu sündigen. Hierzu verwies er auf C.14 q.6 c.1. Dieser spricht von der Notwendigkeit, die Sache, wegen der gesündigt worden sei, zurückzugeben, damit die Buße wirksam sei. Bernardus konkretisierte dadurch das Kriterium des Seelenheils. Nach den zitierten Stellen des *Decretum Gratiani* waren die durch die Vereinbarung anvisierte Sünde in Form der Begehung des Raubes (vgl. C.22 q.4 c.20), die Begehung der Sünde des Ehebruchs (vgl. C.22 q.4 c.21) und die Verhinderung der wahren Buße durch Einbehaltung der Beute (vgl.

376 Was den Eid betrifft, den er neben dem *pactum* und dem Versprechen in der Glosse ‚*cessare*' zu X 1.35.8 nannte, verwies er ebenfalls auf C.22 q.4, nämlich auf die *canones* 6, 13 und auf „viele andere", vgl. *Bernardus Parmensis*, *Glossa ordinaria* zum *Liber Extra*, 1615, fol.317, Sp.2, Glosse ‚*cessare*' zu X 1.35.8.

C.14 q.6 c.1) der Grund, warum die *fides* nicht gehalten werden musste beziehungsweise keine echte *fides* angenommen wurde. Die Sünde ist es auch, die das Seelenheil gefährdet, so dass eine Vereinbarung, die darauf abzielt, nicht wirksam sein sollte, wie es Bernardus ausdrücklich formulierte. Der Mechanismus wurde durch Gregor IX. in seiner Entscheidung in X 1.35.8 verkürzt. Er argumentierte dort nicht wie Augustinus oder Gratian mit Augustinus mit der *fides*, die im Falle der Vereinbarung einer Sünde nicht vorliegen solle oder mit der wahren *fides* in Bezug auf die menschliche Gesellschaft, die eine Nichtbeachtung der sündigen *fides* rechtfertige. Gregor IX. zog vielmehr unmittelbar das Kriterium des Seelenheils heran. Bernardus stellte in seiner Kommentierung jedoch den Zusammenhang zwischen dem Seelenheil beziehungsweise der Sünde und der *fides* her. Die guten Sitten dagegen spielten bei Bernardus an dieser Stelle im Zusammenhang mit der Bindungswirkung von *pacta* keine Rolle.

An anderer Stelle, in seiner Glosse *'legitimas'* zu X 1.35.8 *(de pactis)*, erläuterte Bernardus Parmensis zwar nicht ausdrücklich die Lehre bezüglich der Sittenwidrigkeit von Vereinbarungen, so jedoch die Lehre von den schändlichen *pacta (pacta turpia)*. Die Stelle betrifft die zivilistische Argumentation Gregors IX. aus dem *c. Pactiones* mit den *legitimas sanctiones*, die laut Gregor IX. schändlichen *pacta* sowie *pacta* über schändliche oder unmögliche Gegenstände die Wirksamkeit absprächen.[377]

Bernardus Parmensis stellte in seiner Glosse *'legitimas'* zu X 1.35.8 zunächst die Lehre des *ius civile* bezüglich schändlicher *pacta* dar und führte ergänzend an, dass auch nach dem kanonischen Recht *turpes promissiones* und damit auch solche *pacta*, wie es bereits Papiensis vor ihm ausgeführt hatte, nicht verpflichten würden.[378]

> „*Legitimas.] Secundum leges turpe pactum non tenet .ff. de verborum obligationibus generaliter. [D. 45.1.26] Turpe pactum dicitur sive turpis res puta si quis promittat se facturum homicidium vel sacrilegium.ff. de ver. obl .l. veluti [D. 45.1.47] & Insti. de inut. stipul .§. quod turpi [Inst. 3.19.24]. Item pactum qui continet turpem causam, non tenet, puta si paciscar ne furti agam, uel iniuriarum, ff. de pac. si unus.§. pacta. [D. 2.14.27] secundum canones etiam turpes promissiones non tenent. 22. q. 4. vnusquisque. & cap. in malis promissis. & cap. non semper promissa. & c. diffinitio. & c. si ad peccatum. & c. mulier. [C.22 q.4 c.8+5+12+17+20+21] & hoc est pactum turpis rei. Pactum turpe*

377 Vgl. X 1.35.8, Po 9568 (1227–1234).

378 Es ist nicht ersichtlich, dass Bernardus Parmensis hier zwischen einseitigen *(promissiones)* und zweiseitigen Versprechen *(pacta)* unterscheiden wollte. Seine Ausführungen implizieren, dass in der Kanonistik auch *pacta* im Fall der *turpitudo* nicht verpflichteten.

dici potest quod sit de turpi re, ut c. si. ad peccatum [C.22 q.4 c.20]. Et pactum dicitur turpe quod fit etiam de re sacra, sive spirituali. vt hic, & in omnibus quae in sua natura bona et licita sunt, sed per pactum sunt illicita. Item pactum de rei cuius commercium per rerum naturam haberi non potest, nullius est momenti, ff. de reg. iur. impossibilium. [D. 50.17.185][379] *ff. de verb. obl. si stipuler. [D. 45.1.38.20] & Inst. de inutilib. stipul. circa prin. 2 [Inst. 3.19.2] et generaliter pactum quod contra leges & constitutiones vel contra bonos mores fit, nullius est momenti. C. de pact. pacta. quae. [C. 2.3.6] ff. sol. matr. alia .§. I. [D. 24.3.14.1] Vel contra senatusc. plebiscita, decreta, edicta principium .ff. de pact. iuris gen .§. praetor. [D. 2.14.7.7] Sic & impossibile praeceptum nullum est, siue sententia .ff. quae sententiae sine apella. rescin. Paulus. [D. 49.8.2.pr.]*"[380]

An dieser Stelle zitierte Bernardus verschiedene *canones* aus dem zweiten Teil des *Decretum Gratiani*, die schändliche Versprechen und Eide betreffen. Damit gab er nach der Darstellung der zivilistischen Lehre davon, wann ein Fall der *turpitudo* vorliege, einen Überblick über die kanonistische Lehre diesbezüglich. Das entscheidende Argument und Kriterium war auch hier die Sünde, wie an dem zweifach genannten Kanon C.22 q.4 c.20 deutlich wird.

Nach der Aufzählung der verschiedenen Fälle des *pactum turpe* nach dem *ius civile* und dem *ius canonicum*, schloss er seine Ausführungen zusammenfassend mit der Aussage, dass generell ein *pactum*, das gegen die *leges, constitutiones* oder die guten Sitten verstoße, nichtig sei. Diese allgemeine Regel begründete er in seiner *summa* zur *Compilatio prima* wie Bernardus Papiensis mit der Codexstelle C. 2.3.6, die dies allgemein formuliert, sowie mit D. 24.3.14.1. In der Digestenstelle wird einer Vereinbarung, die den Ehemann bei der Scheidung für mehr haften lässt, als er zu leisten im Stande ist, wegen Verstoßes gegen die guten Sitten die Wirksamkeit abgesprochen. Durch den Abschluss der Ausführungen zu der *turpitudo* durch diese allgemeine Aussage wird deutlich, dass Bernardus den Fall des Verstoßes gegen die guten Sitten mit dem Fall der *turpitudo* gleichsetzte. Für eine allgemeinere Verwendung des Ausdrucks des Verstoßes gegen die guten Sitten und damit einen überschießenden Gehalt des Begriffs finden sich hier keine Anhaltspunkte. Es ist demnach davon auszugehen, dass die kanonistische Lehre unter die Sittenwidrigkeit die oben genannten Fälle der *turpitudo* subsumierte. Hierzu war zuerst der Fall der Sünde zu nennen, daneben auch das *pactum* über heilige oder geistliche Gegenstände oder allgemeiner über Gegenstände, die an

---

379 „*Idem [Celsus] libro octavo digestorum Impossibilium nulla obligatio est.*" In: *Corpus iuris civilis.* Ed. *Krüger/Mommsen*, I, 1911, S. 915, Sp.2.

380 *Bernardus Parmensis, Glossa ordinaria* zum *Liber Extra*, 1615, fol.318, Sp.1, Glosse *'legitimas'* zu X 1.35.8.

sich als erlaubt galten, die aber keinen tauglichen Gegenstand einer Vereinbarung darstellten, wie es bei der Simonie der Fall war.

Auf das Kriterium des Seelenheils, das Gregor IX. in X 1.35.8 unter Berufung auf die zivilistische Lehre von der *turpitudo* heranzog, ging Bernardus an dieser Stelle nicht ein. Der Grund hierfür mag darin liegen, dass die kommentierte Stelle *‚legitimas‘* lediglich die zivilistische Lehre *(legitimas sanctiones)* von der *turpitudo* betraf. Wenn er jedoch die *turpitudo* vor allem im Fall der Sünde annahm, stellte sie sich gerade als solchen Fall der Beeinträchtigung des Seelenheils dar und es erfolgte an dieser Stelle unter Bezugnahme auf die Theologie eine speziell kanonistische Deutung der *turpitudo*. Dies deutet zusätzlich zu der Einführung des kanonistischen Kriteriums der *salus aeterna* eine Entwicklung hin zu einer eigenständigen kanonistischen Deutung auch der *boni mores* an.

Die zweite Stelle, an der Bernardus Parmensis die *boni mores* im Zusammenhang mit dem *pactum* anführte, findet sich in seiner Glosse *‚ut si eam‘* zu X 4.20.5 *(de donationibus inter virum et uxorem)*:

> *„ut si eam.] Sub tali forma prohibetur contrahi matrimonium, ff. de verbo. obliga. si ista stipulatio. et C. de inut. stipu. liber. [C. 8.38.2] et sup. de sponsa. Gemma. [X 4.1.29] ubi de hoc. et istud pactum. perinde haberi debet, ac si non fuisset appositum. C. de condi. ob cau. da .l. 1. [C. 4.6.1] pactum enim contra bonos mores non valet .ff. sol. mat. alia .§. 1. [D. 24.3.14.1] et C. de pac. pacta quae [C. 2.3.6] et 8. di. quae. contra. mores [D.8 c.2].“*[381]

Zur Begründung zog er wie in der Kommentierung von X 1.35.8 die Stellen C. 2.3.6 und D. 24.3.14.1 sowie darüber hinaus D.8 c.2 heran.

Mit D.8 c.2 führte Parmensis einen *canon* ins Feld, der bislang nicht ausdrücklich im Zusammenhang mit der Sittenwidrigkeit ein- oder zweiseitiger Verpflichtungen genannt wurde. Er stammt erneut von Augustinus und betrifft unerlaubte Handlungen *(flagitia)* gegen die menschlichen Sitten. Das Argument der Sünde beziehungsweise des Seelenheils wird hier zwar nicht ausdrücklich genannt, in der Glosse *‘flagitia‘* zu der Stelle definierte Huguccio diese jedoch als *„[…] actus vel facta siue mala siue bona, dummodo non sint necessaria ad salutem nec in eorum vitatione fit contra mandata Domini.“*[382] Die Erläuterung des Tatbestandes der *flagitia* erfolgte sachlich anhand derselben Kriterien, mit welchen

381 *Bernardus Parmensis, Glossa ordinaria* zum *Liber Extra*, 1615, fol.1111, Sp.1, Glosse *‚ut si eam‘* zu X 4.20.5 (*C. Etsi necesse sit, Innozenz III.*, 1199, Po 716, ediert in: Die Register Innocenz‘ III., Bd. 2, Rom/Wien, 1979, S. 127ff.).

382 *Huguccio von Pisa, Summa decretorum. Tom. 1. Distinctiones I-XX (= Monumenta iuris canonici. Series A: Corpus glossatorum. Vol.6)*, Città del Vaticano, 2006, S. 133, Glosse *‚flagitia‘* zu D.8 c.2.

die Theologie die guten Sitten beschrieb. Daneben führte Huguccio in der Glosse *‚instaurandum‘* zu D.8 c.2 aus, dass immer eine Verpflichtung zur Erfüllung eines Eides bestehe, wenn dies ohne zu sündigen möglich sei.[383]

Die *salus aeterna* wurde auch von Bernardus Parmensis im Zusammenhang mit dem Eid und seiner Bindungswirkung herangezogen. Wie Tancred merkte er in der Glosse *‚oculos vel nasum‘* zu X 2.24.25 *(de iureiurando)* an, dass obwohl kein Verlust des ewigen Heiles drohe, ein Eid dennoch nicht beachtet werden müsse, wenn die stillschweigende Bedingung, dass sich die Umstände nicht veränderten, nicht eintrete. Es handelt sich bei dieser Konstruktion um die bereits erwähnte *clausula rebus sic stantibus*. Wenn die Erfüllung jedoch ohne den Verlust des ewigen Heils oder einen Verstoß gegen das Gesetz oder die guten Sitten nicht möglich sei, dürfe der Eid nicht beachtet werden.

> *„oculos, vel nasum.] sic patet quod iuramentum quandoque potest servari sine interitu salutis aeternae, et tamen non tenetur illud servare, sed hoc ideo est, quia hoxestas intelligitur in hoc iuramento, ut si res in eodem statu permanent, id enim tacite agitur, 22. quaest. 2. ne quis [C.22 q.2 c.14], et ff. de solut. cum quis. [D. 46.3.38.pr.] sed si iuramentum non posset servari sine interitu salutis aeternae, vel si esset contra leges vel bonos mores, servari non debet. sup. c. prox. [X 2.24.26] et c. Qintavallis. [X 2.24.23] et ff. de legat .l. si quis inquilinos .§. ul. [D. 30.112.4] ff. de le. et si quis. in prin. [D. 30.112.pr.] et ff. de iure patronatus. adigere [D. 37.14.6.pr.]“*[384]

Bernardus Parmensis formulierte hier nicht lediglich eine weitere Ausnahme von der Bindungswirkung des Eides im Falle der Sittenwidrigkeit, sondern ein Verbot dessen Befolgung im Falle des Verlustes des Seelenheils oder eines Verstoßes gegen die Gesetze oder die guten Sitten. Damit fügte er dem im Recht des Eides bisher bekannten Kriterium des *„interitum salutis aeterne“*[385] beziehungsweise *„dispendium salutis aeterne“*[386] als weitere die Gesetze und die guten Sitten hinzu. Zur Begründung zog er die Dekretalen X 2.24.26 *(c. Etsi*

---

383 Vgl. *Huguccio von Pisa, Summa decretorum. Tom. 1. Distinctiones I-XX (= Monumenta iuris canonici. Series A: Corpus glossatorum. Vol.6)*, Città del Vaticano, 2006, S. 136, Glosse *'instaurandum‘* zu D.8 c.2.

384 *Bernardus Parmensis, Glossa ordinaria* zum *Liber Extra*, 1615, fol.581, Sp.2, Glosse *‚oculos, vel nasum'* zu X 2.24.25, Po 3168 (1207).

385 *Alexander III.*, (1 Comp. 2.17.4 = X 2.24.8, JL 12293, 1173–1174), in: Ed. *Friedberg*, II, Sp.361f.; s.a. *Tancred, Apparatus* zur *Compilatio tertia*, MS Vat. lat. 2509, fol.198^{r}, Glosse *‚leges'* zu 3 Comp. 2.15.11.

386 *Innozenz III.* (4 Comp. 4.9.1 = X 2.24.28, Po 4006, 1210), in: Ed. *Friedberg*, II, Sp.371.

Christus)[387] und X 2.24.23 *(c. Qintavallis)*[388] sowie D. 30.112.4, D. 30.112.pr. und D. 37.14.6.pr. heran.

Die guten Sitten werden weder im *Decretum Gratiani* noch im *Liber Extra* als Grund für eine Durchbrechung der Bindungswirkung des Eides genannt. Bernardus Parmensis stellte sie jedoch mit der Gesetzmäßigkeit dem Seelenheil als weiteres Kriterium bei. So blieb das Begriffspaar der *leges* und der *boni mores*, gegen die gemäß C. 2.3.6 ein *pactum* nicht verstoßen darf, bei Bernardus Parmensis erhalten und wurde sogar auf die Lehre vom Eid übertragen. Dies spricht gegen eine Aufgabe oder Abwertung der guten Sitten zu Gunsten der *salus aeterna* als Kriterium für die Wirksamkeit von Versprechen in der Kanonistik.

Im Ergebnis ist festzuhalten, dass Bernardus Parmensis das Kriterium des Seelenheils aus X 1.35.8 als Maßstab für die Wirksamkeit von *pacta* übernahm und daneben auch an den guten Sitten als Wirksamkeitskriterium festhielt. Weiter zeigt sich in seinem Werk eine kanonistische Deutung der *turpitudo* durch das Kriterium der Sünde. Das Verhältnis der beiden Kriterien der *salus aeterna* und der *boni mores* ist dabei nicht im Sinne eines Über- oder Unterordnungsverhältnisses zu verstehen. Mit der *salus aeterna* trat vielmehr ein neuer Aspekt in die Lehre von der Verbindlichkeit des Eides und auch des *pactum* ein, der aus theologischer Sicht umfassender war als der dem *ius civile* entnommene Begriff der guten Sitten. Er stand mit diesem jedoch in einem sachlichen Zusammenhang. Wie auch die Legistik unternahm die Kanonistik an dieser Stelle keine Definition der *boni mores.* Sie zog auch zunächst nicht unmittelbar den in der Theologie vorhandenen und unter den Kanonisten bekannten Begriff der *boni mores* im Sinne der Befolgung der Gebote zur Begrenzung zulässiger Inhalte von *pacta* heran. Der bislang rein zivilistisch geprägte Begriff der *boni mores* wurde jedoch durch das theologische Kriterium des ewigen Heils *(salus aeterna)* ergänzt, das in der Theologie mit den *boni mores* in einem kausalen, funktionalen Zusammenhang stand. Insofern wurde in der Kanonistik das Kriterium der Sittenwidrigkeit, selbst wenn der Ausdruck der *boni mores* beziehungsweise der *turpitudo* teilweise unreflektiert aus dem *ius civile* übernommen worden sein

---

387 *"[…] servandum est quidem, dummodo sit licitum quod iuratur […]"* Innozenz III. (X 2.24.26, Po 2722, 1206), in: Ed. *Friedberg*, II, Sp.370.

388 *"[…] si rem noveris ita esse, cum licitum fuerit iuramentum sed mandatum illicitum, predictis filiabus Ioh(ann)is Bertii ut revocent mandantum illiud iniungas. Alioquin predictum Quint(auallem) ad mandati observationem illuius auctoritate nostra suffultus denunties non teneri."* Innozenz III. (X 2.24.23, Po 2108, 1204), in: Die Register Innocenz' III., Bd. 6, Wien, 1995, S. 374.

sollte, mit dem theologischen Gehalt des Begriffs der guten Sitten angereichert und um eine umfassendere, transzendente Dimension ergänzt.

Was die inhaltliche Begrenzung der *pacta* betrifft, erfolgte hierdurch in der Kanonistik eine Abgrenzung von der Lehre der Legistik, die die guten Sitten nicht mit einer über die Definition des klassischen römischen Rechts hinausgehenden Bedeutung anreicherte. Mit dem theologischen Kriterium des Seelenheils und der theologischen Deutung der *turpitudo* drang jedoch eine vorgesetzliche Wertungsebene in den Bereich des Rechts ein. Dies führte dazu, dass Vereinbarungen an einem Maßstab zu messen waren, der sich einer Disposition durch die Juristen, sei es der Legistik oder der Kanonistik, entzog. Die Beurteilung der Frage, wann der Inhalt einer Vereinbarung das ewige Heil der Beteiligten beeinträchtigte, erfolgte allein anhand des Kriteriums des Dekalogs beziehungsweise der Sünde.

An der kanonistischen Lehre vom *pactum* und seinen Wirksamkeitsvoraussetzungen wird so ein direkter Einfluss der Theologie auf die Privatrechtsordnung deutlich. Nicht nur der Grundsatz der Vertragsfreiheit im Sinne der Verbindlichkeit sämtlicher, auch formloser Vereinbarungen beruhte letztlich auf dem Dekalog. Auch die Ergänzung dieses Grundsatzes um das materielle Kriterium des Seelenheils folgte aus übergesetzlichen Geboten. Diese sind im Rahmen einer über die irdischen Tatsachen hinausblickenden Perspektive auf das ewige Heil des Menschen ausgerichtet. Das Recht der Kirche konnte sich, auch wenn es diesseitige rechtliche Handlungen und Rechtsfolgen betraf, nicht aus der Rechtsordnung herausnehmen, die der Dekalog, insbesondere das Gebot der Liebe zu dem einzigen Gott und dem Nächsten, als das Fundament eines jeden Gesetzes vorgab. Es zeigt sich die Unterordnung auch des Rechtes vom *pactum* unter ein dem menschlichen Recht vorrangiges Regime, auf das bereits Placentinus als „*naturalis summa*“[389] verwies.

Die Idee, dass der Inhalt von Vereinbarungen und Rechtsgeschäften allgemein nicht gänzlich disponibel ist, und dass die Begrenzung an einem übergesetzlichen Maßstab zu erfolgen hat, hat ihre Wurzel in der Theologie und fand durch die Lehre der Kanonisten ihren Weg in das Privatrecht, wo sie in § 138 BGB bis heute ihren Platz hat.

b. Die *Summa* von Goffredus de Trano

Die Untersuchung soll an dieser Stelle nicht enden. Es bleibt vielmehr weiterhin die Frage zu beantworten, wie sich die kanonistische Lehre in der Folgezeit

---

389 *Placentinus*, Summe zum *Codex*, 1536, 1962, S. 41, *de pactis*.

im Hinblick auf die *boni mores* entwickelte. Insbesondere stellt sich die Frage, ob und inwiefern die kirchliche Rechtslehre im Rahmen des Rechts vom *pactum* nicht nur das Kriterium des Seelenheils einführte, sondern dem Begriff der guten Sitten eine explizit christliche Deutung gab.

Goffredus de Trano stellte in seiner Summe zum *Liber Extra*, die vor 1243 entstand,[390] die kanonistische Lehre vom *pactum* dar, ohne ausdrücklich auf die *boni mores* Bezug zu nehmen. Auch an anderer Stelle, im Zusammenhang mit der Schenkung, sprach Goffredus de Trano von *turpitudo* und erwähnte die *boni mores* nicht. So könne beispielsweise ein Geschenk wegen der *turpitudo* des *pactum* zurückverlangt werden.[391]

Unter dem Titel *de pactis* unterschied Goffredus unter der Rubrik *divisiones pactorum duae sunt*[392] die *pacta utilia* (wirksame *pacta*) von den *pacta inutilia* (unwirksame *pacta*). Als einen Fall der *pacta inutilia* nannte er unter anderem solche, die bei Erfüllung zur Schädigung der Seele führen würden:

> „*[…] Item cessat in his, quae observata vergunt in animae detrimentum. Item pactum turpe, vel rei turpis, aut impossibilis de iure, vel de facto nullam obligationem inducit, ut inf. eod. titul. c. ultimo. [X 1.35.8] […]*“[393]

Dass Goffredus hier neben dem Kriterium des *animae detrimentum* die *turpitudo* anführte beruht darauf, dass er sämtliche in X 1.35.8 erwähnten Kriterien wörtlich herausgriff und der Reihe nach zitierte. So entnahm er der Entscheidung auch die Kriterien der *turpitudo* und der Unmöglichkeit, die Gregor IX. in der Entscheidung unter Verweisung auf das *ius civile* heranzog.

Anders als Bernardus Parmensis erwähnte Goffredus die *boni mores* nicht unter der Rubrik der Wirkung des *pactum.*[394] Er nannte an dieser Stelle vielmehr

---

390 Vgl. *Goffredus de Trano*, Summe zum *Liber Extra*, 1586. Datierung nach *Pennington, Kenneth*, Medieval Canonists http://faculty.cua.edu/Pennington/1140a-z.htm#Goffredus de Trano, Seitenaufruf vom 03.02.2015.

391 Vgl. *Goffredus de Trano*, Summe zum *Liber Extra*, 1586, fol.135^{v} *(de donationibus, n.10)*.

392 Vgl. *Goffredus de Trano*, Summe zum *Liber Extra*, 1586, fol.54^{v}, *(liber primus, de pactis, n.4)*. Die gleiche Unterscheidung nahm Azo in seiner *Summa Codicis* im Titel *de pactis* vor. Vgl. *Azo Porcius*, Summe zum *Codex*, 1506, S. 23 Sp.2, *de pactis*.

393 *Goffredus de Trano*, Summe zum *Liber Extra*, 1586, fol.54^{v}, Sp.2 *(liber primus, de pactis, n.4)*.

394 Er nannte sie anders als Bernardus Parmensis auch nicht im Bereich des Eides. Ein Eid war nach Goffredus vielmehr nicht zu befolgen, wenn er *illicitum* oder *temerarium* war: „*(…) Iuramenta autem illicita et temeraria servanda non sunt. ut. inf. eo. ti. c. quemadmodum et c. sicut nostris c. cum quidem et c. sicut ex literis. (…)*“, *Goffredus de Trano*, Summe zum *Liber Extra*, 1586, fol.105^{v} *(secundus liber, de iureiurando, n.10)*.

als Wirkung uneingeschränkt, dass das *pactum* zu befolgen sei und begründete anschließend die Bindungswirkung des *pactum nudum* in der Kanonistik im Gegensatz zur Legistik. Erst im Rahmen der letzten Rubrik des Titels *de pactis*, ‚*pactum omne an sit servandum*', führte er aus:

> „*In summa notandum est, quod omne pactum, quod servatum non exigit animae detrimentum, servandum est, ut dicimus in iuramento ut inf. de iureiurando c. si vero. [X 2.24.8] et 22. q. 4 cap. si aliquid [C.22 q.4 c.6], nec fit in damnum alterius, quamvis sit in damnum paciscentis ut inf. de iureiurando cap. cum contingat [X 2.24.28]. […]*"[395]

Nach Goffredus de Trano war allgemein jedes *pactum* zu halten, das nicht das Seelenheil oder Dritte beeinträchtige. Die Beurteilung der Bindungswirkung des *pactum* anhand des Kriteriums des Seelenheils entnahm Goffredus de Trano der Lehre bezüglich des Eides in X 2.24.8 und C.22 q.4 c.6.[396] Dabei entspricht die Formulierung *animae detrimentum*, die Goffredo de Trano wählte, nicht der in X 2.24.8, sondern der von Gregor IX. in X 1.35.8. Diese Stelle zog er bereits zuvor im Zusammenhang mit der Differenzierung der wirksamen *(utilia)* und unwirksamen *(inutilia) pacta* heran. In seiner abschließenden Beantwortung der Frage, ob jedes *pactum* zu halten sei, nannte Goffredus de Trano die Unversehrtheit der Seele und anderer Personen als maßgebliche Kriterien. Die *turpitudo*, die er an anderer Stelle unter Bezugnahme auf X 1.35.8 anführte, nannte er hier nicht mehr und auch die *boni mores* erwähnte er nicht. Es scheint, dass an dieser Stelle in der Kanonistik doch eine Ablösung der dem *ius civile* entliehenen Kriterien der guten Sitten und der *turpitudo* durch den theologisch geprägten Begriff des Seelenheils erfolgte.

An dieser Stelle zeigt sich erneut deutlich die enge Verbindung zwischen der Frage der Bindungswirkung des *pactum*, die in der kanonistischen Lehre an X 1.35.1 anknüpfte, mit dem Kriterium des Seelenheils, das in X 1.35.8 auf das *pactum* angewendet wurde. Dabei rückte in der kanonistischen Lehre vom *pactum* im Vergleich zu der legistischen Lehre, die noch nicht von einer Verbindlichkeit einfacher *pacta* ausging, der Aspekt der Bindung aus der Sicht des

---

Bernardus Parmensis dagegen entnahm den Dekretalen, die *iuramenta* bzw. *mandata (il)licita* betrafen, die Begründung für eine Ausnahme der Bindung des Eides sowohl im Fall des *interitum salutis aeternae,* als auch im Falle des Verstoßes gegen die guten Sitten. Vgl. *Bernardus Parmensis, Glossa ordinaria* zum *Liber Extra,* 1615, fol.581, Sp.2, Glosse ‚*oculos, vel nasum*' zu X 2.24.25 (1207; Po 3168).

395 *Goffredus de Trano*, Summe zum *Liber Extra,* fol.55r, Sp.1 *(liber primus, de pactis, n.9).*

396 Im Rahmen des Titels *de iureiurando* dagegen ging er nicht explizit auf das Kriterium des Seelenheils ein.

Verpflichteten in den Vordergrund. In der Legistik dagegen blieb es bei der Betonung des Aspektes der Durchsetzbarkeit. Im Rahmen der Summe wurde der Titel *de pactis* losgelöst von den einzelnen *canones* erläutert. Dabei wurde der Frage der Wirkung des *pactum* unter der Rubrik *effectus pactorum* eine besondere Stellung eingeräumt. Bei dieser Frage der Wirkung des *pactum* stand, wie bereits bei Bernhard von Pavia, auch bei Goffredus de Trano die grundsätzliche Bindungswirkung und damit Verpflichtung im Vordergrund, nicht die Möglichkeit der Durchsetzung. In diesem Zusammenhang wurden die Kriterien genannt, anhand welcher die Verbindlichkeit des *pactum* verneint wurde und dieser damit unwirksam war.[397] Unter diesen Kriterien trat in der Kanonistik bei Goffredus de Trano das Seelenheil in den Vordergrund.

In der Legistik dagegen hatten die *boni mores* und die *turpitudo* als Wirksamkeitskriterien allein im Rahmen einer Aufzählung der unterschiedlichsten Merkmale, anhand derer verschiedene Arten von *pacta* unterschieden wurden, unter der *utilitas* bzw. *inutilitas*, ihren Platz. Dahinter stand ein grundsätzlich unterschiedlicher Blickwinkel aus dem das Recht vom *pactum* in Legistik und Kanonistik betrachtet wurde. Der Legistik ging es um die Frage, wie eine Vereinbarung beschaffen sein musste, damit sie wirksam war. Dies äußerte sich darin, dass sie zu einer Klagemöglichkeit verhalf. Es ging demnach letztlich um die Frage, ob die Vereinbarung durchgesetzt werden konnte. Aufgrund der starken Prägung des klassischen römischen Rechts durch das Aktionensystem war dies der Blickwinkel, der die legistische Lehre vom *pactum* und dessen Sittenwidrigkeit prägte.

Die Kanonistik dagegen behandelte die Thematik unter dem Blickwinkel des durch die Vereinbarung Verpflichteten. Für die Wirksamkeit einer Verpflichtung bedurfte es keiner besonderen Voraussetzungen wie einer *actio* oder eines *vestimentum*. Schon das einfache formlose Versprechen hatte eine Bindung des Versprechenden zur Folge und es galt zu vermeiden, dass durch den Bruch des Versprechens gesündigt wurde, da der Bruch einem Meineid gleich kam. Die entscheidende Handlung, die die Kanonistik im Blick hatte, war die des Verpflichteten, der die Vereinbarung entweder einhielt oder nicht und damit sein Wort brach. Diese starke Betonung der Verpflichtung, Wort zu halten und nicht durch den Bruch des Versprechens zu sündigen, konnte nur unter Bedingungen gelockert werden, die sich auf der Ebene der Begründung der Verbindlichkeit bewegten. Diese fanden sich im Bereich der Bewahrung

397 In der Legistik dagegen wurde die Frage der Wirksamkeit unter der Rubrik *divisiones pactorum* im Rahmen der Differenzierung von *pacta utilia* und *inutilia* behandelt.

des ewigen Heils durch die Vermeidung der Sünde. Die kanonistische Sicht auf das *pactum* führte dazu, dass die Lehre von der inhaltlichen Begrenzung von Vereinbarungen mit der Entwicklung der Lehre von der Verbindlichkeit der *pacta nuda* einherging. Hieraus wiederum resultierte, dass das inhaltliche Kriterium des Seelenheils im Bereich des *effectum pactorum*, seiner Bindungswirkung, angesiedelt wurde.

Im Ergebnis zeigt sich bei Goffredus de Trano die besondere Stellung des materiellen Kriteriums des Seelenheils in der Kanonistik. Systematisch hatte es seinen Platz im Herzen der kanonistischen Lehre von der Verbindlichkeit des *pactum nudum*, war dieser immanent. Vereinbarungen waren zu halten, wenn sie nicht zu einem Verlust des Seelenheils oder zu einer Schädigung Dritter führten. Insoweit scheint die Kanonistik das Kriterium der *boni mores* und damit die Sittenwidrigkeit als materiellen Maßstab für die Wirksamkeit von *pacta* aufgegeben zu haben. Zieht man jedoch die theologische Deutung der Sittenwidrigkeit als demjenigen Verhalten, das gegen die Zehn Gebote verstößt, in Betracht, war das Gegenteil der Fall. Der Sache nach blieb die Sittenwidrigkeit maßgeblich, jedoch nach theologischer Deutung im Hinblick auf die *salus aeterna*.

c. Der Kommentar von Innozenz IV.

Es stellt sich weiterhin die Frage, wie die inhaltliche Begrenzung zulässiger Inhalte von Vereinbarungen, insbesondere durch die guten Sitten und das Seelenheil, bei den Juristen der Folgezeit behandelt wurde. Unter diesen darf Innozenz IV. nicht unberücksichtigt bleiben.

Innozenz IV., der mit bürgerlichem Namen Sinibaldo de Fiesci bzw. Sinibaldus Fliscus hieß, war Papst von 1243 bis 1254 und ist zu den bedeutendsten Kanonisten[398] zu zählen. In seinem Kommentar zum *Liber Extra* nannte er die *boni mores* nicht ausdrücklich im Zusammenhang mit dem *pactum*. Sie scheinen jedoch bei der Kommentierung des *c. Antigonus* (X 1.35.1) durch. Dieser Kanon war bereits bei Bernardus Papiensis über den Zusammenhang mit der Bindungswirkung des *pactum nudum* indirekt sowie danach auch bei Tancred Anknüpfungspunkt für die Lehre von der Sittenwidrigkeit des *pactum*. Innozenz IV. erläuterte die Stelle *pacta [custodiantur]* äußerst knapp mit „*legitima*“[399] und fügte zur Begründung

398 Vgl. *Coing*, Handbuch, I, 1973, S. 376.

399 *Innozenz IV.*, Kommentar zum *Liber Extra*, 1570, fol. 162^{v}, Glosse ‚*pacta [custodiantur]*‘ zu X 1.35.1.

die Stellen C.20 q.1 c.8, C.18 q.2 c.30 und D. 47.10.15.2[400] an. In den aus dem *Decretum Gratiani* zitierten Stellen werden die *boni mores* nicht erwähnt, jedoch in der Digestenstelle. Dennoch führte Innozenz IV. zur Erläuterung der Stelle ‚*pacta custodiantur*' nicht die guten Sitten zur Begrenzung der Bindungswirkung einfacher Versprechen an, sondern den Ausdruck ‚*legitima*'. Der Ausdruck wurde im Zusammenhang mit dem Eid auch in den Dekretalen X 2.24.26 und X 2.24.23 verwendet, welche Bernardus Parmensis wiederum zur Begründung der Ausnahme von der Verbindlichkeit des Eides im Fall von Sittenwidrigkeit heranzog.

Bei Innozenz IV. findet sich demnach kein Anhaltspunkt für eine ausdrückliche kanonistische Deutung der guten Sitten. An der Kommentierung der Stelle ‚*pacta [custodiantur]*' mit „*legitima*"[401] und dem Verweis auf D. 47.10.15.2, der die *boni mores* nennt, zeigt sich jedoch auch bei ihm die enge Verbindung der inhaltlichen Beschränkung möglicher Vereinbarungen mit dem Grundsatz der Verbindlichkeit einfacher *pacta* sowie der herausragende Stellenwert der inhaltlichen Bewertung der *pacta* für deren Wirksamkeit in der Kanonistik.[402]

d. Die *Summa aurea* und die *Lectura* von Henricus de Segusio

(1) Einleitung

Bei der Beantwortung der Frage nach der kanonistischen Behandlung der Sittenwidrigkeit von *pacta* darf die Untersuchung des Werkes von Henricus de Segusio, genannt Hostiensis, nicht unterbleiben. Er war Bischof von Ostia und ist wie Innozenz IV. zu den bedeutendsten Kanonisten zu zählen, wobei seine Werke eine besondere Versiertheit in beiden Rechten bezeugen.[403] Er verfasste bis ca. 1253 eine Summe zum *Liber Extra*, die als bedeutendste Summe der Dekretalistik zu der Bezeichnung *Summa aurea* gelangt ist. Vor seinem Tode im Jahre 1271 beendete er die zweite Redaktion seiner *Lectura*, eines

400 *"Ait praetor: 'qui adversus bonos mores convicium cui fecisse cuiusve opera factum esse dicetur, quo adversus bonos mores convicium fieret: in enm [= eum] iudicium dabo'."* D. 47.10.15.2 in: *Corpus iuris civilis.* Ed. *Krüger/Mommsen*, I, 1911, S. 832, Sp.2.

401 *Innozenz IV.*, Kommentar zum *Liber Extra*, 1570, fol.162v, Glosse ‚*pacta [custodiantur]*' zu X 1.35.1.

402 Vgl. *Innozenz IV.*, Kommentar zum *Liber Extra*, 1570, fol.162v, Glosse ‚*pacta [custodiantur]*' zu X 1.35.1.

403 Knut Wolfgang Nörr bezeichnete ihn neben Innozenz III. als den „größten mittelalterlichen Juristen überhaupt". *Nörr, Knut Wolfgang* in: *Coing*, Handbuch, I, S. 376.

Kommentars zum *Liber Extra*, der sich auf seine Vorlesungen an der Universität Bologna stützte.[404]

Es stellt sich die Frage, welche inhaltlichen Kriterien Hostiensis zur Beurteilung der Wirksamkeit von Vereinbarungen heranzog und welche Deutung und Funktion er dabei den guten Sitten zumaß.

(2) Summa aurea

Hostiensis behandelte die *boni mores* in seiner Summe zum *Liber Extra* im Rahmen der Titel *de consuetudine, de auctoritatis et usu palii, de testamentis et ultimis voluntatibus, de condictionibus appositis in desponsatione vel aliis contractibus, de donatione inter virum et uxorem, de dote post divortium restituenda, de injuriis et damno dato* und *de poenitentia et remissione.*

Die Lehre vom *pactum* stellte er in der *Summa aurea* unter dem Titel *de pactis* dar. Hostiensis unterteilte den Titel in sechs Rubriken. Unter der ersten Rubrik, *pactum quid sit*, gab er die bekannte Definition des *pactum,*[405] erweiterte diese jedoch gegenüber der Definition in den Summen von Bernhard von Pavia und Goffredus de Trano um den Zusatz „*[…] verbis expressis animo obligando*“[406].

Unter der dritten Rubrik, „*pactorum divisiones quae sunt*“[407], führte er unterschiedliche Merkmale zur Beurteilung eines *pactum* an. Als solche nannte er wie Azo *pacta inutilia* und *utilia*, die er wiederum nach dem Grund der Unwirksamkeit beziehungsweise Wirksamkeit, *ratione personae/rei/contractus,* unterteilte. Weiter unterschied er *pacta nuda/vestita, nominata/innominata, expressa/tacita,*

---

404 Vgl. *Coing,* Handbuch, I, S. 378. Zur Datierung s.a. *Pennington, Kenneth,* Medieval Canonists, http://faculty.cua.edu/Pennington/1140a-z.htm#Henry of Susa (Hostiensis), Seitenaufruf vom 03.02.2015.

405 „*Quid sit pactum. Duorum vel pluriumve in idem dandum vel faciendum alteri ab altero consensus verbis expressus [weiter unten: „expressis“] animo obligando. […]*“ *Hostiensis (Henricus de Segusio),* Summe zum *Liber Extra (summa aurea),* 1574, Sp.363, *Liber I. summae Hostiensis, de pactis, n.1 (pactum quid sit).* Hostiensis wies zu der Voraussetzung des *animus obligandi,* der Absicht zu verpflichten (Bindungswille), auch zum Scherz, wie er sagt, auf D 44.7.61.1. Die Stelle hat einen Brief zum Gegenstand, in der Seia ihrem Geliebten schreibt und ihm anbietet, ihm jährlich eine bestimmte Summe zu zahlen, wenn er sein Gut verkaufe und zu ihr käme. Vgl. *Hostiensis (Henricus de Segusio),* Summe zum *Liber Extra (summa aurea),* 1574, Sp.363.

406 *Hostiensis (Henricus de Segusio),* Summe zum *Liber Extra (summa aurea),* 1574, Sp.363, *Liber I. summae Hostiensis, de pactis, n.1 (pactum quid sit).*

407 *Hostiensis (Henricus de Segusio),* Summe zum *Liber Extra (summa aurea),* 1574, Sp.362.

inter presentes/inter absentes, pura, in diem, conditionalia, publica/privata sowie nach dem Inhalt des *pactum pacta in rem/in personam.*[408]

Nach dieser Aufzählung ging er gleich zu Beginn seines Kapitels *de pactis* näher auf die unwirksamen *(inutilia) pacta* ein und differenzierte nach der Ursache der Unwirksamkeit. Dabei nannte er unter anderem die Unmöglichkeit, nicht jedoch die *boni mores.*[409] Er sprach jedoch dem *pactum*, mit dem etwas schändliches *(turpe)* versprochen werde, die Verbindlichkeit ab. Dabei sei im Fall der *turpitudo* des Gegenstandes des *pactum ipso iure* die Unwirksamkeit die Folge, im Gegensatz zum Fall der *turpitudo* bei Vertragsschluss.[410]

> „*[…] ipso autem iure non tenet pactum, non tantum in supradictis sed etiam si turpe quid promittatur .ff. de verborum obligationibus generaliter [D. 45.1.26] et l. vlt. [D. 45.1.27] et l. si stipuler [D. 45.1.38.20].*“[411]

Zur Begründung nannte Hostiensis die Digestenstellen D. 45.1.26 + 27 und D. 45.1.38.20. Die erste Stelle bestimmt allgemein, dass schändliche *stipulationes* wirkungslos seien. In dem folgenden Paragraph werden als Beispiele einer solchen schändlichen *stipulatio* die Vereinbarung der Begehung eines Mordes oder Sakrilegs und als Folge die Verwehrung der *actio* genannt.

Die Systematisierung des Titels *de pactis* der *Summa aurea* mit der Differenzierung verschiedener *divisiones pactorum* entsprach noch der in der Legistik üblichen Aufbereitung des Themas. In dieser wurzelte auch die Differenzierung der *pacta utilia* und *inutilia* an dieser Stelle. Nach der kanonistischen Lehre, nach welcher jedes *pactum* verbindlich war, fand sich die eigentliche *sedes materiae* der Frage der Wirksamkeit des *pactum* unter dem Punkt der Wirkung des *pactum (effectus pactorum)*, die in der grundsätzlichen Verpflichtung zur Erfüllung bestand.

---

408 Vgl. *Hostiensis (Henricus de Segusio)*, Summe zum *Liber Extra (summa aurea)*, 1574, Sp.363f., *Liber I. summae Hostiensis, de pactis, n.3 (pactorum divisiones quae sunt).*

409 *Hostiensis (Henricus de Segusio)*, Summe zum *Liber Extra (summa aurea)*, 1574, Sp.363f, *Liber I. summae Hostiensis, de pactis, n.3 (pactorum divisiones quae sunt).*

410 So beispielsweise im Fall der *turpitudo* in Form der Arglist bei Vertragsschluss, in welchem eine Einrede gewährt werde. „*[…] secus si turpiter sed non turpe quid promitteret, ut puta per metum, vel dolum: tunc non datur actio, sed per exceptionem eliditur, ut dictum est C. de inutile stipu. dolo. et ff. eo. iuris .§. dolo. et § sive […]*“ *Hostiensis (Henricus de Segusio)*, Summe zum *Liber Extra (summa aurea)*, 1574, Sp.365, *Liber I. summae Hostiensis, de pactis, n.3 (pactorum divisions quae sunt).*

411 *Hostiensis (Henricus de Segusio)*, Summe zum *Liber Extra (summa aurea)*, Sp.365, *Liber I. summae Hostiensis, de pactis, n.3 (pactorum divisiones quae sunt).*

Unter der *rubrica n.3 (divisiones pactorum)* stellte Hostiensis die legistische Vestiturtheorie dar und zitierte hierzu unter anderem Azo. Als Kanonist vertrat jedoch auch er die kanonistische Lehre von der Verbindlichkeit einfacher Versprechen. So beschloss er den Titel mit der *rubrica n.6* über die Wirkung des *pactum (effectus pacti quis sit)* wie folgt:

> „*Quis sit effectus. Ut modis omnibus servetur, etiam si sit nudum. Secundum canones infra eo c. 1 et 3 [X 1.35.1+3] infra de testamentis indicante [X 3.26.4]. 12. q. 2 quicunque suffragio [C.12 q.2 c.66] et q. 5. quia Ioan [C.12 q.5 c.3]. Quia inter simplicem loquelam et iuramentum non facit Deus differentiam. 22. q.5 iuramenti [C.22 q.5 c.12]. unde peccat mortaliter. contra simplex verbum veniens. 22. q. 1 predicandum [C.22 q.1 c.17]. et ideo quae procedunt de labiis tuis, tu sacerdos non facies irrita: nam et ori debet cor convenire. 23. dist. Psalmista [D.23 c.20]. hoc si sit tale, quod possit servari sine detrimentum salutis aeterne et si licitum est possibile: secus si illicitum impossibile vel inhonestum. infra eod. c. ulti. [X 1.35.8] […]*“[412]

Hostiensis begründete die Bindungswirkung eines jeden *pactum* wie bereits Bernardus Papiensis in seiner *Compilatio prima* unter anderem mit X 1.35.1 und daneben wie Huguccio mit dem c. *Quicumque suffragio* (C.12 q.2 c.66), an welchem letzterer die Lehre von der Verbindlichkeit der *pacta nuda* entwickelte.[413] Als Argument führte er wie bereits Huguccio an, dass Gott keinen Unterschied mache zwischen dem Eid und dem einfachen Wort, so dass auch derjenige sündige, der sein einfaches Wort nicht halte.[414]

Auch Hostiensis nannte gemäß der kanonistischen Lehre als Wirkung des *pactum*, dass dieses befolgt werden müsse. An gleicher Stelle machte er jedoch die Einschränkung, dass dies nur gelte, wenn die Befolgung ohne Verlust des ewigen Heils möglich sowie das *pactum* erlaubt *(licitum)* und möglich sei. Als Gegensatz hierzu nannte er das *pactum illicitum, impossibile* und *inhonestum.* Zur Begründung zog er die Dekretale von Gregor IX. aus X 1.35.8 heran, in der dieser das Kriterium der *salus aeterna* aus dem Bereich des Eides auf die *pacta* übertragen hatte.

Die Systematik entspricht der von Bernardus Papiensis in seinem Titel *de pactis* der Summe zur *Compilatio prima.* Durch die den Titel *de pactis* abschließende Rubrik bezüglich der Wirkung des *pactum* modifizierte Hostiensis die zuvor im

---

412 *Hostiensis (Henricus de Segusio)*, Summe zum *Liber Extra (summa aurea),* 1574, Sp.372, *Liber I. summae Hostiensis, de pactis, n.6 (effectus pacti quis sit).*

413 Vgl. *Landau, Pacta sunt servanda*, 2003, S. 462f.

414 Vgl. *Huguccio von Pisa,* Summa decretorum, Glosse ‚*oportebit absolvere*' zu C.12 q.2 c.66, nach Manuskript Clm. 10247, fol.173vb, ediert in: *Landau, Pacta sunt servanda*, 2003, S. 462.

Rahmen der *divisiones pactorum* dargestellte Lehre bezüglich der Wirksamkeit des *pactum*, wie sie auch in der Legistik zu finden war. Für Hostiensis waren für die Bindung und damit die Wirksamkeit des *pactum* letztlich die in der Rubrik *effectus pactorum* genannten Kriterien entscheidend. Ein *pactum* war nach dieser letzten Rubrik des Titels auf jeden Fall zu befolgen, selbst wenn es sich lediglich um ein *pactum nudum* handele. Dies solle jedoch nur gelten, wenn dies ohne Verlust des ewigen Heils möglich, sowie wenn das *pactum* erlaubt und die Erfüllung möglich sei. Durch die ausdrückliche Verweisung auf die Bindung auch durch *pactum nudum* nahm Hostiensis eine klare Abgrenzung von der weiter oben, im Rahmen der Rubrik *divisiones pactorum* dargestellten, zivilistischen Lehre vom *pactum* vor. Er modifizierte sie in der letzten Rubrik des Titels insofern, als er für die Verbindlichkeit und damit Wirksamkeit des *pactum* erstens kein *vestimentum* verlangte und zweitens dem *pactum* nur dann seine Wirkung in Form der Bindungswirkung zusprach, wenn seine Erfüllung nicht zu dem Verlust des ewigen Heils führe und das *pactum* erlaubt und möglich sei. Es sei jedoch unwirksam, wenn dies nicht der Fall sei oder wenn es unehrenhaft *(inhonestum)* sei.[415] Es zeigt sich demnach auch im Werk von Hostiensis, dass der inhaltlichen Begrenzung von Vereinbarungen anhand moralischer Kriterien in der kanonistischen Lehre vom *pactum* eine fundamentale Funktion zukam.

(3) *Lectura*

In seiner *Lectura* behandelte Hostiensis die *boni mores* im Rahmen der Titel *de pactis, de testamentis, de sententia et de rebus iudicatae* und *de donatione inter virum et uxorem et de dote post divortium restituenda*. Unter dem Titel *de pactis* kommentierte Hostiensis die Stelle ‚*pacta custodiantur*' des *c. Antigonus*[416] wie folgt.

> „*[…] Pacta custodiantur. legitima. si xx. q. j. puelle. [C.20 q.1 c.8] xxvij. q. j c. ij. [C.27 q.1 c.2] xxij. q. iiij. innocens. [C.22 q.4 c.23] xviij. q. ij. eleutherius. [C.18 q.2 c.30] x. q. iij. relatum [C.10 q.3 c.14] .j. c. j. quod verum est dummodo non sit contra leges: vel contra bonos mores. et nisi dolo fiat .ff. e. ti. iurisgentium § ait praetor. [D. 47.10.15.2] C. de inuti. stipulationibus. ex eo [C. 8.38.4]. Nec servandum est pactum alij damnosum sive captiosum .ff. de rescin. vend. si id quod. in fi [D. 18.5.7.1]: Quod si dolo fiat: non valet. C. de excep. adversus [C. 8.35.3] infra de rerum permu. cum universorum [X 3.19.8]. Nec servandum est si vergat in detrimentum salutis eterne vel corporalis. xxij.*

415 Dabei ist das Kriterium der *honestas* nicht ohne Weiteres als Synonym für das Kriterium der Bewahrung des ewigen Heiles zu sehen.

416 „*[…] Dixerunt universi: pax servetur, pacta custodiantur.*" X 1.35.1, Ed. *Friedberg*, II, Sp.203f.

q. iiij .§. illicitum [C.22 qu.4 c.8] et ut legitur et no. infra de iureiurando. si vero aliqis infra eo. c. fi. [X 2.24.8 und X 1.35.8]."[417]

Die Worte *pacta custodiantur* kommentierte Hostiensis zunächst wie Innozenz IV. prägnant mit ‚*legitima*' und begründete dies mit Stellen aus dem *Decretum Gratiani*, die teilweise auch schon von Tancred, Bernardus Parmensis und Innozenz III. zu dem *c. Antigonus* herangezogen wurden.[418] Dabei ließ er es jedoch anders als Innozenz III. nicht bewenden, sondern führte wie Tancred und Bernardus Parmenis weitere Gründe für eine Durchbrechung der Bindungswirkung von *pacta* auf. Diese sind der Verstoß gegen die *leges* oder die *boni mores*, die Schädlichkeit oder Verfänglichkeit des *pactum* in Bezug auf andere Personen, Arglist sowie die Gefahr des Verlustes des Seelenheils *(salus aeterna)* oder der körperlichen Unversehrtheit. Das Kriterium des Seelenheils fand sich bei Tancred noch nicht im Zusammenhang mit *pacta*, dieser Bezug wurde erst durch Gregor IX. mit der Dekretale *c. Pactiones* (X 1.35.8) hergestellt durch Übertragung aus dem Bereich des Eides. Zu dem Kriterium des Seelenheils verwies Hostiensis auf C.22 q.4 c.8 sowie auf seine Kommentierungen von X 2.24.8[419] und X 1.35.8[420]. Auf die Entscheidung von Alexander III. aus X 2.24.8 bezüglich der Wirksamkeit des Eides nahm bereits Innozenz III. in seiner Kommentierung der Stelle ‚*vergunt*' aus dem *c. Antigonus* (X 1.35.1) als einzige Stelle Bezug.

Hostiensis nannte hier die *boni mores* und die Arglist neben dem Kriterium der *salus aeterna* aus X 1.35.8 und verwies hierzu auf die Digestenstelle D. 47.10.15.1 und die Codexstelle C. 8.38.4, also auf das *ius civile.* Zu der Lehre des *ius civile* bezüglich der *pacta turpia* bemerkte er jedoch in der Glosse ‚*legitimas sanctiones*' zu X 1.35.8[421], dass die *legitimas sanctiones,* das *ius civile*, ja teilweise auch

---

417 *Hostiensis (Henricus de Segusio),* Kommentar zum *Liber Extra (Lectura),* 1512, fol.184ᵛ, Glosse ‚*pacta custodiantur*' zu X 1.35.1.

418 Sowohl Tancred als auch Bernardus Parmensis zitierten C.20 q.1 c.8, C.22 q.4 c.23 und C.18 q.2 c.30. Vgl. *Tancred, Apparatus* zur *Compilatio prima*, MS Admont Stiftsbibliothek 22, Glosse zu ‚*custodiantur*' zu *c. Antigonus* (1 Comp. 1.26.1; 348), die Handschrift enthält keine Folierung; *Bernardus Parmensis, Glossa ordinaria* zum *Liber Extra,* 1615, fol.314, Sp.2, fol.315, Sp.1, Glosse ‚*pacta custodiantur*' zum *c. Antigonus* (X 1.35.1).
Innozenz III. zitierte C.20 q.1 c.8 und C.18 q.2 c.30. Vgl. *Innozenz IV.*, Kommentar zum *Liber Extra,* 1570, fol.162ᵛ Glosse ‚*pacta [custodiantur]*' zu *c. Antigonus* (X 1.35.1; 348).

419 JL 12293 (1173–1174).

420 Po 9568 (1227–1234).

421 *Gregor IX.* (Po 9568, zwischen 1227 und 1234): „*Pactiones factae a vobis, ut audivimus, pro quibusdam spiritualibus obtinendis, quum in huiusmodi omnis pactio, omnisque conventio debeat omnino cessare, nullius penitus sunt momenti. Quod etiam de aliis est*

durch Heiden gemacht werde, welche sich weniger um das Seelenheil kümmern würden.[422] Gregor IX. verwies in dem von Hostiensis kommentierten *c. Pactiones* (X 1.35.8) zur Begründung dafür, dass ein *pactum*, durch das das Seelenheil gefährdet werde, nichtig sei, auf diese *legitimas sanctiones*. Nach diesen würden ebenfalls unter anderem *pacta turpia* keine Verbindlichkeit erzeugen.

In seiner Kommentierung der Stelle ‚*legitimas sanctiones*' legte Hostiensis demnach den Finger auf eine Besonderheit des kirchlichen Rechts im Vergleich zum *ius civile*, was die *turpitudo* beziehungsweise die Sittenwidrigkeit von Vereinbarungen betrifft. Dies geschah, indem er auf das Bedürfnis nach der Neuerung hinwies, die die Entscheidung Gregors IX. brachte, indem er die *salus aeterna* als Wirksamkeitskriterium des *pactum* heranzog. Dieses Bedürfnis folgte nach Hostiensis daraus, dass, soweit die *legitimas sanctiones* von Heiden gemacht würden, die Bewahrung des Seelenheils weniger berücksichtigt werde. Insofern war nach Hostiensis das Kriterium der *turpitudo*, das die Kanonistik, wie X 1.35.8 zeigt, anerkannte, um den Aspekt der Bewahrung des Seelenheils zu ergänzen.

In der Kommentierung der Stelle ‚*nullam*' aus dem *c. Pactiones*, die die Unwirksamkeit des *pactum* betrifft, ging Hostiensis ausführlich auf die in X 1.35.8 genannten Nichtigkeitsgründe des *ius civile*, die *turpitudo* und die Unmöglichkeit, ein.[423] Er führte zunächst aus, dass unerlaubte *(illicita)* und unmögliche *pacta* nicht gültig seien. In der daran anschließenden Erläuterung, wann ein *pactum turpe* vorliege, stellte er dem Ausdruck *turpe* als Gegensatz die *honestas* gegenüber.[424] Der umfangreichen Abhandlung zu den *pacta turpia* fügte er eine kürzere Erläuterung der Unmöglichkeit an. Diese schloss er mit der

---

dicendum, quae observatae vergunt in animae detrimentum. Nam etiam iuxta legitimas sanctiones pactum turpe, vel rei turpis aut impossibilis de iure vel de facto, nullam obligationem inducit." In: Ed. *Friedberg*, II, Sp.205f. Was die dort angeführte *casus*-Schilderung angeht, wurde jedoch wie in einigen früheren Editionen des *Corpus Iuris Canonici* fälschlicherweise „*quae pactum inducit*" an Stelle von „*quae peccatum inducit*" genannt (s.u. Fn. 482).

422 „*[…] Legitimas sanctiones: quas etiam pagani in parte fecerunt: qui et minus curant de anime.*" *Hostiensis (Henricus de Segusio)*, Kommentar zum *Liber Extra (Lectura)*, 1512, fol.186^{v}, Sp.2, Glosse ‚*legitimas sanctiones*' zu X 1.35.8.

423 Vgl. *Hostiensis (Henricus de Segusio)*, Kommentar zum *Liber Extra (Lectura)*, 1512, fol.186^{v}, Sp.2, Glosse ‚*nullam*' zu X 1.35.8.

424 Unter Berücksichtigung dieser Gegenüberstellung von *turpitudo* und *honestas* ist die die Verwendung des Ausdrucks *honestum* bei Hostiensis zu verstehen. Vgl. *Hostiensis (Henricus de Segusio)*, Summe zum *Liber Extra (summa aurea)*, 1574, Sp.372, *Liber I. summae Hostiensis, de pactis, n.6 (effectus pacti quis sit).*

Erläuterung, dass ein *pactum* im Falle der nur vorübergehenden Unmöglichkeit, im Gegensatz zur dauerhaften, gültig sei, es sei denn, es verstoße gegen die guten Sitten. Bezüglich weiterer Ausführungen verwies er auf die Rubrik *Que sint divisiones pactorum* des Titels *de pactis* seiner Summe.

> *„nullam […] Verum si est possibilis iuris: sed impossibile facti: si impossibilitas perpetua est: non valet. Inst. de inutilibus stipu. § 1 [Inst. 3.19.1] Si temporalis/ valet. sed expectatur quo usque possibilitas adveniat .ff. de verbo obli. inter stipulantem § sacram [D. 45.1.83.5] Insti de leg. § si res aliena [Inst. 2.20.6] nisi sit contra bonos mores .ff. de verborum obligationibus. si stipuler [D. 45.1.35] et accedit. infra de voto. quod super his [X 3.34.8]. Si vis ultra materiam dilatare: vide in summa. e. ti § que sint divisiones pactorum [Summa aurea, lib.1, de pactis, n.3]. et de condic. appo. § que condictio.“*[425]

Zu den guten Sitten, gegen die das *pactum* nach Hostiensis nicht verstoßen durfte, wenn es trotz vorübergehender Unmöglichkeit wirksam sein sollte, zitierte er eine Entscheidung aus dem *Liber Extra* (X 3.34.8[426]). Diese ist jedoch bezüglich der kanonistischen Lehre von der Sittenwidrigkeit nicht aufschlussreich, da sie nicht die Frage der Sittenwidrigkeit, sondern die der vorübergehenden Unmöglichkeit betrifft.

Hostiensis ordnete das Seelenheil als Wirksamkeitskriterium des *pactum* nicht unter den Begriff der guten Sitten ein. Deren einzige allgemeine Definition, die noch aus dem klassischen römischen Recht stammt, wurde von Hostiensis an anderer Stelle, im Zusammenhang mit der Definition des Testaments angeführt. Hostiensis zog hierzu unter der Rubrik *quid sit testamentum*, zunächst leicht modifiziert,[427] die Definition des Testaments aus D. 28.1.1 heran, worauf er auch verwies. Demnach bestand nach Hostiensis ein Testament in der rechtmäßigen Äußerung *(iusta sententia)*[428] des Willens bezüglich dessen, was

---

425 *Hostiensis (Henricus de Segusio)*, Kommentar zum *Liber Extra (Lectura)*, 1512, fol.186[r], Sp.1, Glosse ‚*nullam*‘ zu X 1.35.8.

426 Po 1137 (1200).

427 In D. 28.1.1 wird nicht die Einsetzung eines Erben verlangt, nach Hostiensis war dies jedoch für die Errichtung eines Testamentes erforderlich. Vgl. *Hostiensis (Henricus de Segusio)*, Summe zum *Liber Extra (summa aurea)*, 1574, Sp.1032, *Liber tertius summae Hostiensis, de testamentis et ultimis uoluntatibus, n.1 (quid sit testamentum)* a.E. .

428 D. 28.1.1:*“Modestinus libro secundo pandectarum Testamentum est voluntatis nostrae iusta sententia de eo, quod quis post mortem suam fieri velit.”* In: *Corpus iuris civilis.* Ed. *Krüger/Mommsen*, I, 1911, S. 409, Sp.1. Rolf Knütel übersetzte *iusta sententia* mit “dem Recht entsprechende Erklärung“ und verwies hierzu auf D. 28.1.4 und Gaius 2, 114. Vgl. *Knütel, Rolf/Kupisch, Berthold/Rüfner, Thomas/Seiler, Hans Hermann* (Hrsg.), *Corpus iuris civilis.* Text und Übersetzung. Auf der Grundlage der von Theodor Mommsen und Paul Krüger besorgten Textausgabe. Band 5: Digesten

wir wünschten, dass nach dem Tode geschehen solle, indem ein Erbe eingesetzt werde. Dabei betonte Hostiensis, dass es auf die rechtmäßige Äußerung des Willens ankomme, denn nur in diesem Falle sei der Wille zu befolgen. Der Wille sei dagegen nicht zu befolgen, wenn er gottlos *(impia)*, oder unrecht *(iniusta)* sei, etwas gegen das Recht oder die guten Sitten befohlen werde oder etwas, das das Pflichtgefühl *(pietas)* oder das Schamgefühl *(verecundia)* verletzen würde, was er wie in D. 28.7.14 als einen Fall der Unmöglichkeit bewertete.

„Quid sit testamentum. Iusta sententia voluntatis nostrae, de eo quod post mortem nostram haeredem instituendo, fieri uolumus, ut ff. eo. l. 1. […] nam si iusta est, pro sententia et lege seruanda est, ff. ad l. fal. l. 1. inst. ad l. fal. in prin in auth. de nup .§. disponat. secus si impia uel iniusta: unde si dicat, quod reliquiae suae iactentur in mari non seruabitur haec uoluntas .ff. de cond. insti. cum quidam. [D. 28.7.27] vel si quid praeciperet contra iura, uel bonos mores, uel ea quae ad pietatem, uel verecundiam nostram laederent, quae nec nos facere posse credendum est .ff. de condi. instit. conditiones [D. 28.7.14] et l. fideius[429]*. ad idem. [D. 28.7.15] infra e. tua. [X 3.26.17] et c. Raynaldus. ad fi. [X 3.26.18] et c. requisisti. [X 3.26.15] responso. 1. et de sepul. fraternitatem. [X 3.28.3] 16. q. 4. uolumus. [C.16 q.4 c.2] 13. q. 2. ultima uoluntas. [C.13 q.2 c.4] C. de sac. san. ecc. l. 1. [C. 1.2.1] infra eo. iudicante [X 3.26.4], et c. filius [X 3.26.5].“*[430]

In seinen Ausführungen dazu, wann ein letzter Wille nicht beachtlich sei, verwies Hostiensis unter anderem[431] auf die Digestenstelle D. 28.7.15, in der sich die einzige allgemeine Definition des Verstoßes gegen die guten Sitten in den Quellen des *ius civile* findet. Die Stelle aus dem Titel über die Bedingungen im Rahmen von Erbeinsetzungen bestimmt, dass Handlungen, die unser Pflichtgefühl

---

28–34, Heidelberg, 2012, S. 1. Carl Hunger dagegen stellte in seiner Übersetzung auf das Gesetz ab und übersetzte *iusta* mit „nach gesetzlicher Vorschrift“. *Hunger, Carl* in: *Otto, Carl Eduard/Schilling, Bruno/Sintenis, Carl Friedrich Ferdinand* (Hrsg.), Das *Corpus Iuris Civilis* in's Deutsche übersetzt von einem Vereine Rechtsgelehrter, Band 3, Leipzig, 1831. Hostiensis stellte bezüglich des zulässigen Inhalts des Testaments jedoch nicht lediglich auf die Gesetze, sondern unter anderem auch auf die guten Sitten ab, so dass *iusta* bei ihm eher mit rechtmäßig im Sinne von richtig zu verstehen ist. Vgl. hierzu Thomas von Aquin, der unter dem Aspekt der *iustitia* für die Verbindlichkeit des Eides verlangte, dass der Inhalt *licitum* sein müsse, s.o. S. 66.

429 In MS Clm. 14006: *„filius“, Hostiensis (Henricus de Segusio)*, Summe zum *Liber Extra (summa aurea)*, um 1300 (Datierung nach der Bayerischen Staatsbibliothek, vgl. Digitalisat BSB-Hss Clm. 14006). Es handelt sich demnach bei *„fideius.“* in der oben zitierten Edition *Venetiis* 1570 um einen Druckfehler.

430 *Hostiensis (Henricus de Segusio)*, Summe zum *Liber Extra (summa aurea)*, 1574, Sp.1032, *de testamentis et ultimis uoluntatibus, n.1 (quid sit testamentum)*.

431 Die übrigen zitierten Stellen aus dem *Liber Extra*, dem *Decretum Gratiani* und dem *Codex* nehmen keinen direkten Bezug auf die guten Sitten.

(pietas), Ansehen *(existimatio)* oder Anstandsgefühl[432] *(verecundia)* verletzen und allgemein, die gegen die guten Sitten verstoßen, zu betrachten seien, als wären sie unmöglich.

Hostiensis griff die Begriffe der *pietas* und *verecundia* aus der Definition der guten Sitten in D. 28.7.15 auf und stellte sie neben die Rechte und die guten Sitten als Maßstab dessen, was Inhalt eines Testaments sein könne. Im Rahmen der Differenzierung verschiedener Arten von Bedingungen *(n.4: Quod species conditionum)*, unter dem Titel über Bedingungen bei Verlöbnissen und anderen Kontrakten dagegen, zitierte er fast wörtlich die oben genannte Passage aus D. 28.7.15.

> „*[…] nam quae facta laedunt pietatem, aestimationem, verecundiam nostram, et ut generaliter dixerim, quae contra bonos mores fiunt, nos facere posse credendum non est. ut ff. e. filius [D. 28.7.15] […]*“[433]

Hostiensis gab dem Ausdruck der *boni mores*, wie er sich in der Rechtswissenschaft des Hochmittelalters gehalten hatte, demnach keine neue inhaltliche Kontur. Er stellte ihm und dem Kriterium der *turpitudo* jedoch das Kriterium des Seelenheils bei. Dessen gegenüber den *boni mores* vorrangige Maßgeblichkeit bezüglich der Wirksamkeit von Vereinbarungen deutete sich bei Hostiensis in der *Summa aurea* unter Berufung auf X 1.35.8 im Rahmen der Rubrik *effectus pacti quis sit* des Titels *de pactis* an.[434]

Nicht nur im Zusammenhang mit X 1.35.1, im Rahmen der Kommentierung der Stelle ‚*pacta custodiantur*‘, sondern auch in seiner Kommentierung der Stelle ‚*in dispendium*‘ *[salutis aeternae]* aus X 2.24.28, verwies Hostiensis auf seine Ausführungen zu X 2.24.8. Dort erläuterte er die Stelle ‚*salutis aeternae*‘, indem er auch die körperliche Unversehrtheit als Grund für einen Ausschluss der Verbindlichkeit des Eides anführte, sowie den Fall, dass der Eid unmittelbar auf einen schlechteren Ausgang *(in peiorem exitum)* gerichtet sei.

---

432 Berthold Kupisch übersetzte *verecundia* mit „sittliches Empfinden“, *Berthold Kupisch* in: *Knütel, Rolf/Kupisch, Berthold/Rüfner, Thomas/Seiler, Hans Hermann* (Hrsg.), *Corpus iuris civilis.* Text und Übersetzung. Auf der Grundlage der von Theodor Mommsen und Paul Krüger besorgten Textausgabe. Bd. 5: Digesten 28–34, Heidelberg, 2012, S. 131.

433 *Hostiensis (Henricus de Segusio)*, Summe zum *Liber Extra (summa aurea)*, 1570, fol.339, *Liber quartus summae Hostiensis, de conditionibus appositis in desponsatione, vel alijs cntractibus, n.4 (quod species conditionum).*

434 Vgl. *Hostiensis (Henricus de Segusio)*, Summe zum *Liber Extra (summa aurea)*, 1574, Sp.372, *Liber I. summae Hostiensis, de pactis, n.6 (effectus pacti quis sit)*, s.o. S. 134.

„Salutis eterne. vel corporalis. xxij. q. iiij .§. fi. [C.22 q.4 c.23] ver. quisquis. in fi. vel si vergat in peiorem exitum. infra de sponsa. c. ij. [X 4.1.2] et hoc intelligitur si directe vergat. nam si indirecte sive occasionaliter/ sevandum esset. xxij. q. iiij. si aliquid [C.22 q.4 c.6] infra. e. cum quidam [X 2.24.12] secundum Ala.“[435]

Hostiensis griff hier mit dem Ausdruck ‚*si vergat in peiorem exitum*' auf ein Kriterium zurück, das bereits in C.22 q.4 c.6 zur Beantwortung der Frage herangezogen wurde, ob ein Eid zu befolgen sei. Es handelte sich dabei um einen Ausspruch von Papst Sother (Soterus) aus dem 2. Jahrhundert. Dieser betraf den Fall, dass unbedacht etwas geschworen wurde, das bei Befolgung zu einem schlechteren Ausgang führen würde, als bei Nichterfüllung. In diesem Fall solle der Schwörende von seinem Eid entbunden werden, damit nicht, um den Meineid zu vermeiden, ein noch schwereres Vergehen begangen werde.[436] Es war demnach wie im Rahmen von C.22 q.4 c.6 der Ausgang in Bezug auf die Begehung einer Sünde und damit die Gefährdung des Seelenheils entscheidend. Der Ausspruch von Sother wurde von verschiedenen Theologen aufgegriffen, so von Beda Venerabilis,[437] Alardus Gazaeus[438] und Hinkmar von

---

435 *Hostiensis (Henricus de Segusio)*, Kommentar zum *Liber Extra (Lectura)*, 1512, fol.354^{v}, Glosse ‚*salutis aeterne*' zu X 2.24.8 (JL 12293, 1 Comp. 2.17.4 = X 2.24.8, 1173–1174).

436 Vgl. *Caranza, Bartholomaeus/Sylvius, Franciscus* (Hrsg.), *Summa conciliorum. A S. Petro usque ad Julium III. Pontificem Maxiumum, s.l.*, 1679, S. 27. Der Ausspruch wurde hier Papst Sother zugeschrieben, der dies in einem Brief an die italienischen Bischöfe geäußert habe. Dabei wurde auch auf C.22 q.4 c.6 verwiesen. S.a. die Edition in: *Migne, Jacques Paul* (Hrsg.), *Patrologiae cursus completus, series graeca, patrologiae tom. V., Lutetiae Parisiorum*, 1857, Sp.1137, *Decreta Soteris papae, secundum Gratianum, quae non habentur in prioribus decretalibus epistolis*. Auch hier wurde der Ausspruch, unter Berufung auf Gratian, Papst Sother zugeschrieben. In der Edition des *Decretum Gratiani* von Friedberg wurde der Ausspruch dagegen Beda Venerabilis zugeschrieben. Vgl. C.22 q.4 c.6, Ed. *Friedberg*, I, Sp.876. S. jedoch die Hinweise Friedbergs zu der Urheberschaft a.a.O., Fn. 29.

437 Vgl. *Beda Venerabilis, Bedae Venerabilis Anglo-Saxonis Opera Paraenetica, sive omnium ejus operum pars tertia, sectio prima. Homiliae, lib.II Homiliae item genuinae, Homilia XX. In decollatione Sancti Joannis Baptistae*, in: *Migne, Jacques Paul* (Hrsg.), *Patrologiae cursus completus, series secunda, tom. XCIV., Parisiis*, 1850, Sp.239. Die Ausführungen von *Beda* entsprechen hier wörtlich jenen, die an anderer Stelle (s.o. Fn. 436) Sother zugeschrieben wurden, ohne diesen zu jedoch zu nennen. Aus diesem Grunde wurde der Kanon C.22 q.4 c.6 in der Ausgabe des *Corpus Iuris Canonicum* von Emil Friedberg Beda und nicht Sother zugeschrieben.

438 Im Rahmen einer Kommentierung zu Johannes Cassianus und unter Berufung auf Beda und Gratian, vgl. *Alardus Gazaeus, Alardi Gazaei Commentarius zu Joannis Cassiani Abbatis Massiliensis Collationum XXIV Collectio in tres partes divisa*, in: *Migne,*

Reims[439]. Die gleiche Art der Argumentation findet sich auch bei Thomas von Aquin in der *secunda secundae* seiner *Summa theologiae* unter der *quaestio* 89, *de iuramento.*[440]

Hostiensis nannte zwar in seiner *Summa* nicht die *boni mores* allgemein als Wirksamkeitskriterium im Zusammenhang mit Vereinbarungen, in seiner *Lectura* zog er sie jedoch im Rahmen der Kommentierung der Stelle X 1.35.1 neben dem Kriterium des ewigen Heils heran.[441] Er nannte sie auch in seiner Kommentierung der Stelle X 1.35.8,[442] die gerade die Unwirksamkeit wegen der Gefährdung des ewigen Heils zum Gegenstand hat, unter Berufung auf das *ius civile* (D. 45.1.35). Zur vertieften Beschäftigung mit der Frage der Nichtigkeit des *pactum* verwies er auf die Rubrik *que sint divisiones pactorum* des Titels *de pactis* seiner *Summa aurea*, wo er die guten Sitten wiederum nicht erwähnte.

In seiner *Lectura* zog Hostiensis die guten Sitten jedoch unter dem Titel *De donationibus inter virum et uxorem et de dote post divortium restituenda* (X 4.20) im Rahmen der Kommentierung der Stelle X 4.20.1 heran. Es handelt sich dabei um einen Kanon aus dem Konzil von Worms (868), der bestimmte, dass der Ehefrau im Falle einer gerechtfertigten Trennung die Mitgift vollständig zu erstatten sei. Das *ius civile* machte für den Fall, dass sich der Ehemann gegenüber seiner Frau verpflichtet hatte, im Falle der Scheidung die volle Mitgift zurückzuerstatten, die Einschränkung, dass diese Verpflichtung nur bestehe, wenn der Ehemann hierzu im Stande sei. Dies wurde damit begründet, dass eine solche Vereinbarung andernfalls gegen die guten Sitten verstoße und nichtig sei.[443]

Jacques Paul (Hrsg.), *Patrologiae cursus completus, series latina, patrologiae latinae tom. XLIX., Parisiis*, 1850, Sp.1083f.

439 Hinkmar von Reims zitierte ebenfalls den Ausspruch von Sother, der unter C.22 q.4 c.6 in das *Decretum Gratiani* eingegangen ist. Vgl. *Hinkmar von Reims, Hincmari Archiepiscopi Rhemensis De divortio Lotharii Regis et Tetbergae Reginae*, in: *Migne, Jacques Paul* (Hrsg.), *Patrologiae cursus completus, series secunda, patrologiae tom. CXXV., Lutetiae Parisiorum*, 1852, Sp.621 und 714. *Hinkmar von Reims*, *De cavendis vitiis et virtutibus exercendis, ad Carolum Calvum Regem. (Apud eumdem ex codice S. Michaelis ad Mosam.), Caput III. De juramentis et perjuriis; quod sine dolo jurandum, et fides etiam hosti servanda sit; et de curiositate, detractione, peccatisque cogitationum.* in: *Migne, Jacques Paul* (Hrsg.), *Patrologiae cursus completus, series secunda, patrologiae tom. CXXV., Lutetiae Parisiorum*, 1852, Sp.882.

440 Vgl. *Thomas von Aquin, Summa Theologiae, secunda secundae, quaestio* 89, Art. 3.

441 Vgl. *Hostiensis (Henricus de Segusio)*, Kommentar zum *Liber Extra (Lectura)*, 1512, fol.184^{v}, Glosse *'pacta custodiantur'* zu X 1.35.1.

442 Vgl. *Hostiensis (Henricus de Segusio)*, Kommentar zum *Liber Extra (Lectura)*, 1512, fol.186^{r}, Sp.1, Glosse *‚nullam'* zu X 1.35.8.

443 Vgl. D. 24.3.14.1.

Hostiensis griff diese Einschränkung aufgrund der Sittenwidrigkeit wie bereits Tancred unter Verweis auf das *ius civile* auch für das kirchliche Recht auf:

> „*Totam Si totam reddere potest: alias inquantum facere potest/habita. scilicet ratione ne egeat: nam indecens esset mulieri si talem videret medicantem .ff. de re iu. non tantum [D. 42.1.20] Quod verum est nisi dolose suam substantiam diminuerit maritus/ tunc enim hoc privilegium perdere debet: et in solidum condemnari. C. de rei ven. actione lex unica § cum autem [C. 5.13.7] Alias autem hec privilegium retinet/ cui etiam per pactum contrarium renunciare non potest: que contra bonos mores esset. ff. solu.matrimonio. alia § 1 [D. 24.3.14.1] si tamen totum solverit repetere non potest .ff. de condi. indebiti. nam etsi maritus [D. 12.6.9] […]*“[444].

Es ist demnach nicht anzunehmen, dass Hostiensis die *boni mores* als Wirksamkeitskriterium aufgab. Er übernahm sie vielmehr mitsamt ihrer legistischen Deutung. Neu war jedoch die bereits bei Goffredus de Trano vorliegende Erweiterung und Modifizierung durch das Kriterium der *salus aeterna*, die Hostiensis aus der Entscheidung Gregors IX. in X 1.35.8 aufgriff. Dabei übernahm auch er den von Gregor IX. gebrauchten Ausdruck ‚*detrimentum*‘ und nicht die Wendungen „*interitum salutis aeternae*“[445] von Alexander III. beziehungsweise „*dispendium*“[446] von Innozenz III.

Auch an den Ausführungen von Hostiensis wird deutlich, dass sich in der Kanonistik das Kriterium des Seelenheils gegenüber anderen inhaltlichen Maßstäben, wie den guten Sitten im legistischen Sinne, in den Vordergrund verlagerte. Eine spezifisch kanonistische Deutung der guten Sitten erfolgte jedoch auch bei Hostiensis nicht.

6. Zwischenergebnis

Aus der Behandlung der *boni mores* bei den untersuchten Dekretisten und Dekretalisten ergibt sich für die kanonistische Lehre von den *boni mores*, dass wenn diese zitiert wurden, dies immer unter Bezug auf das *ius civile* geschah. Dabei gab es keine originären Entscheidungen im kirchlichen Recht unter Berufung auf die *boni mores*. Durch Gregor IX. wurde jedoch unter dem Gesichtspunkt der *turpitudo* der Aspekt des Seelenheils in das Recht vom *pactum* eingeführt und als spezifisch kanonistisches Kriterium für die Wirksamkeit von *pacta* in

---

444 *Hostiensis (Henricus de Segusio)*, Kommentar zum *Liber Extra (Lectura)*, 1512, fol.241^{v}, Sp.1, Glosse ‚*totam*‘ zu X 4.20.1

445 *Alexander III.*, 1 Comp. 2.17.4 bzw. X 2.24.8, JL 12293, 1173–1174, in: Ed. *Friedberg*, II, Sp.361f.

446 *Innozenz III.*, 4 Comp. 4.9.1 bzw. X 2.24.28, Po 4006, 1210, in: Ed. *Friedberg*, II, Sp.371.

den Vordergrund gerückt. Dies wurde in der Lehre übernommen, wobei die bisherige legistische Lehre von den *boni mores* beziehungsweise der *turpitudo* beibehalten und durch Aspekt des Seelenheils modifiziert und ergänzt wurde.

Durch Bernardus Parmensis erfolgte eine kanonistische Definition der *turpitudo* durch das Kriterium der Sünde, eine kanonistische Deutung des Begriffs der Sittenwidrigkeit wurde jedoch nicht ausdrücklich vorgenommen. Der Ansatz der Kanonistik bei der Bestimmung zulässiger Inhalte von Vereinbarungen bestand bis zu Hostiensis vielmehr in der direkten Bezugnahme auf das theologische Kriterium des Seelenheils. Zwischen diesem und den guten Sitten bestand jedoch auf der Ebene der Theologie ein sachlicher Zusammenhang. Dieser ergab sich aus der theologischen Definition und Funktion der guten Sitten im Hinblick auf das letzte Ziel menschlicher Handlungen, die *salus aeterna*. Die Sittenwidrigkeit spielte in der Kanonistik in diesem Sinne der Sache nach, in Gestalt des Kriteriums der *salus aeterna*, eine bedeutende Rolle für die Frage der Wirksamkeit von Vereinbarungen.

7. Der *Liber Sextus* und seine Kommentierungen

a. Einleitung

Die Dekretalen, die nach der Promulgation des *Liber Extra* erlassen wurden, wurden unter Bonifaz VIII. in einer eigenen Sammlung zusammengestellt, dem *Liber Sextus*.[447] Es stellt sich die Frage, was sich aus den Entscheidungen des *Liber Sextus* sowie den Werken der Juristen, die sich damit beschäftigten, für die kanonistische Lehre von den sittenwidrigen *pacta* ergibt. Insbesondere ist zu untersuchen, welche inhaltlichen Kriterien bei der Beurteilung der Wirksamkeit von *pacta* angelegt wurden und welche Bedeutung und Funktion dabei den *boni mores* zukam.

b. Bonifaz VIII.

Der *Liber Sextus* entspricht in seiner Aufteilung in fünf Bücher sowie in der Einteilung der Titel, soweit vorhanden, dem *Liber Extra*. Der Titel *de pactis* enthält drei Dekretalen von Bonifaz VIII. (Papst von 1294–1303), unter ihnen eine Entscheidung aus der Zeit um das Jahr 1299[448], die den Fall betrifft, dass eine

---

447 Zum *Liber Sextus* s. *Schrage, Eltjo J. H., Utrumque Ius*. Eine Einführung in das Studium der Quellen des mittelalterlichen gelehrten Rechts, Berlin, 1992, S. 105f.

448 Datierung nach *Schilling, Bruno/Sintenis, Carl Friedrich Ferdinand*, Das *Corpus Juris Canonici* in seinen wichtigsten und anwendbarsten Teilen in's Deutsche übersetzt und systematisch zusammengestellt, Bd. 2, Leipzig, 1837, S. 893.

Tochter durch ein *pactum* auf ihr über die Mitgift hinausgehendes väterliches Erbe verzichtete[449]. Bonifaz VIII. wies in seiner Entscheidung darauf hin, dass ein solches *pactum* zwar nach dem *ius civile* nicht gebilligt werde, wenn die Tochter ein *pactum* solchen Inhalts jedoch frei von Zwang oder Arglist beeidige, habe sie es dennoch zu erfüllen. Er begründete dies damit, dass dies weder zu einem Verlust des Seelenheils noch zur Schädigung eines Dritten führe.

> „*[…] si tamen iuramento non vi nec dolo praestito firmatum fuerit ab eadem, omnino observari debebit, quum non vergat in aeterne salutis dispendium, nec redundet in alterius detrimentum.*"[450]

Die Entscheidung betraf nicht den Abschluss eines einfachen *pactum*, sondern der Fall, dass dieses durch die Leistung eines Eides bekräftigt wurde. Aus der Entscheidung folgt, dass nach Bonifaz VIII. ein durch Eid bekräftigtes *pactum* nur dann nicht zu halten war, wenn dies zum Verlust des eigenen Seelenheils oder zur Schädigung eines Dritten führte. So schlug dieses Kriterium auch auf das *pactum* durch. Die Kriterien, die Bonifaz VIII. zur Beurteilung der Wirkamkeit des *pactum* heranzog, waren in der Kanonistik bereits gebräuchlich.[451]

Die Entscheidung von Bonifaz VIII. ist für die Frage der kanonistischen Lehre von der Sittenwidrigkeit von *pacta* auch insoweit interessant, als in ihr ein in Legistik und Kanonistik umstrittenes Thema angesprochen wurde. An diesem werden die unterschiedlichen Sichtweisen der Schwesterdisziplinen bezüglich der Sittenwidrigkeit mit unterschiedlichen Folgen für die jeweilige Lehre sichtbar. Wie Bonifaz VIII. in der oben genannten Entscheidung bemerkte, missbilligte das *ius civile* ein *pactum*, in welchem eine Tochter gegenüber ihrem Vater auf ihr väterliches Erbe verzichtete, wie es VI. 1.18.2 zum Gegenstand hatte. Nach dem *ius civile* verstieß eine *stipulatio* über die Erbschaft (D. 45.1.61) oder über die zukünftige Erbfolge (C. 8.38.4) gegen die guten Sitten. Es handelt sich bei dem hier betroffenen Themenbereich der Erbschaft und der Erbfolge um den Hauptanwendungsbereich der Lehre von der Sittenwidrigkeit von Vereinbarungen in der Legistik. So befand Placentinus in seiner *Summa* unter dem Titel *de pactis* das *pactum* zwischen Vater und Tochter, das die Testierfreiheit des

---

449 *C. Quamvis pactum*, VI. 1.18.2. Die Entscheidung wurde von Dynus Mugellanus in seine Kommentierung der *regula LVIII*, die wörtlich nur den Eid betrifft, einbezogen. *Dynus Mugellanus*, Kommentar zu den *regulae iuris* des *Liber Sextus*, 1576, fol.389, Nr. 7, zur *regula LVIII* (VI. 5.12.58).

450 VI. 1.18.2, *Bonifaz VIII.*, in: Ed. *Friedberg*, II, Sp.990.

451 Vgl. insbesondere *Goffredus de Trano*, Summe zum *Liber Extra*., fol.55^r, Sp.1, *Liber primus, de pactis, n.9*, s.o. S. 127.

Vaters einschränkt, für sittenwidrig.[452] Azo führte in seiner Summe zum *Codex* unter Verweis auf D. 45.1.61 ein Versprechen bezüglich der künftigen Erbfolge als einziges Beispiel für eine *stipulatio contra bonos mores* an[453] und auch Accursius nannte in seiner Kommentierung von C. 2.3.6 als einziges Beispiel für ein *pactum contra bonos mores* das bezüglich der künftigen Erbfolge[454].

Was die Wirksamkeit des *pactum* an sich betrifft, verwies Bonifaz VIII. in VI. 1.18.2 auf das *ius civile.* Da das Kriterium der *boni mores* auch in der Kanonistik weiterhin neben dem des Seelenheils angeführt wurde, ist nicht auszuschließen, dass er, was die Frage Sittenwidrigkeit des in VI. 1.18.2 geschilderten *pactum* ohne Beeidigung betrifft, der Lehre des *ius civile* folgte. Es stellt sich die Frage, ob der Fall des Verzichts auf das väterliche Erbe einen Sachverhalt darstellte, der auch nach der Kanonistik eine Durchbrechung der Bindungswirkung des *pactum* rechtfertigte. Ein Verlust des Seelenheils war durch einen solchen Verzicht nicht zu befürchten, so dass nur an den von den Kanonisten weiterhin zitierten Fall der Sittenwidrigkeit beziehungsweise *turpitudo* zu denken ist.

Eine Durchbrechung der Bindungswirkung des Eides war in der Kanonistik gemäß X 2.24.8[455] und X 2.24.28[456] aus inhaltlichen Gründen nur dann gerechtfertigt, wenn das Seelenheil gefährdet oder ein Dritter geschädigt würde. Daneben war ein Eid nach Bernardus Parmensis auch dann nicht zu halten, wenn er gegen die Gesetze oder die guten Sitten verstoßen würde.[457] Bonifaz VIII. nahm zwar in der *regula LVIII*[458] die guten Sitten ausdrücklich als Kriterium für die Wirksamkeit des Eides in den *Liber Sextus* auf. Die Regel lautet „*Non est obligatorium contra bonos mores praestitum iuramentum.*“[459] und besagt, dass ein Eid, der gegen die guten Sitten verstoße nicht binde.[460] In seinen Entscheidungen aus

452 Vgl. *Placentinus*, Summe zum *Codex*, 1536, S. 46f. *In librum secundum codicis, de pactis.*

453 Vgl. *Azo Porcius*, Summe zum *Codex*, 1506, S. 317, *Lib.VIII, de inutilibus stipulationibus.*

454 Vgl. *Accursius, Glossa ordinaria* zum *Codex*, 1627, Sp.333, Glosse *‚contra bonos mores'* zu C. 2.3.6.

455 *Alexander III.*, JL 12293, 1173–1174.

456 *Innozenz III.*, Po 4006, 1210.

457 Vgl. *Bernardus Parmensis, Glossa ordinaria* zum *Liber Extra*, 1615, fol.581, Sp.2, Glosse *‚oculos, vel nasum'* zu X 2.24.25.

458 Der Titel *de regulis iuris* des *Liber Sextus* fiel mit 88 Regeln, die allesamt von Bonifaz VIII. stammen, bedeutend umfangreicher aus als der gleichnamige Titel des *Liber Extra.*

459 *Bonifaz VIII., regula LVIII*, VI. 5.12.58, Ed. *Friedberg*, II, Sp.1123.

460 Im *Liber Sextus* findet sich dagegen keine Regel, die sich auf die Sittenwidrigkeit von Vereinbarungen bezieht.

VI. 1.18.2 und VI. 2.11.2 stellte Bonifaz VIII. jedoch bezüglich der Verbindlichkeit des Eides, wie Innozenz III. in X 2.24.28, allein auf die Vermeidung einer Beeinträchtigung des Seelenheils des Versprechenden sowie einer Schädigung Dritter ab.

Die Kanonistik knüpfte ihre gesamte Lehre von der Verbindlichkeit des einfachen *pactum* an die Gleichbehandlung von *pactum* und Eid sowie letztlich an das Argument der Sünde, die vermieden werden sollte. Demnach war nach kanonistischer Lehre von keiner geringeren Bindungskraft des *pactum* als der des Eides auszugehen. Zu dem Verhältnis des Kriteriums der guten Sitten hierzu ist zu berücksichtigen, dass ihre Interpretation und Anwendung in der Kanonistik ebenfalls unter dem Licht der Argumentation mit der Sünde erfolgten. Diese stellte das Argument für die Bindungswirkung sowohl des Eides, als auch einfacher Versprechen dar. So konnte die Durchbrechung dieser Bindung nicht unterhalb der Schwelle stattfinden, die die Vermeidung der Sünde darstellte.

Wie die Entscheidung aus VI. 1.18.2 zeigt, stellte ein *pactum*, mit welchem die Tochter gegenüber ihrem Vater auf ihr Erbe verzichtete, weder von Seiten der Tochter, noch von Seiten des Vaters eine Sünde dar, die das Seelenheil gefährden konnte. Bonifaz VIII. ging auch nicht von einer Unwirksamkeit des *pactum* unter Berufung auf die guten Sitten aus.[461] Im Gegensatz hierzu missbilligte das *ius civile* ein solches *pactum* aufgrund dessen Sittenwidrigkeit. Neben der zu bejahenden Frage, ob ein solches *pactum* nach kirchlichem Recht band, betrifft die Entscheidung demnach die Frage, wie sich das nach dem *ius civile* missbilligte *pactum* auf den zusätzlich abgegebenen Eid auswirkte. Der Gehalt der Entscheidung liegt demnach in der Feststellung, dass eine Durchbrechung der grundsätzlichen Bindungswirkung des Eides nur im Fall des Verlustes des Seelenheils oder der Schädigung eines Dritten gerechtfertigt war. Auf die guten Sitten ging Bonifaz VIII. in der Entscheidung dagegen, jedenfalls nicht ausdrücklich, ein.

Diese Abwägung kann angesichts des Gleichlaufs der Argumentation bezüglich der Verbindlichkeit des *pactum* und des Eides in der Kanonistik auch auf das *pactum* übertragen werden. Allein anhand der Entscheidung aus VI. 1.18.2 kann nicht mit Sicherheit gesagt werden, wie Bonifaz VIII. im Fall des einfachen *pactum* entschieden hätte. Es steht jedoch fest, dass die *boni mores* im legistischen

---

461 Ein ähnlicher Fall, in welchem auch von einer solchen Abwägung zu Gunsten der Wirksamkeit des *pactum* und keiner Durchbrechung der Bindungswirkung auszugehen ist, findet sich in der Entscheidung von Innozenz III. in X 2.24.28 (1210; Po 4006). Auch hier wurde auf die Unwirksamkeit der Vereinbarung nach dem *ius civile* verwiesen ohne auf die Wirksamkeit bzw. Sittenwidrigkeit nach kanonischem Recht einzugehen.

Sinne nach Bonifaz VIII. nicht zu einer Unwirksamkeit des Eides führten. Der *regula LVIII* kann demnach nicht das legistische Verständnis der Sittenwidrigkeit zugrunde gelegt werden. Bonifaz VIII. zog in seiner Entscheidung aus VI. 1.18.2, jedenfalls nicht ausdrücklich, die in der *regula* genannten kanonistisch zu deutenden *boni mores* heran, sondern allein das Seelenheil. Dies spricht jedenfalls im Fall der Beeidigung des einfachen *pactum* für einen Vorrang des Kriteriums des Seelenheils. Der Sache nach zog Bonifaz VIII. jedoch mit dem Seelenheil ein Kriterium heran, das auch den theologischen Begriff von den *boni mores* prägte. Es kann demnach unter Berücksichtigung der *regula LVIII* des *Liber Sextus* sogar von einer Gleichsetzung des Kriteriums der *salus aeterna* mit einem kanonistisch zu deutenden Begriff der guten Sitten unter Bonifaz VIII. ausgegangen werden.

An der Entscheidung von Bonifaz VIII. zeigt sich anhand von zwei Punkten die von der Legistik abweichende Prioritätensetzung in der Kanonistik. Zunächst wird die große Bedeutung des Eides deutlich. Dieser war nach der Entscheidung von Bonifaz VIII. nur bei Schädigung eines Dritten sowie im schlimmsten Falle, der einem Menschen zustoßen kann, nämlich dem drohenden Verlust des ewigen Heils, nicht zu befolgen. Im Lichte dieser Entscheidung ist auch die *regula LVIII* des *Liber Sextus* zu betrachten, nach der auch im Falle der Sittenwidrigkeit keine Verbindlichkeit vorlag.

Dies führt zu dem zweiten Punkt, der Motivation der strengen Verteidigung des Eides, nämlich das ewige Heil zu bewahren. Im Grunde steht auch hinter dem ersten Punkt, der großen Bedeutung des Eides in der Kanonistik, die Priorität des Seelenheils. Die Begründung für die so streng geschützte Verpflichtung aufgrund Eides leiteten die Kanonisten aus der Sünde des Meineides her *(„peccaret enim“)*[462]. Nachdem sich die Lehre von der Wirksamkeit des *pactum nudum* herausgebildet hatte, wurde diese Argumentation, die im Zusammenhang mit dem Eid entwickelt wurde, auch auf das *pactum* übertragen. Das Argument der Vermeidung der Sünde und letztlich das des Seelenheils als letztes Ziel menschlicher Handlungen charakterisierte sowohl die Lehre von der Bindung durch einfaches *pactum*, als auch die damit untrennbar zusammenhängende Lehre von der Durchbrechung dieser Bindungswirkung. In diesem Licht ist das Kriterium der guten Sitten zu betrachten, das in der Lehre der Kanonistik bezüglich der Wirksamkeit des *pactum* und des Eides präsent blieb, und das Bonifaz VIII. in der *regula LVIII* ausdrücklich auf das Recht vom Eid übertrug. Bei der Frage

---

462 *Huguccio von Pisa, Summa decretorum*, Glosse *'oportebit absolvere'* zu C.12 q.2 c.66, nach Manuskript Clm. 10247, fol.173vb, ediert in: *Landau, Pacta sunt servanda*, 2003, S. 462.

der Wirksamkeit des Eides stellte Bonifaz VIII. in seiner *regula LVIII* zwar auf die guten Sitten ab. Im Rahmen der konkreten Entscheidung zog er jedoch die Kriterien des Seelenheils und der Integrität Dritter heran. Diese genossen damit einen gewissen Vorrang, bestimmten jedoch zugleich der Sache nach den theologischen Begriff der *boni mores*. An der *regula LVIII* und der Entscheidung aus VI. 1.18.2 zeigt sich demnach in der kirchlichen Rechtspraxis ein Vorrang des Kriteriums der *salus aeterna* sowie der Ansatz einer Ablösung des kanonistischen Begriffs der guten Sitten von dem der Legistik.

c. Der Kommentar zu den *regulae iuris* des *Liber Sextus* von Dinus Mugellanus de Rossonibus

Es stellt sich die Frage, welche Entwicklung die kanonistische Lehre bezüglich der Sittenwidrigkeit von Vereinbarungen in der Folgezeit nahm. Im *Liber Sextus* findet sich zwar keine *regula*, die sich auf die Sittenwidrigkeit auch von *pacta* bezieht, jedoch eine *regula*, die für den Fall des *malum promissum* von der Befolgung des Versprechens entbindet. „*In malis promissis fidem non expedit observari.*“[463] Es ist anzunehmen, dass Bonifaz VIII. die Thematik des *malum promissum* dem in der Folge oft zitierten Ausspruch Isidors entnahm, der in C.22 q.4 c.5 ins *Decretum Gratiani* Eingang fand. Die *boni mores* werden in den *regula* selbst zwar nur im Zusammenhang mit dem Eid erwähnt, dort boten sie jedoch den Anknüpfungspunkt für die Darstellung der Lehre von der Sittenwidrigkeit auch von *pacta* in den Kommentierungen der Kanonisten.

Einer dieser Juristen war Dynus Mugellanus de Rossonibus (1253- nach 1298)[464], der an der Zusammenstellung des Titels *de regulis iuris* des *Liber Sextus* beteiligt war.[465] Dabei orientierte er sich vor allem an den *regula*e der Digesten.[466]

463 *Bonifaz VIII.*, *regula LXIX*, VI. 5.12.69, in: Ed. *Friedberg*, II, Sp.1124.

464 Datierung nach *Coing*, Handbuch, I, S. 269, 275. Zu Dynus Mugellanus s.a. *Schulte, Johann Friedrich von*, Die Geschichte der Quellen, II, S. 44, 176f.

465 Vgl. *Lange, Hermann*, in: *Lange, Hermann/Kriechbaum, Maximiliane*: Römisches Recht im Mittelalter. Band 2. Die Kommentatoren, München, 2007, S. 207.

466 Vgl. *Lange, Hermann*, in: *Lange, Hermann/Kriechbaum, Maximiliane*: Römisches Recht im Mittelalter. Band 2. Die Kommentatoren, München, 2007, S. 207; Die entgegenstehende Ansicht von Johann Friedrich von Schulte, die „[...] regulae [seien] durchgehend dem römischen Recht entnommen [worden] [...]“ (*Schulte, Johann Friedrich* von, Die Geschichte der Quellen, II, S. 44, 176) ist nicht richtig. Dies zeigt sich schon zu Beginn des Titels *de regulis iuris*, in welchem in der ersten Regel die „*beneficia ecclesiastica*“ erwähnt werden. Diese spielen in dem entsprechenden Digestentitel keine Rolle, wie auch das *peccatum*, das jedoch in den *regulae IV* und *V* des *Liber Sextus* Erwähnung findet.

Im Jahr 1298[467] verfasste er einen Kommentar zu den *regulae* mit dem Titel *Super regulis iuris,*[468] der bei den Kanonisten, unter anderem Johannes Andreae, häufige Verwendung fand.[469] Es stellt sich die Frage, was sich aus seinem Werk für den Inhalt und die Funktion der Sittenwidrigkeit im Zusammenhang von Vereinbarungen in der Kanonistik ergibt.

In seinem Kommentar zu den *regulae iuris* findet sich unter der *rubrica n.1, Iuramentum non ligat contra bonos mores vel leges emissum*, folgende Kommentierung der *regula LVIII*[470].

> „*Si iuravi hominem occidere, vel furtum facere, tale iuramentum non est obligatorium, A quia contra bonos mores B est praestitum. Et istud est generale, quod iuramentum praestitum contra bonos mores, vel contra leges non est obligatorium, nec firmat rem de qua agitur, ut supra de electione, c. ubi. et capit. Quia saepe contingit. [VI. 1.6.3 und 40] et de rebus ecclesiae non alienandis. capit. 2 [VI. 3.9.2]*"[471]

Dynus Mugellanus nannte als Fälle der Sittenwidrigkeit die Vereinbarung eines Mordes oder Raubes. Er fügte den guten Sitten als Wirksamkeitkriterium auch die Gesetze hinzu und bezog die Frage der Bekräftigung durch Eid ein. Hierzu zitierte er drei Stellen aus dem *Liber Sextus*.

Bei der ersten Stelle, VI. 1.6.3, handelt es sich um einen Auszug aus dem Konzil von Lyon aus dem Jahre 1274[472], in welchem Papst Gregor X. die Umstände festlegte, unter denen im Falle des Ablebens des Papstes die Papstwahl erfolgen sollte. Die Regelungen sollten nach Gregor X. dazu dienen, eine schnelle, einmütige und nützliche Wahl herbeizuführen, so wie sie das Heil der Seelen und der Nutzen *(utilitas)*[473] der ganzen Welt

---

467 Datierung nach *Coing*, Handbuch, I, S. 379.

468 Zu dessen Handschriften s. *Schulte, Johann Friedrich von*, Die Geschichte der Quellen, II, S. 177, Fn. 7; zu den Editionen vgl. *Coing*, Handbuch, I, S. 379; zu beidem *Savigny, Friedrich Carl von*, Geschichte des römischen Rechts im Mittelalter, Band 5, dreizehntes Jahrhundert, Bad Homburg, 1961, S. 457.

469 Vgl. *Schulte, Johann Friedrich von*, Die Geschichte der Quellen, II, S. 177.

470 „*Non est obligatorium contra bonos mores praestitum iuramentum.*", *Bonifaz VIII.*, *regula LVIII*, VI. 5.12.58, in: Ed. *Friedberg*, II, Sp.1123.

471 *Dynus Mugellanus*, Kommentar zu den *regulae iuris* des *Liber Sextus*, 1576, S. 388f, *n.1*, zu VI. 5.18.58.

472 Vgl. Ed. *Friedberg*, II, Sp.945, Fn.a zu VI. 1.6.3.

473 Bruno Schilling übersetzte *utilitas* hier mit Glück. Vgl. *Schilling, Bruno/Sintenis, Carl Friedrich Ferdinand*, Das *Corpus Iuris Canonici* in seinen wichtigsten und anwendbarsten Theilen, in's Deutsche übersetzt und systematisch zusammengestellt, Bd. 1, Leipzig, 1834, S. 755.

fordere.[474] Gregor X. legte bei der Ausgestaltung der Umstände unter anderem besonderen Wert darauf, dass die Entscheidung der Kardinäle nicht durch äußere Einflüsse beeinflusst und die Freiheit der Wählenden gewahrt werde. Zu diesem Zweck solle das Gebäude, in dem sich die Kardinäle bis zum Abschluss der Wahl aufhielten, verschlossen sein, so dass keiner hinein oder hinaus gelange. Die Kardinäle sollten weder Besuche empfangen, Nachrichten nach außen versenden, noch sollten heimliche Absprachen stattfinden. Um die Entscheidung von persönlichen Interessen, Verpflichtungen und privaten Vorteilen frei zu halten, hob Gregor X. darüber hinaus *pactiones*, Übereinkünfte, Verbindlichkeiten, Absprachen und heimliche Absichten, sei es, dass diese durch Eid oder auf sonstige Art bekräftigt worden seien, auf, erklärte sie für ungültig und bestimmte, dass sie gänzlich der Wirkung entbehren würden. Als Folge hiervon führte Gregor X. an, dass niemand an die Einhaltung solcher Verbindlichkeiten gebunden sei und auch niemand infolge ihrer Verletzung die Rüge der nicht gehaltenen *fides* befürchten müsse. Dies begründete er damit, dass die Verletzung in diesem Fall vielmehr lobenswert sei, da auch das menschliche Gesetz bezeuge, dass Gott solche Verletzungen einer Befolgung des Eides vorziehe.[475]

In der Entscheidung Gregors X. spielten die guten Sitten keine Rolle und die erwähnten Vereinbarungen bezüglich der Wahl des Papstes haben nach wie vor einen sehr begrenzten Anwendungsbereich. Es ist demnach nicht anzunehmen, dass Dynus die Entscheidung zur inhaltlichen Erläuterung der *regula* heranzog. Sie enthält jedoch grundsätzliche Ausführungen zu der Argumentation der Kanonistik im Hinblick auf die Beurteilung der Wirksamkeit von Vereinbarungen. Aus der Entscheidung Gregors X. folgt, dass er eine Vereinbarung dann als unwirksam betrachtete und ein Bruch der *fides* nicht vorzuwerfen war, wenn

474 *"[…] huic adiicimus sanctioni, ut […] humiles preces fundatur ad Dominum, apud eum devotis orationibus insistatur, ut ipse, qui concordiam facit in sublimis suis, sic efficiat eorundem cardinalium corda in eligendo concordia, quod provisio celer, concors et utilis, prout animarum salus exigit et totius orbis requirit utilitas, ex ipsorum unanimitate sequatur." Gregor X.*, VI. 1.6.3 *(de elctione et electi potestate)*, in: Ed. *Friedberg*, II, Sp.948f.

475 *"Et nos nihilominus pactiones, conventiones, obligationes, condicta et intendimenta omnia, sive iuramenti sive cuiuslibet alterius fuerint vinculo firmitatis annexa, cassamus, irritamus et viribus decernimus omnino carere ita, quod nullus ad illa observanda quomodolibet sit adstrictus, nec quisquam ex eorum transgressione notam vereatur fidei non servatae, sed non indignae laudis titulum potius mereatur, quum lex etiam humana testetur, Deo magis transgressiones huiusmodi, quam iurisiurandi observationes acceptas." Gregor X.*, VI. 1.6.3 *(de elctione et electi potestate)*, in: Ed. *Friedberg*, II, Sp.948.

in den Augen Gottes die Verletzung des Versprechens mehr zu billigen war als die Erfüllung. Es fand also eine Bewertung der Qualität der beiden Handlungsalternativen unter dem Gesichtspunkt der Gottgefälligkeit statt. Unter diesem Gesichtspunkt bedurfte es für die fehlende Verbindlichkeit der Vereinbarung beziehungsweise des Eides keiner päpstliche Aufhebung. In diesem Sinne ist auch die *regula LVIII*[476] zu verstehen, die nicht von einer Aufhebbarkeit, sondern von der fehlenden Verbindlichkeit des sittenwidrigen Eides spricht.[477]

Dynus begründete in der Kommentierung der *regula LVIII* die fehlende Bindungswirkung eines Eides, der gegen die guten Sitten verstoße, darüber hinaus mit dem ursprünglich zivilistischen Argument, dass ein Verstoß gegen die guten Sitten einen Fall der Unmöglichkeit darstelle. Diese wiederum hindere die Entstehung einer Verbindlichkeit:

> „*[...] quia quae contra bonos mores sunt impossibilia reputantur de iure. ut ff. de condi. Instit. l. filius. et l. conditiones et l. quidam [D. 28.7.15+9+27], sed impossibilium nulla est obligatio, ut supra eodem cap. nemo potest. [VI. 5.12.6] et ff. eod .l. impossibilium. [D. 28.7.185*[478]*] Ergo nec eorum, quae sunt contra bonos mores. [...]*“[479]

Er zitierte dabei drei Digestenstellen aus dem Titel *de conditionibus institutionum* (D. 28.7), welche die Unmöglichkeit im Rahmen von Bedingungen regeln sowie die *regula VI* des *Liber Sextus* (VI. 5.12.6) und die *regula* 185 des Digestentitels *De diversis regulis iuris antiqui* (D. 50.17.185). Letztere entspricht inhaltlich in leicht abgewandelter Formulierung der *regula VI* des *Liber Sextus*. Die *regula VI.*, „*Nemo potest ad impossibile obligari.*“[480] bezüglich der fehlenden Verbindlichkeit im Fall der Unmöglichkeit, wurde also dem römischen Recht entnommen. Die von Dynus Mugellanus kommentierte *regula LVIII* bezüglich der

---

476 „*Non est obligatorium contra bonos mores praestitum iuramentum.*“, *Bonifaz VIII.*, *regula LVIII*, VI. 5.12.58, in: Ed. *Friedberg*, II, Sp.1123.

477 Bei der zweiten Stelle (VI. 1.6.40), die Dynus zu der Frage der Sitten- und Gesetzeswidrigkeit heranzog, handelt es sich um eine Entscheidung von Bonifaz VIII. aus dem Jahre 1299, in der er verschiedene hoheitliche Bestimmungen über Kirchengüter, die durch Eid oder auf andere Art bekräftigt wurden, widerrief, aufhob und für ungültig erklärte. Auch in dieser Entscheidung wurde nicht auf die guten Sitten Bezug genommen, sie entspricht jedoch, was die Erklärung für nichtig angeht, VI. 1.6.40.

478 “*Celsus, Libro octavo digestorum Impossibilium nulla obligatio est.*”, *Corpus iuris civilis.* Ed. *Krüger/Mommsen*, I, 1911, S. 925, Sp.2.

479 *Dynus Mugellanus*, Kommentar zu den *regulae iuris* des *Liber Sextus*, 1576, S. 389, *n.2*, zu VI. 5.12.58.

480 VI. 5.12.6, *Bonifaz VIII.*, *regula VI*, Ed. *Friedberg*, II, Sp.1122.

iuramenta dagegen fand sich nicht bereits in den Digesten, dort wurde der Eid im Rahmen der *regulae* nicht erwähnt.

Auf die Thematik der eidlichen Bekräftigung einer Vereinbarung mit einem an sich verbotswidrigen Inhalt ging Dynus unter der *rubrica n.3, Iuramentum an reddat validum, quod alioqui erat fieri prohibitum*[481], ausführlicher ein. Er verwies zunächst darauf, dass der Regel, dass sittenwidrige Eide nichtig seien, entgegenstehe, wenn der Eid etwas bestätige, was von Rechts wegen verboten sei.[482] Hierzu führte er unter den Rubriken Nr. 4 bis 6 unter Verweis auf das *ius civile* Fälle von Vereinbarungen verbotenen Inhalts an, die dennoch durch Eid bekräftigt werden könnten. Es handelt sich dabei um die Veräußerung von Sachen eines *minor* oder der Mitgift sowie um den Verzicht der Tochter auf die Erbnachfolge nach dem Vater. Zu dem ersten Fall verwies er bezüglich der möglichen Bekräftigung durch Eid auf die *Authentica Sacramenta Puberum*, zu den letzten beiden Fällen auf die Entscheidungen von Bonifaz VIII. aus VI. 2.11.2 beziehungsweise VI. 1.18.2.[483]

In der *rubrica. n.7, Iuramentum quando robur praestet actui invalido alioqui*[484], beantwortete Dynus schließlich die Frage, ob durch Eid einer an sich unwirksamen rechtlichen Handlung Wirksamkeit verliehen werden könne. Dabei löste er den Widerspruch zwischen der nach dem *ius civile* verbotenen Vereinbarung und der nach kanonischem Recht möglichen Bekräftigung durch Eid, indem er nach den Gründen für die Nichtigkeit der jeweiligen Vereinbarung differenzierte.

> *„Sed dic aut sunt prohibita propter turpitudinem sui, te tunc iuramentum nihil operator, ut hic, et in iuribus supra allegatis ad idem, aut in privileg., vel favorem personae, et tunc iuramentum illius personae in cuis favorem inducitur prohibitio, est obligatorium, et confirmat rem de qua agitur, ut in auth. sacramenta [Authentica Sacramenta Puberum] et sup. de iureiur. c. ij. et de pact. c ij. lib. vi. [VI. 2.11.2 und VI. 1.18.2]“*[485]

---

481 *Dynus Mugellanus*, Kommentar zu den *regulae iuris* des *Liber Sextus*, 1576, S. 388 zu VI. 5.12.58.

482 *“Sed opponitur et videtur quod iuramentum confirmet ea, quae sunt de iure prohibita.”*, *Dynus Mugellanus*, Kommentar zu den *regulae iuris* des *Liber Sextus*, 1576, S. 389, zu VI. 5.12.58.

483 Vgl. *Dynus Mugellanus*, Kommentar zu den *regulae iuris* des *Liber Sextus*, 1576, S. 389, *n.4–6*, zu VI. 5.12.58.

484 *Dynus Mugellanus*, Kommentar zu den *regulae iuris* des *Liber Sextus*, 1576, S. 388, zu VI. 5.12.58.

485 *Dynus Mugellanus*, Kommentar zu den *regulae iuris* des *Liber Sextus*, 1576, S. 389, *n.7* zu VI. 5.12.58.

Wenn die Vereinbarung aufgrund ihrer *turpitudo* verboten werde, kann nach Dynus Mugellanus auch ein Eid nichts gegen die Unwirksamkeit ausrichten. So war es nach Dynus der Fall bei einem Verstoß gegen die guten Sitten gemäß der kommentierten *regula LVIII* und in den zuvor unter den *rubricae n.4–6* genannten Fällen aus dem *ius civile*. Sei das Verbot jedoch zu Gunsten der Person aufgestellt worden, die die an sich unerlaubte Vereinbarung durch Eid bekräftigen wollte, sei der Eid bindend und verschaffe auch seinem Gegenstand Wirksamkeit. Derart sah Dynus die Fälle aus VI. 1.18.2 und VI. 2.11.2 gelagert. Er nahm demnach in diesen Fällen keinen Fall der *turpitudo* beziehungsweise keinen Verstoß gegen die guten Sitten an. Dabei bezog er sich jedoch zwangsläufig auf eine kanonistische Deutung der *turpitudo*, da das *ius civile* im Gegensatz zum kirchlichen Recht eine Vereinbarung gemäß VI. 1.18.2 und VI. 2.11.2 wegen Verstoßes gegen die guten Sitten ablehnte.

Zu der Frage der eidlichen Bekräftigung der Veräußerung von Sachen eines *minor* zitierte Dynus die *Authentica Sacramenta Puberum*[486]. Dabei handelt es sich um eine Entscheidung von Kaiser Friedrich I. Barbarossa aus dem Jahre 1155[487]. Sie betraf nach Hermann Lange die Frage, ob gemäß der Konstitution von Alexander Severus aus C. 2.27.1 das durch Eid bekräftigte Versprechen eines Minderjährigen, im Zusammenhang mit einem von ihm geschlossenen Kaufvertag keine Klage zu erheben, von sich aus ein wirksames Rechtsgeschäft darstelle und deshalb die Wiedereinsetzung in den vorigen Stand verwehrt werde oder ob dies geschehe, weil Rechtsgeschäfte aufgrund der Bekräftigung durch Eid wirksam würden. Nach den Glossatoren würden die *Authentica* keine der oben genannten Lösungen der Frage beinhalten, sondern vielmehr von einer rein prozessualen Wirkung des Eides in Form eines Rechtsbehelfsverzichts ausgehen.[488] Anders als nach dieser zivilistischen Lösung der Frage, ging die Kanonistik in

---

486 LF 2.53.10, *Friedrich I*: „*§ 10 Item sacramenta puberum sponte facta super contractibus rerum suarum non retractandis iviolabiliter custodiantur. Per vim autem et justum metum etiam a majoribus, maxime, ne quaerimoniam maleficiorum commissorum faciunt, extorta nullius esse moment jubemus.*“ Editiert in: *Lehmann, Karl,* Das langobardische Lehensrecht: (Handschriften, Textentwicklung, ältester Text und Vulgattext nebst den *capitula extraordinaria*), Göttingen, 1896, S. 179.

487 Vgl. *Savigny, Friedrich Carl von,* Geschichte des römischen Rechts im Mittelalter, Bd. 4, zwölftes Jahrhundert, Bad Homburg, 1961, S. 187ff.

488 Vgl. *Lange, Hermann,* Römisches Recht im Mittelalter. Band 1. Die Glossatoren, München, 1997, S. 78f. unter Verweis auf *Hallebeek, Jan, Actio ex iuramento.* The legal enforcement of oaths, in: *Ius commune XII* (1990), S. 69–88, 87 und *Cortese, Ennio,* La norma giuridica, Bd. 1, Mailand, 1962, S. 1–35.

diesem Punkt weiter.[489] Dies zeigt sich unter anderem an der Kommentierung der *regula LVIII* durch Dynus, der dort unter der *rubrica n.7* die Entscheidungen von Bonifaz VIII. aus VI. 2.11.2 und VI. 1.18.2 zitierte.

In VI. 2.11.2 *(C. Licet mulieres)* aus dem Titel *de iureiurando* entschied Bonifaz VIII., dass der Eid, den eine Ehefrau zur Bekräftigung einer Vereinbarung bezüglich der Veräußerung ihrer Mitgift ohne Zwang oder Arglist geschworen habe, entgegen der zivilistischen Lehre zu befolgen sei. Dies sei, um eine Gefahr für die Seelen abzuwenden, auch unter den Richtern durchzusetzen.

> *„[...] nos, animarum periculis obviare volentes, eosdem iudices ad servandum hoc ius canonicum per locorum ordinarios censura ecclesiastica decernimus compellendos."*[490]

Zu derselben Lösung der Frage kam er in VI. 1.18.2 im Zusammenhang mit der eidlichen Bekräftigung eines Verzichts auf die Mitgift. Er begründete dies damit, dass dieser Eid weder zu dem Verlust des ewigen Heils, noch zur Schädigung eines Dritten führe:

> *„[...] non vergat in aeterne salutis dispendium, nec redundet in alterius detrimentum."*[491]

Es wird hier deutlich, dass sich das Wirksamkeitskriterium der Kanonistik, das Seelenheil, von dem zivilistischen Kriterium der *boni mores* ablöste. Das zivilistisch gedeutete Kriterium der Sittenwidrigkeit im Fall der Veräußerung der Mitgift stellte nach Bonifaz VIII. keinen Unwirksamkeitsgrund dar und wurde von Dynus Mugellanus nicht als Fall der *turpitudo* gewertet. So wurde hier allein das kanonistische Kriterium der *salus aeterna* als Maßstab für die Wirksamkeit herangezogen, ohne daneben die *boni mores* zu erwähnen.

An den Entscheidungen von Bonifaz VIII. sowie daran, dass sie Dynus in seiner Kommentierung der *regula LVIII* des *Liber Sextus* heranzieht, zeigt sich die größere Strenge des kanonischen Rechts bezüglich der Befolgung eines geleisteten Eides, solange nicht das Seelenheil bedroht war. Diese Gewichtung des Eides und der Verwendung des Kriteriums des Seelenheils war ursächlich für die von Lange festsgestellte oben genannte „[...] weitreichendere Wirkung [...] [der] eidliche[n] Bekräftigung [...] im kanonischen Recht."[492]. Bei der Frage der

489 Vgl. *Lange, Hermann*, Römisches Recht im Mittelalter. Band 1. Die Glossatoren, München, 1997, S. 79 sowie Fn. 44, in der Lange hierzu neben (wohl) VI. 1.18.2 auch auf X 2.14.16 verweist.

490 VI. 2.11.2, *Bonifaz VIII* (Papst von 1294–1303), in: Ed. *Friedberg*, II, Sp.1004.

491 VI. 1.18.2, *Bonifaz VIII* (Papst von 1294–1303), in: Ed. *Friedberg*, II, Sp.990.

492 *Lange, Hermann*, Römisches Recht im Mittelalter. Band 1. Die Glossatoren, München, 1997, S. 79.

Verbindlichkeit des Eides bildete in den oben genannten Entscheidungen von Bonifaz VIII. das Seelenheil die Grenze.

Die Untersuchung des Werkes von Dynus Mugellanus zeigt in der Zusammenschau mit der Rechtsprechung von Bonifaz VIII., dass die Kanonistik bei der inhaltlichen Bewertung von *pacta* ihr eigenes Kriterium der *salus aeterna* anlegte. Dabei grenzte sie sich von dem legistischen Begriff der *boni mores* ab und subsumierte unter die *turpitudo* nach eigenen Maßstäben, gegebenenfalls gegen die legistische Lehre. Der Maßstab, den die Kanonistik anlegte, war die Sünde, die im Hinblick auf die Wahrung des Seelenheils zum tragen kam und auch den theologischen Begriff der *boni mores* bestimmte. Insofern bestand der Sache nach ein kanonistischer Begriff der Sittenwidrigkeit als dem, was das Seelenheil gefährdet. Dies wurde jedoch noch nicht ausdrücklich in Form einer kanonistischen Deutung der guten Sitten formuliert.

d. Johannes Andreae

(1) *Novella* zum *Liber Extra*

Die Entwicklung, die sich in der Kanonistik bezüglich der Sittenwidrigkeit von *pacta* vollzog, endete an dieser Stelle nicht. Um die Frage nach der weiteren Entwicklung der kanonistischen Lehre von der Beschränkung von Vereinbarungen durch die *boni mores* zu beantworten, soll auch das Werk von Johannes Andreae herangezogen werden.

Von ihm stammt die *Glossa ordinaria* zum *Liber Sextus*.[493] Darüber hinaus verfasste er zur Ergänzung der *Glossa ordinaria* zum *Liber Extra* von Bernardus Parmensis einen Kommentar zum *Liber Extra*, *Novella* genannt. Er wurde nach Teilpublikationen endgültig 1338 veröffentlicht.[494] In seinem Kommentar zum *Liber Extra* räumte Johannes Andreae der Behandlung der Sittenwidrigkeit von Vereinbarungen keinen Platz ein. Zu Beginn der Kommentierung der Stelle X 1.35.8, in der Gregor IX. das Kriterium des Seelenheils in das Recht vom *pactum* einführte, bezeichnete er allgemein solche *pacta* als unwirksam, die über geistliche Gegenstände geschlossen würden, die zur Sünde führen würden oder rechtlich oder tatsächlich unmöglich seien.

> *„Pactiones. Casus. Non valet [p]actio in sprirituallibus, vel quae peccatum inducit, vel quae de iure vel facto sit impossibilis."*[495]

---

493 Sie wurde 1301 oder kurz danach sowie später ergänzt. Vgl. *Coing*, Handbuch, I, S. 377.

494 Vgl. *Coing*, Handbuch, I, S. 378.

495 *Johannes Andreae*, Kommentar zum *Liber Extra*, 1612, fol.274, Sp.1, *casus* zu X 1.35.8.

Diese Angabe des *casus* fand sich später in der Ausgabe der *Glossa ordinaria* von Thielman Kerver aus dem Jahre 1507[496] und schließlich auch in der Ausgabe des *Corpus Iuris Canonici* von Friedberg[497] wörtlich als Überschrift von X 1.35.8 wieder.[498]

Das Kriterium der guten Sitten oder der *turpitudo* erwähnte er an dieser Stelle nicht. Er verwies jedoch in der Glosse ‚*nullam*' (X 1.35.8) auf die *Glossa ordinaria* von Bernardus Parmensis und damit indirekt auf die guten Sitten. Die glossierte Stelle betrifft die in der kommentierten Entscheidung von Gregor IX. angeführte Nichtigkeit von *pacta* aufgrund von *turpitudo* nach dem *ius civile*. Johannes Andreae zitierte in seiner Glosse unter Verweis auf D. 45.1.27.pr. fast wörtlich aus dem Digestentitel *de verborum obligationibus* (vgl. D. 45.1.26). Dort werden schändliche *(turpes) stipulationes* für nichtig gehalten und als Beispiele das Versprechen eines Mordes oder Sakrilegs genannt[499].

> „*§ In glos. 2. [ibi generaliter] sequitur, novimus turpes stipulationes nullius esse momenti, et sequitur .l. veluti. si quis homicidium. vel sacrilegium se facturum promittat [C. 45.1.27], et §. quod turpi. idem quasi ad literam.*"[500]

Die *Glossa ordinaria*, auf die Johannes Andreae Bezug nahm, bezog sich in der Kommentierung von X 1.35.8 allein auf Stellen, die die Lehre des *ius civile* bezüglich der Wirksamkeit von *pacta* betreffen.[501] So führte sie in der Glosse ‚*legitimas*', die das *ius civile* betrifft, gemäß der Codexstelle C. 2.3.6 an, dass *pacta*, die gegen Gesetze, Konstitutionen oder die guten Sitten verstießen nichtig seien.

> „*Legitimas.] [...] et generaliter pactum quod contra leges et constitutiones vel bonos mores fit, nullius est momenti. C. pact. pacta quae. [C. 2.3.6] ff. solu. matr. alia .§. 1. [D. 24.3.14.1]*"[502]

---

496 Vgl. *Decretales domini pape Gregorii noni accurate diligentia emendate: summoque studio elaborate: cum multiplicibus tabulis et repertoriis ad materias quascunque diligenter inveniendas aptissimis*, Thielman Kerver, *Parisiis*, 1507, fol.124[v].

497 Vgl. *Corpus iuris canonici*. Ed. *Friedberg*, II, Sp.205.

498 In anderen Ausgaben dagegen wurde fälschlicherweise an Stelle von ‚*peccatum*' ‚*pactum*' gesetzt, so in den Ausgaben der *Glossa ordinaria* Lugduni 1553, Romae 1582 und Venetiis 1615 sowie in den Papstregesten von August Potthast, vgl. *Potthast*, I, Nr. 9568.

499 Vgl. D. 45.1.26 und 27.pr.

500 *Johannes Andreae*, Kommentar zum *Liber Extra*, 1612, fol.274[r], Sp.2, Glosse ‚*nullam*' zu X 1.35.8.

501 Glossen ‚*legitimas [sanctiones]*' und ‚*rei turpis*' zu X 1.35.8.

502 *Bernardus Parmensis*, *Glossa ordinaria* zum *Liber Extra*, 1615, fol.318, Sp.1. Glosse '*legitimas*' zu X 1.35.8.

Soweit Johannes Andreae auf die Nichtigkeit aufgrund von *turpitudo* oder Sittenwidrigkeit einging, geschah dies demnach im Rahmen der Darstellung der zivilistischen Lehre und des *ius civile*. Was dagegen die kanonistische Lehre betraf, nannte er im Rahmen der *casus*- Schilderung als Essenz der kommentierten Entscheidung von Gregor IX. neben dem Fall der Vereinbarung über geistliche Gegenstände, der den Anlass zu der kommentierten Entscheidung gegeben hatte, die allgemeineren Kriterien, dass zur Sünde verleitet werde sowie die rechtliche oder tatsächliche Unmöglichkeit.

Er griff damit die Kriterien der rechtlichen und tatsächlichen Unmöglichkeit auf, auf die Gregor IX. in der kommentierten Entscheidung unter Bezugnahme auf das *ius civile* ebenfalls verwies. An Stelle des von Gregor IX. unter Bezugnahme auf die *turpitudo* nach dem *ius civile* angeführten Kriteriums der *salus aeterna* nannte er jedoch das Kriterium der Sünde. Dabei gab Johannes Andreae das Kriterium der *turpitudo* beziehungsweise der *boni mores* sowie der *salus aeterna* keinesfalls auf, wie sich an anderer Stelle zeigt.[503] Er stellte jedoch, was die Wirksamkeit des *pactum* angeht, direkt auf das Argument ab, das in der Kanonistik sowohl hinter dem der Legistik entnommenen Kriterium der *turpitudo* beziehungsweise der *boni mores*, als auch hinter dem Kriterium der *salus aeterna* stand. Dieses war die Sünde, zu der das *pactum* nicht verleiten durfte.[504]

Wie gezeigt, bestand nach theologischem Verständnis die Beachtung der guten Sitten letztlich darin, die Gebote zu halten, insbesondere die ersten beiden Gebote zu erfüllen und damit nicht zu sündigen. Dies führe letztlich dazu, die *salus aeterna*, das ewige Leben, zu erlangen. Das Abstellen auf das Kriterium der Sünde, das sowohl das Seelenheil, als auch die guten Sitten im theologischen Sinne betraf, stellte einen entscheidenden Schritt in Richtung einer spezifisch kanonistischen Deutung des Begriffs der *boni mores* und damit der Sittenwidrigkeit im Zusammenhang mit *pacta* dar.

Auf den Zusammenhang zwischen den *boni mores* und der *salus aeterna* nach theologischem und damit kanonistischem Verständnis verwies Johannes Andreae an anderer Stelle. Dies geschah im Rahmen der Kommentierung des einzigen *capitulum* des Titels über die heilige Salbung *(de sacra unctione)* des *Liber Extra* (X 1.15.1). Es handelt sich dabei um eine Dekretale von Innozenz III. aus dem Jahre 1204, in der er unter § 4 auf die Salbung der Hände und

503 Vgl. die Kommentierung der *regula LVIII* des *Liber Sextus* durch Johannes Andreae. *Johannes Andreae*, Kommentar zum *Liber Sextus*, 1553, fol.450, Sp.1, zu VI. 5.12.58.

504 Dies griff Baldus später in seiner kanonistischen Definition der guten Sitten auf. Vgl. *Baldus de Ubaldis*, Kommentar zum *Codex*, 1539, fol.100v, zu C. 2.3.6.

des Hauptes im Rahmen der Bischofsweihe einging. Dabei erfolgte die Salbung des Hauptes nach Innozenz III. mit dem Balsam der Nächstenliebe *(balsamus charitatis)*, damit der Bischof Gott liebe mit ganzem Herzen, ganzem Geist und ganzer Seele sowie den Nächsten wie sich selbst.

> „*[…] Caput autem inungitur balsamo caritatis, ut episcopus diligat Deum ex toto corde, et ex tota mente, ex tota anima et proximum suum sicut se ipsum. […]*“[505]

Dies entspricht der Erfüllung der ersten beiden Gebote, die Jesus Christus als die wichtigsten nannte, Gott zu lieben mit ganzem Herzen, ganzer Seele und ganzer Kraft sowie den Nächsten wie sich selbst.[506] Die Glosse ‚*se ipsum*‘ (‚sich selbst‘) der *Glossa ordinaria* des Bernardus Parmensis, und damit dessen Ausführungen

---

505 *Innozenz III.* (X 1.15.1, Po 2138, 1204), in: Die Register Innocenz‘ III., Bd. 7, Wien, 1997, S. 10.

506 Vgl. Mt, 22, 35–40: “[35]'*Et interrogavit unus ex eis legis doctor tentans eum:* [36]'*Magister, quod est mandatum magnum in Lege?'.* [37]*Ait autem illi: 'Diliges Dominum Deum tuum in toto corde tuo et in tota anima tua et in tota mente tua:* [38]*hoc est magnum et primum mandatum.* [39]*Secundum autem simile est huic: Diliges proximum tuum sicut teipsum.* [40]*In his duobus mandatis universa Lex pendet et Prophetae'.” Nova vulgata, Bibliorum Sacrorum editio, Sacrosancti oecumenici concilii vaticani II ratione habita iussu Pauli PP. VI recognita auctoritate Ioannis Pauli PP. II promulgata, Editio typica altera*, http://www.vatican.va/archive/bible/nova_vulgata/documents/nova-vulgata_nt_evang-matthaeum_lt.html, Seitenaufruf vom 12.05.2014.
Einheitsübersetzung: „[35]Einer von ihnen, ein Gesetzeslehrer, wollte ihn auf die Probe stellen und fragte ihn: [36]Meister, welches Gebot im Gesetz ist das wichtigste? [37]Er antwortete ihm: Du sollst den Herrn, deinen Gott, lieben mit ganzem Herzen, mit ganzer Seele und mit all deinen Gedanken. [38]Das ist das wichtigste und erste Gebot. [39]Ebenso wichtig ist das zweite: Du sollst deinen Nächsten lieben wie dich selbst. [40]An diesen beiden Geboten hängt das ganze Gesetz samt den Propheten.“
Vgl. auch Mk, 12, 29–31: „[29]*Iesus respondit: ‚Primum est: ‚Audi, Israel: Dominus Deus noster Dominus unus est,* [30]*et diliges Dominum Deum tuum ex toto corde tuo et ex tota anima tua et ex tota mente tua et ex tota virtute tua“.* [31]*Secundum est illud: ‚Diliges proximum tuum tamquam teipsum‘. Maius horum aliud mandatum non est‘.“ Nova vulgata, Bibliorum Sacrorum editio, Sacrosancti oecumenici concilii vaticani II ratione habita iussu Pauli PP. VI recognita auctoritate Ioannis Pauli PP. II promulgata, Editio typica altera*, http://www.vatican.va/archive/bible/nova_vulgata/documents/nova-vulgata_nt_evang-marcum_lt.html#12, Seitenaufruf vom 12.05.2014.
Einheitsübersetzung: „[29]Jesus antwortete: Das erste ist: Höre, Israel, der Herr, unser Gott, ist der einzige Herr. [30]Darum sollst du den Herrn, deinen Gott, lieben mit ganzem Herzen und ganzer Seele, mit all deinen Gedanken und all deiner Kraft. [31]Als zweites kommt hinzu: Du sollst deinen Nächsten lieben wie dich selbst. Kein anderes Gebot ist größer als diese beiden.“.

zu den ersten beiden Geboten, kommentierte Johannes Andreae mit den Worten *„ad bonos mores, et ad consequendam vitam aeternam"*[507]. Dadurch wies er auf die Folge und den Zweck der Erfüllung der Gebote, insbesondere der ersten Gebote, Gott und den Nächsten zu lieben, hin. Diese lagen nach Johannes Andreae in der Verwirklichung der guten Sitten zur Erlangung des ewigen Lebens. Johannes Andreae nahm damit an dieser Stelle als erster der untersuchten Kanonisten ausdrücklich auf den theologischen Begriff der *boni mores* Bezug.

Dadurch, dass er in der Kommentierung der Stelle X 1.35.8 zur Begrenzung des Inhalts des *pactum* an Stelle des Seelenheils und der guten Sitten allein das Kriterium der Sünde heranzog, hob er den Aspekt hervor, der die guten Sitten im theologischen Sinne und das Kriterium des ewigen Heils verband. Diese Entwicklung in der kanonistischen Lehre bezüglich der Begrenzung der Bindungswirkung von *pacta* durch inhaltliche Maßgaben leitete eine spezifisch kanonistische Definition der guten Sitten durch das Kriterium der Verleitung zur Sünde ein. Sie sollte später zu einer ausdrücklichen Abgrenzung des kanonistischen Begriffs der Sittenwidrigkeit von dem zivilistischen führen.

(2) Die *Glossa ordinaria* zum *Liber Sextus*

Im Rahmen der Lehre vom *pactum* nahm Johannes Andreae, wie gezeigt wurde, keinen direkten Bezug auf die *boni mores*. In seiner Kommentierung der *regula LVIII* des *Liber Sextus (Glossa ordinaria)* finden sich jedoch Ausführungen zu der Frage der Sittenwidrigkeit auch von *pacta*. Die *regula* bestimmt, dass ein Eid, der gegen die guten Sitten verstoße, nicht verbindlich sei. Johannes Andreae kommentierte sie wie folgt.

> *„Non est obligatorium. Haec regula sumi potuit ex l .ff. e. ti. l. contractus quidam. [D. 50.17.23]* [1] *ver. excepto. per quam pone exemplum. nam non valet pactum quod dolus futurus non praestetur: ut ibi. Item pone in eo qui iuravit patrem occidere, vel simile quid facere. xxij. q. iiij. [C.22 q.4] et per totum. In eo qui iuravit uxorem et filios expellere de iureiur. Quintavallis. [3 Comp. 2.15.9 = X 2.24.23] et per. l .ff. de leg. infra si quis inquilinos. in fi [D. 30.112.4] ubi quod scriptum est in testamento contra bonos mores, et iuramentum, nullius est momenti. ad idem de pac. do .l. convenire. ubi pactum ne cum uxore agatur rerum amotarum, non valet: quia per illud invitantur mulieres ad furandum. Non est ergo praecise vera regula quae dicit, quod iuramentum servandum est, si potest sine interitus salutis aeternae servari. supra de iureiur. si vero*[2]. *[X 2.24.8] nam si est contra bonos mores, non obligat: ut hic, et in supradictis iuribus. Idem in quolibet temerario, eo tit. sicut. [X 2.24.13] et c. tua nos. [X 2.24.24] et quando vi vel dolo praestitum est. supra*

---

507 *Johannes Andreae*, Kommentar zum *Liber Extra*, 1612, fol.172ʳ, Sp.1, Glosse *'se ipsum'* zu X 1.15.1 (1204), Po 2138.

eo. lib. de iureiurando. licet. quod dic ut supra quod me cau. abbas. et 15. quaestio 6. c. 2. [C.15 q.6 c.2] Et facit ad hanc regulam. infra eo. in malis. [VI. 5.12.69] Facit etiam. supra eo. lib. de elec. ubi periculum. [VI. 1.6.3] §. quid autem. et cap. quia saepe. [VI. 1.6.40] de rebus eccl. non alie. § contractus. [VI. 3.9.2] Et habuisti idem de impossibili. supra c. nemo potest. [VI. 5.12.6] ubi dixi. hoc est impossibili moris vel iuris: et ut hic dicit Dyn. quae contra bonos mores sunt, impossibilia dicuntur de iure .ff. de condi. instit. filius. et .l. condiciones et .l. quidam [D. 28.7.15+9+27] ergo et c. Non tenet ergo turpe pactum, vel contra bonos mores. supra de pac. c. ulti. [X 1.35.8] ergo nec iuramentum, quod accessorium est. et facit. supra eo accessorium. [VI. 5.12.42[508] *] et vide quo ibi dixi. Et nota quod debemus rebus uti eo modo, ad quem sunt institutae: ut 22. q. 2. is autem. [C.22 q.2 c.4] Sed iuramentum non est institutum ut sit iniquitatis vinculum. 22. q. 4 inter caetera. [C.22 q.4 c.22] ergo iniquitatem non vinculat vel obligat: ut hic vides.*

ADDITIO. Loquitur ergo regula, cum dicit contra bonos mores: in prohibitu, propter turpitudinem sui. In prohibitu vero favore personae, iutamentum illius cuius favorem respicit, facit valere quod non valebat, secundum Dy. ut in authen. sacramenta. C. si adver. ven. supra, eod. lib. de pac. c. 2 de iureiu. c. 2. cum suis con or Ioannes And."[509]

Johannes Andreae entnahm X 2.24.8 die Regel, dass ein Eid zu halten sei, wenn dies ohne Verlust des ewigen Heiles möglich sei. Die Lehre der Kanonistik bezüglich der Verbindlichkeit des Eides und deren Einschränkung hatte sich zur Zeit von Johannes Andreae demnach bereits zu einer Regel verdichtet, die allein die *salus aeterna* zum ausschlaggebenden Kriterium für die Bindungswirkung machte. Im Rahmen seiner Kommentierung der *regula LVIII* bemerkte er im Hinblick auf diese Regel, dass sie insoweit ungenau sei, als der Eid auch dann nicht bände, wenn er gegen die guten Sitten verstoße. Hierzu führte er weitere Gründe für die Unwirksamkeit des Eides an. Nachdem er unter Bezugnahme auf Dynus Mugellanus auf die rechtliche Unmöglichkeit im Falle von Sittenwidrigkeit verwies, gelangte er schließlich unter Verweisung auf X 1.35.8 zu der Aussage, dass auch schändliche *(turpe)* beziehungsweise sittenwidrige *pacta* nicht bindend seien. Hierin sah Johannes Andreae unter anderem die Grundlage für die in der kommentierten *regula* bestimmte Unwirksamkeit sittenwidriger Eide, die gegenüber dem *pactum* akzessorisch seien.

Es stellt sich an dieser Stelle die Frage, die auch in der Randglosse 2 angesprochen wurde, ob Johannes Andreae dabei die *boni mores* nach dem *ius civile* oder jene nach kanonischem Recht im Blick hatte. Johannes Andreae verwies bezüglich der Unwirksamkeit aufgrund Verstoßes gegen die *boni mores* auf X 1.35.8. So

---

508 *"Idem [Bonifaz VIII.] Accessorium naturam sequi congruit principalis." regula XLII,* VI. 5.12.42, in: Ed. *Friedberg*, Sp.1123.

509 *Johannes Andreae*, Kommentar zum *Liber Sextus*, 1553, fol.450 zu VI. 5.12.58 mit *additio.*

gab er über die dort genannten Unwirksamkeitsgründe des Verlusts des Seelenheils und der *turpitudo* hinaus keine Definition der Sittenwidrigkeit nach kanonischem Recht. Daraus kann jedoch nicht der Schluss gezogen werden, dass er die zivilistische Lehre bezüglich der *turpitudo* unverändert übernahm. Im Rahmen von X 1.35.8 gab Gregor IX. der Frage der *turpitudo* durch das Kriterium des Seelenheils eine neue, kanonistische Ausrichtung, die von Johannes Andreae auf das Kriterium der Sünde beziehungsweise deren Vermeidung gelenkt wurde. Dieses ersetzte in seiner Aufzählung im Zusammenhang mit X 1.35.8 die Kriterien, die Gregor IX. mit der *salus aeterna* und der *turpitudo* nannte. Für die Frage der Verbindlichkeit von Vereinbarungen und auch Eiden nach kanonischem Recht kann demnach auch nach Johannes Andreae nicht ungeprüft die zivilistische Vorstellung von Sittenwidrigkeit herangezogen werden. Dies zeigt sich auch in der Entscheidung von Bonifaz VIII. in VI. 1.18.2, zu welcher Johannes Andreae ausdrücklich anmerkte, dass es vorkomme, dass das *ius civile* etwas missbillige, was – aus kanonistischer Sicht – rechtmäßig sei.[510]

Was die Begründung der Übertragung des Kriteriums der *boni mores* von dem Bereich der *pacta* auf den des Eides betrifft, nämlich die Akzessorietät des Eides, berief sich Johannes Andreae auf die *regula XLII* von Bonifaz VIII. (VI. 5.12.42). In seiner Kommentierung der *regula XLII* schränkte er die Akzessorietät jedoch, was das kanonische Recht betraf, ein. Im Falle des nichtigen beeidigten *contractus* sei der Eid dann nicht ebenfalls nichtig, wenn der Eid ohne Verlust des ewigen Heiles geleistet werde: „*[...] si illud iuramentum fit sine interitu salutis eterne.*“[511] Die guten Sitten bezog er trotz der *regula* aus VI. 5.12.58 in die Beurteilung der Wirksamkeit des Eides an dieser Stelle nicht ein. Für die Beurteilung des Eides war für Johannes Andreae demnach allein die *salus aeterna* maßgeblich.

Aus den beiden Kommentierungen der *regula LVIII* und der *regula XLII* lässt sich bezüglich des Verhältnisses zwischen den Kriterien der *salus aeterna* und der *boni mores* schließen, dass ein Eid ohne Gefährdung des Seelenheils denkbar war, wobei die zugrunde liegende Vereinbarung gegen die guten Sitten verstieß. In diesem Fall konnte es sich dabei bei einem unterstellten theologisch geprägten kanonistischen Begriff der *boni mores* nur um einen Fall der Sittenwidrigkeit nach dem *ius civile* handeln und es war in der Folge nach kanonistischer Ansicht an der Bindungswirkung des Eides festzuhalten.

---

510 *"Quamvis. licet lex civilis improbet, quod est iusta. Ioan. andr."* *Johannes Andreae*, Kommentar zum *Liber Sextus*, 1553, fol.153, Sp.1, zu VI. 1.18.2.

511 *Johannes Andreae*, Kommentar zum *Liber Sextus*, 1511, fol.169r, Sp.1, zu VI. 5.12.42.

8. Ergebnis

Die untersuchten Quellen zeigen, dass sich das Verständnis von sittenwidrigen *pacta* im Bereich in Kanonistik von dem der Legistik fortentwickelte. Während die Legistik weiterhin an der Kasuistik des klassischen römischen Rechts, insbesondere den Fällen der Entziehung der Testierfreiheit, als Fälle von Sittenwidrigkeit und Schändlichkeit festhielt, wurde die Sittenwidrigkeit in der kanonistischen Lehre von dem Kriterium der Sünde und der Erlangung des ewigen Heils geprägt. Durch die Begrenzung zulässiger Inhalte von *pacta* mit Hilfe des theologischen Kriteriums der Sünde trat durch die Kanonistik ein naturrechtlicher, vorgesetzlicher Maßstab in das Recht vom *pactum* ein und es entstand die noch heute lebendige Idee von der Sittenwidrigkeit als moralisches Kriterium für die Wirksamkeit von Rechtsgeschäften.

II. Zur Abgrenzung: Ein Blick in die Lehre der Legistik im 14. Jahrhundert

1. Einleitung

An dieser Stelle stellt sich die Frage, ob und wie die Legistik auf diese Entwicklung in der Kanonistik reagierte und inwiefern eine Abgrenzung der unterschiedlichen Verständnisse von der inhaltlichen Begrenzung von Vereinbarungen in Legistik und Kanonistik erfolgte. Hierzu soll das Werk der bedeutendsten[512] der auf die Glossatoren folgenden Kommentatoren[513], Bartolus de Saxoferrato (1313–1357) und Baldus de Ubaldis (1320 oder 1327–1400), herangezogen werden.

512 Vgl. *Horn, Norbert*, in: *Coing*, Handbuch, I, S. 269.

513 Die Zeit der Glossatoren fand mit der *Glossa ordinaria* als „Zusammenfassung der bisherigen Lehre der Legistik“ (*Horn, Norbert*, in: *Coing*, Handbuch, I, S. 261) ihren Abschluss. Im Anschluss begann die Zeit der Kommentatoren, deren Tätigkeit nicht mehr in dem Verfassen von Einzelglossen bestand, sondern sich unter anderem in der neuen Literaturform des Kommentars (Vgl. *Horn, Norbert*, in: *Coing*, Handbuch, I, S. 261) äußerte. Dieser bestand hauptsächlich aus der ordentlichen Vorlesung an den Rechtsschulen *(lectura)*. Vgl. *Horn, Norbert*, in: *Coing*, Handbuch, I, S. 321. Dabei trat neben die in der *lectura* behandelten Quellentexte auch die Glosse des Accursius als Gegenstand des Unterrichts hinzu. Vgl. *Coing*, Handbuch, I, S. 322.

2. Der Kommentar zum *Ius civile* von Bartolus

a. Der Schutz des indisponiblen Kerngehalts des Rechts

Bartolus behandelte die Sittenwidrigkeit von *pacta* in seinem Kommentar zum *Digestum vetus* unter den Titeln *de pactis, de condictione indebiti* und *pro socio.* Unter dem Titel *de pactis* führte er zu der Stelle D. 2.14.38, die bestimmt, dass die Anwendung des *ius publicum* nicht durch *pacta* Privater abbedungen werden könne,[514] die Rubrik Nr. 5, „*Pactum contra bonos mores non valet.*“[515], auf. Hierunter bemerkte er:

> „*Quandoque aliquid statuitur, quia si secus fieret, esset contra bonos mores, tunc pactum in contrarium non valet .l. alia .§. eleganter. sol. mat. [D. 24.3.14.1] l. si unus §. pacta quae turpem. supra eo [D. 2.14.27.4]. Si potest loqui tit. C. ne fideius. do. den. [C. 5.20] (Est enim ibi ratio, ne causa perfidiae nascatur in matrimonio) et omnes leges quae prohibent pactum, ex quo daretur materia delinquendi.*“[516]

Bartolus stellte hier die guten Sitten in einen Zusammenhang mit der Begrenzung der Inhalte von *pacta* durch das *ius publicum.* Dieses ist nicht im Sinne des öffentlichen Rechts nach modernem Verständnis zu verstehen.[517] Bartolus subsumierte unter *ius publicum* vielmehr unter anderem auch Regelungen, die Bereiche betrafen, die heute dem Privatrecht zugeordnet werden. Hierzu zählen beispielsweise Formvorschriften in Bezug auf Testamente und Kontrakte.[518]

---

514 „*Papinianus libro secundo quaestionum Ius publicum privatorum pactis mutari non potest.*“ D. 2.14.38, *Corpus iuris civilis.* Ed. *Krüger/Mommsen,* I, 1911, S. 60, Sp.2. Zu der Bedeutung von‚*mutari*‘ in D. 2.14.38 im klassischen römischen Recht im Sinne des Ausschlusses der Anwendung vgl. *Kaser, Max,* ‚*Ius publicum*‘ und ‚*ius privatum*‘, in: ZRG RA, 103 (1986), S. 1–101, 78.

515 *Bartolus de Saxoferrato,* Kommentar zum *Digestum vetus,* 1562, S. 215, Sp.1.

516 *Bartolus de Saxoferrato, Bartolus de Saxoferrato,* Kommentar zum *Digestum vetus,* 1562, S. 215, Sp.2, *n.5,* zu D. 2.14.38 *("LEX XXXIX").*

517 Das öffentliche Recht als eigenständiges Fach der juristischen Lehre entstand in Deutschland erst im Laufe des 17. Jahrhunderts ausgehend von den lutherisch geprägten Universitäten. Vgl. *Stolleis, Michael,* Geschichte des öffentlichen Rechts in Deutschland, 1. Band, Reichspublizistik und Policeywissenschaft 1600–1800. München, 1988, S. 141ff.

518 Vgl. *Bartolus de Saxoferrato, Bartolus de Saxoferrato,* Kommentar zum *Digestum vetus,* 1562, S. 215, Sp.2, *n.2,* zu D. 2.14.38 *("LEX XXXIX").* Im Zusammenhang mit der hier kommentierten Stelle D. 2.14.38 umfasste ‚*ius publicum*‘ im klassischen römischen Recht nach Max Kaser sogar allein die Privatrechtsordnung. Neben dieser sei als *ius publicum* im engeren Sinne an anderen Stellen auch das Recht verstanden worden, das den Staat oder den Bereich des Sakralen betroffen habe. Dass jenes Recht nicht

Ius publicum, das nicht gesetzt worden sei, sondern aus dem Naturrecht stamme *(rubrica n.1)* sowie gesetztes *ius publicum*, das die Form der Vornahme eines Rechtsaktes anordne, wie bezüglich Testamenten und Kontrakten *(rubrica n.2)*, könne nicht durch Vereinbarung ausgeschlossen werden. Das gleiche galt nach Bartolus für *ius publicum*, das die Wirkung eines Rechtsaktes anordne, wenn dies im Hinblick auf die *utilitas publica* geschehe. In diesem Fall könne das Recht nicht durch ein *pactum* geändert werden. Das gleiche gelte für den Fall, dass das Recht auf die *utilitas privata* gerichtet sei, es sei denn, die *causa* ziele auf die Begünstigung dessen, der auf das Recht verzichte, weil jeder auf seine Begünstigung verzichten könne *(rubrica n.3)*. Betreffe die *causa* des Rechtssatzes jedoch nicht den privaten Nutzen desjenigen, der das *pactum* schließe, könne das Recht nicht durch ein *pactum* geändert werden *(rubrica n.4)*.[519]

Bartolus gebrauchte den Ausdruck ‚*ius publicum*‘ demnach nicht in Abgrenzung zu jenem Recht, dass nach moderner Vorstellung das Privatrecht umfasst. Er übernahm vielmehr den in der kommentierten Stelle D. 2–14.38(39) vorgefundenen Ausdruck des *ius publicum* und subsumierte darunter verschiedene Rechtssätze, die nicht durch Vereinbarung abbedungen werden konnten, es sei denn, sie waren auf die Begünstigung dessen gerichtet, der auf ihre Anwendung verzichtete. Die Verwendung des Begriffs entspricht damit der klassischen Verwendung nach Max Kaser im Sinne jener unabdingbaren Rechtssätze, die nicht bereits *per se* unabdingbar waren, weil sie die Bereiche der staatlichen Verwaltung oder des Heiligen betrafen.[520]

Nach diesen Differenzierungen des gesetzten Rechts, dessen Wirkung durch Vertrag geändert werden sollte, brachte Bartolus unter der *rubrica n.5* die guten Sitten ins Spiel. Sei etwas angeordnet worden, weil andernfalls die guten Sitten verletzt würden, sei ein entgegengesetztes *pactum* ungültig (*rubrica n.5*, s.o.).[521] Die guten Sitten bildeten demnach nach Bartolus neben der *ratio* des Schutzes des öffentlichen und des privaten Nutzens eine eigene Kategorie. Recht, das

---

abbedungen werden könne, habe sich von selbst verstanden und sei deshalb nicht Gegenstand der Regelung in D. 2.14.38 gewesen. Vgl. zu diesem Absatz *Kaser, Max*, ‚*Ius publicum*‘ und ‚*ius privatum*‘, in: ZRG RA (1986), S. 1–101, 76.

519 Vgl. *Bartolus de Saxoferrato*, Kommentar zum *Digestum vetus*, 1562, S. 215, Sp.2, *n.2–5*, zu D. 2.14.38 *(“LEX XXXIX”)*.

520 Zu jenem klassisch römisch-rechtlichen Verständnis im Zusammenhang mit D. 2.14.38 vgl. *Kaser, Max*, ‚*Ius publicum*‘ und ‚*ius privatum*‘, in: ZRG RA (1986), S. 1–101, 75–88.

521 Vgl. *Bartolus de Saxoferrato*, Kommentar zum *Digestum vetus*, 1562, S. 215, Sp.2, n.5, zu D. 2.14.38 (“LEX XXXIX”).

hierauf gerichtet war, war nach Bartolus nicht disponibel und unterfiel somit nicht dem Bereich des privaten Nutzens. Er subsumierte es jedoch auch nicht unter die Fälle der *utilitas publica*.

Auffällig ist, dass Bartolus in der Bezeichnung der *rubrica n.5* im Fall des Rechts zum Zwecke des Schutzes der guten Sitten die Unwirksamkeit des *pactum* direkt mit dem Verstoß gegen die guten Sitten begründete. Nach der Überschrift der *rubrica n.5* folge die Unwirksamkeit direkt aus diesem Verstoß und nicht aus dem Verstoß gegen eine Rechtsnorm, die den Schutz vor einem Sittenverstoß bezweckte. So war es dagegen bei einem Verstoß gegen *ius publicum* zu Gunsten der *utilitas publica* der Fall. In den weiteren Ausführungen zur *rubrica n.5* folgerte Bartolus jedoch die Unwirksamkeit nicht direkt aus dem Sittenverstoß, sondern aus dem Verstoß des *pactum* gegen das *ius publicum* in Form eines die guten Sitten wahrenden Rechtssatzes („*aliquid statuitur, quia secus fieret, esset contra bonos mores*“[522]). *Pacta*, die gegen solche Rechtssätze verstoßen würden, seien ungültig. Hierzu zitierte Bartolus die Stelle D. 24.3.14.1 aus dem Titel *soluto matrimonio dos quemadmodum petatur*. Dort wurde bestimmt, dass ein *pactum*, nach welchem der Ehegatte zur Herausgabe der gesamten Mitgift verurteilt werden solle und nicht nur zur Herausgabe dessen, was er zu leisten im Stande sei, nicht zu befolgen sei. Dies wurde damit begründet, dass ein solches *pactum* gegen die guten Sitten verstoße. Weiter zitierte Bartolus die Stelle D. 2.14.27.4, nach welcher *pacta*, die eine schändliche *causa* enthielten, nicht zu befolgen seien.

In diesen von Bartolus herangezogenen Beispielsfällen wurde die Unwirksamkeit des *pactum*, wie in der Überschrift der *rubrica n.5*, direkt aus dem Verstoß gegen die guten Sitten hergeleitet.[523] Es stellt sich die Frage, ob Bartolus in den zitierten Digestenstellen solche Rechtssätze des *ius publicum* sah, die zu

---

522 *Bartolus de Saxoferrato*, Kommentar zum *Digestum vetus*, 1562, S. 215, Sp.2, zu D. 2.14.38.

523 D. 24.3.14.1: „*Eleganter quaerit Pomponius libro quinto decimo ex Sabino, si paciscatur maritus, ne in id quod facere possit condemnetur, sed in solidum, an hoc pactum servandum sit? et negat servari oportere, quod quidem et mihi videtur verum: namque contra bonos mores id pactum esse melius est dicere, <quippe cum contra receptam reverentiam, quae maritis exhibenda est, id esse apparet.>*“ In: *Corpus iuris civilis*. Ed. *Krüger/Mommsen*, I, 1911, S. 357, Sp.2; D. 2.14.27.4 (Paulus; *de pactis*): “*Pacta, quae turpem causam continent, non sunt observanda: veluti si paciscar ne furti agam vel inuriarum, si feceris: expedit enim timere furti vel iniuriarium poenam: sed potest admissa haec pacisci possumus (…).*” In: *Corpus iuris civilis*. Ed. *Krüger/Mommsen*, I, 1911, S. 59, Sp.2.

Gunsten der guten Sitten aufgestellt wurden und das *pactum* bei einer Verletzung wegen dieses Verstoßes unwirksam sein solle. Dagegen spricht die Überschrift der *rubrica n.5 „Pactum contra bonos mores non valet."*[524] Es ist vielmehr davon auszugehen, dass Bartolus eine sachliche Nähe zwischen einem Rechtssatz des *ius publicum*, der das Allgemeinwohl *(utilitas publica)* schützen sollte und den guten Sitten als Teil des Rechts sah. Diese Nähe bestand darin, dass beide Teile des Rechts für den Privaten indisponibel waren. Die guten Sitten und die Gesetze zu ihrem Schutz waren nicht unter das Recht, das den einzelnen Vertragsschließenden begünstigte *(„favorem eius qui huic iuri renunciat paciscientis"*[525]) subsumierbar. Der sachliche Zusammenhang, den Bartolus zwischen den *boni mores* und der *utilitas publica* sah, aber auch die getrennte Behandlung der *boni mores* und der *utilitas publica*, zeigt sich auch deutlich an der Einführung von Bartolus zu D. 2.14.27.4 in der *Glossa ordinaria*:

> *„Pacta, quae continent turpem causam, vel publicam vtilitatem, non sunt obseruanda. BART."*[526]

Trotz der getrennten Behandlung wird hier eine deutliche Ausrichtung der guten Sitten auf das allgemeine Interesse deutlich, wie es auch in dem klassisch römisch-rechtlichen Verständnis der guten Sitten zu finden war. Die oben dargestellte Differenzierung der Zwecke, die ein Gesetz verfolgen konnte und die Einführung der *utilitas publica* als Kriterium neben den guten Sitten wurde in der Legistik der Folgezeit übernommen.[527]

An den von Bartolus zu D. 2.14.38(39) zitierten Digestenstellen zeigt sich weiter, dass auch er inhaltlich nicht zwischen der *turpitudo* und dem Verstoß gegen die guten Sitten unterschied. Dies folgt daraus, dass in D. 2.14.27.4 lediglich die *causa turpis*, nicht jedoch die *boni mores* genannt werden, von welchen in der kommentierten Stelle die Rede ist. Anschließend fuhr Bartolus mit der Aufzählung weiterer möglicher *causae* des Rechts fort, die es indisponibel machen würden.

---

524 *Bartolus de Saxoferrato*, Kommentar zum *Digestum vetus*, 1562, S. 215, Sp.1, zu D. 2.14.38.

525 *Bartolus de Saxoferrato*, Kommentar zum *Digestum vetus*, 1562, S. 215, Sp.2, Nr. 3, zu D. 2.14.38.

526 *Bartolus de Saxoferrato* in: *Accursius, Corpus Iuris Civilis Iustinianei, Cum commentariis Accursii, Scholiis Conti, et D. Gothofredi lucubrationibus ad Accursium [...] Tomus hic Primum Digestum Vetus continet, Lugduni*, 1627, Sp.249, zu D. 2.14.27.4.

527 Vgl. *Alciatus, Andreas* (1492–1550), Kommentar zu *Codex* und *Liber Extra*, 1582, Sp.141f., zu C. 2.3.6 *(de pactis)* und Sp.867f., zu X 2.24.28 *(de iureiurando)*.

Bei Bartolus finden sich die guten Sitten weiter unter dem Titel *de condictione indebiti* im Rahmen der Kommentierung von D. 12.6.40. Die Stelle betrifft die Vereinbarung zwischen einem Freigelassenen und seinem Herrn darüber, dass letzterer keine Dienste mehr verlangen könne. Leiste sie der Freigelassene trotzdem, könne er das Geleistete zurückverlangen. Nachdem Bartolus festhielt, dass durch das *pactum* die Verpflichtung zur Dienstleistung aufgehoben werde, stellte er klar, dass dies nicht für die Leistungen aufgrund des geschuldeten Gehorsams gegenüber dem Herrn *(obsequum)* gelte.[528] Solche Leistungen, beispielsweise des Sohnes gegenüber dem Vater, könnten nicht zurückverlangt werden. Dies begründete er damit, dass eine solche Abrede darüber, dass die Leistung nicht zu erbringen sei, gegen die guten Sitten verstoße. Eine natürliche Verbindlichkeit könne jedoch nur dann durch *pactum* aufgehoben werden, wenn das *pactum* nicht gegen die guten Sitten verstoße.

> „*Per pactum tollitur obligatio operarum, quae postea solutae repetentur. Istum §. intelige in pacto apposito de non praestandis operis alijs ab obsequialibus. Nam pactum ne operae obsequiales praestentur parenti, vel patrono, est contra bonos mores .l. alia .§. eleganter.et §. si paciscatur. sol. mat. [D. 24.3.14.1] Nec ob.l. Stichum .§. naturalis infra de sol. [D. 46.3.95.4] † quia tunc per pactum naturalis obligatio tollitur, quando non est contra bonos mores, sed pactum de obsequijs non praestandis, est contra bonos mores, igitur etc.*“[529]

Dem stand nach Bartolus nicht entgegen, dass nach D. 12.6.40.2 aus dem Titel *de solutionibus et liberationibus* eine natürliche Verbindlichkeit durch Zahlung sowie durch rechtmäßiges *pactum* oder Eid aufgehoben werden könne. Dies begründete er damit, dass auch in diesem Fall eine natürliche Verbindlichkeit nur dann aufgehoben werde, wenn sie nicht gegen die guten Sitten verstoße, was im Fall der Vereinbarung über die Nichterbringung von Gehorsamsdiensten *(obsequia)* jedoch der Fall sei.[530] So fasste Bartolus unter der *rubrica n.8* zusammen:

528 Zum *obsequum* vgl. *Kaser*, Das römische Privatrecht, II, 1975 S. 140, Fn. 14 mit Hinweis auf weiterführende Literatur.

529 *Bartolus de Saxoferrato*, Kommentar zum *Digestum vetus*, 1562, S. 629, Sp.2, *n.7, 8*, zu D. 12.6.40.

530 *Bartolus de Saxoferrato*, Kommentar zum *Digestum vetus*, 1562, S. 629, zu D. 12.6.40.2 *(§ Si pactus)*.

„*Naturalis obligatio tollitur pacto, quando non est contra bonos mores.*“[531]

und spezifizierte so die Aussage in D. 12.6.40.2[532].

Unter D. 2.14.38(39) behandelte Bartolus die Änderung der Rechtslage, die aufgrund *ius publicum* bestehe, durch ein *pactum*. Im Rahmen der Kommentierung von D. 12.6.40 behandelte er daneben den Fall, dass die Rechtslage, die sich aus natürlichen Verbindlichkeiten ergebe, durch ein *pactum* geändert werden solle. Beide Male bildeten nach Bartolus die *boni mores* die Grenze und waren somit als Mittel zum Schutze des indisponiblen Kerngehalts des Rechts zu sehen. Dieser bestand, wie sich in der Kommentierung zu D. 12.6.40.2 zeigt, unter anderem in der natürlichen Verbindlichkeit der Leistung der *obsequia*. Bartolus begründete die Einschränkung der Disponibilität der *naturalis obligationes* wie der des *ius publicum* durch die guten Sitten mit der Stelle D. 24.3.14.1 aus dem Titel *soluto matrimonio dos quemadmodum petatur*. Dort wird ein *pactum* behandelt, das darauf gerichtet ist, die Rechtslage entgegen der guten Sitten zu Lasten des Ehemanns zu ändern, was zu der Nichtigkeit der Vereinbarung führe.

Die oben genannten Ausführungen von Bartolus zu den *boni mores* zeigen, welche Funktion Bartolus den *boni mores* einräumte. Sie sollten einen indisponiblen Kerngehalt des Rechts schützen, der sich an dem Interesse der Allgemeinheit und an naturrechtlichen Vorgaben wie der *obligatio naturalis* orientierte. Eine Bestimmung dessen, worin nach Bartolus die *boni mores* bestanden und unter welchen Umständen sie verletzt würden, findet sich an dieser Stelle nicht. Es zeigt sich jedoch eine verstärkte Ausrichtung auf das öffentliche Wohl als Kriterium für die Wirksamkeit von *pacta*, das neben den guten Sitten geschützt und bewahrt werden sollte. Diese Entwicklung zeugt von einem deutlichen Unterschied zwischen den Ansätzen von Legistik und Kanonistik was die Sittenwidrigkeit von Vereinbarungen betrifft. So stellten die Tendenzen in der Legistik hin zu einer Betonung der öffentlichen Interesses und des Gemeinwohls geradezu eine gegenläufige Dynamik dar im Verhältnis zu der Fokussierung der Kanonistik auf das Kriterium der Sünde, das den höchstpersönlichen Bereich der Seele und deren Heil betraf.

b. Die Testierfreiheit

Ausführungen zu der Frage, wann eine Verletzung der guten Sitten vorliege, machte Bartolus in seinem Kommentar zum *Digestum vetus* im Rahmen der

---

531 *Bartolus de Saxoferrato*, Kommentar zum *Digestum vetus*, 1562, S. 628, Sp.2, zu D. 12.6.40.

532 “*Si pactus fuerit patronus cum liberto, ne operae ab eo petantur, quidquid postea solutum fuerit a liberto, repeti potest.*”, D. 12.6.40.2, in: *Corpus iuris civilis*. Ed. *Krüger/Mommsen*, I, 1911, S. 204, Sp.2.

Kommentierung der Stelle D. 17.2.52.9 aus dem Titel *pro socio*. Die Stelle zitiert eine Entscheidung Ulpians, die besagt, dass sich die Gesellschaft nicht über den Tod hinaus erstrecken, und so weder die Testierfreiheit beschränken, noch einen entfernteren Verwandten einem näheren vorziehen könne. Es handelte sich dabei um die Begrenzung der unter den Gesellschaftern möglichen Vereinbarungen durch die Testierfreiheit.

Nachdem Bartolus bemerkte, dass ein *pactum*, durch das jemandem, auch indirekt, die Testierfreiheit genommen werde, nicht wirksam sei, nahm er die Stelle zunächst zum Anlass für allgemeine Ausführungen zur Testierfreiheit. So nannte er zu der indirekten Entziehung der Testierfreiheit den Fall, dass jemand alle seine Güter, die gegenwärtigen und künftigen, verschenke. Eine solche Schenkung sei unwirksam. Bartolus zog hierzu die Stelle C. 2.3.30 *(de pactis)* heran. Dort ist von der Sittenwidrigkeit bestimmter *pacta* im Zusammenhang mit der Erbeinsetzung und der Erbschaft die Rede. Daneben nannte er den Fall des Eides mit dem Inhalt, ein Testament nicht zu widerrufen. Ein solcher Eid war nach Bartolus ebenfalls unwirksam. Dieses Beispiel für die Begrenzung der Testierfreiheit nahm Bartolus zum Anlass für Ausführungen zum Eid und dessen Bindungswirkung. So diskutierte er die Ansicht der Kanonisten, die im Falle eines Eides, das Testament nicht zu widerrufen, das Errichten eines (neuen) Testaments für möglich hielten, in diesem Fall jedoch Meineid annähmen.[533] Bartolus verneinte im Gegensatz zu den Kanonisten in diesem Fall einen Meineid:

> *„[…] tamen ego dico quod non erit periurius, ar. l. stipulation hoc modo .j. de verb. ob. [D. 45.1.61] C. de pac .l. fi. [C. 2.3.30] Nam si non est obligatorium, et contra bonos mores praestitum, ut in c. non est obligatorium. ext. de re. iu. [VI. 5.12.58] ergo etc. De quo dicatur in l. stipulatio hoc modo. [D. 45.1.61] etc.“*[534]

Bartolus zog zu der Frage zwei Stellen heran, eine, die von der Unwirksamkeit einer sittenwidrigen *stipulatio* spricht (D. 45.1.61)[535] und eine, die von einem sittenwidrigen *pactum* im Zusammenhang mit der Erbeinsetzung handelt (C. 2.3.30). Er begründete die Verneinung des Meineides damit, dass der Eid nicht bindend sei und gegen die guten Sitten verstoße. Hierzu verwies er auf die

533 Vgl. *Bartolus de Saxoferrato*, Kommentar zum *Digestum vetus*, 1562, S. 750, Sp.1, *n.1–2*, zu D. 17.2.52.9 *(„LEX VIII“)*.

534 *Bartolus de Saxoferrato*, Kommentar zum *Digestum vetus*, 1562, S. 750, Sp.1, *n.2*, zu D. 17.2.52.9.

535 D. 45.1.61: *“Iulianus libro secundo ad Urseium Ferocem Stipulatio hoc modo concepta: ‘si heredem me non feceris, tantum dare spondes?’ inutilis est, quia contra bonos mores est haec stipulatio.”* In: *Corpus iuris civilis*. Ed. *Krüger/Mommsen*, I, 1911, S. 774, Sp.1.

regula LVIII des *Liber Sextus*[536], nach welcher ein Eid, der gegen die guten Sitten verstößt nicht bindend ist sowie auf die bereits zuvor angeführte Stelle D. 45.1.61 bezüglich der Nichtigkeit einer sittenwidrigen *stipulatio*. Bartolus sah demnach in einem Eid, durch den die Testierfreiheit entzogen würde, einen Verstoß gegen die guten Sitten.

Interessant ist dabei die Heranziehung der *regula LVIII* aus dem Titel *de regulis iuris* des *Liber Sextus* (angegeben mit „*ext.*") zur Begründung. Es deutet sich hier die Übertragung des kirchlichen Rechts vom Eid, welches bereits auf das kirchliche Vertragsrecht übergegriffen hatte, nunmehr auch auf die zivilistische Lehre vom *pactum* und vom Eid an. Unter den *regulae iuris* der Digesten fand sich weder eine *regula* zum Recht des Eides, noch zur Sittenwidrigkeit.[537] Die inhaltliche Bestimmung der guten Sitten erfolgte bei Bartolus jedoch in Abweichung vom kanonischen Recht. Dieses nahm im Fall des Eides mit dem Inhalt, ein Testament nicht zu widerrufen, keine Sittenwidrigkeit an.

Bartolus zog die beiden Stellen D. 45.1.61 und VI. 5.12.58 auch an anderer Stelle, im Rahmen seiner *consilia*, heran. Dies geschah zu der Frage, ob unter Brüdern vereinbart werden könne, dass Frauen von der Erbfolge, auch aufgrund Testamentes, ausgeschlossen würden.[538] Bartolus verneinte dies mit der Begründung, eine solche Vereinbarung verstoße gegen die guten Sitten und führte hierzu erneut die Stelle D. 45.1.61 heran, die eine *stipulatio* über eine zukünftige Erbeinsetzung für sittenwidrig und unwirksam erklärt. Bartolus fuhr fort, dass einer solchen Vereinbarung auch nicht durch Eid zur Wirksamkeit verholfen werden könne.

> „*[…] Praeterea in d .l. stipulatio hoc modo [D. 45.1.61] dicitur quod talis conventio est contra bonos mores, ergo non confirmatur iuramento, ut c. non est obligatorium. de. reg. iur. in vi. [VI. 5.12.58] et pro hoc videtur glo. expresse. C. de coll .l. precum. et quod tale pactum non impediat filiam succedere.*"[539]

Der Grund für die Sittenwidrigkeit einer Vereinbarung über die Erbeinsetzung lag nach der Legistik in der Beschränkung der Testierfreiheit. In diesem

---

536 VI. 5.12.58, *Bonifaz VIII.*: „*Non est obligatorium contra bonos mores praestitum iuramentum.*" In: Ed. *Friedberg*, II, Sp.1123.

537 Vgl. D. 50.17, *de diversis regullis iuris antiquae*. Zu der Betrachtung des Eidesrechts als Teil der *spiritualia* vgl. *Lange, Hermann*, Römisches Recht im Mittelalter. Band 1. Die Glossatoren, München, 1997, S. 461.

538 Vgl. *Bartolus de Saxoferrato*, Kommentar zu den *Institutiones*, 1562, S. 303, *consilium LXXII*.

539 *Bartolus de Saxoferrato*, Kommentar zu den *Institutiones*, 1562, S. 303, *consilium LXXII, n.1*.

thematischen Kontext lag auch bei Bartolus der Schwerpunkt seiner Lehre über die Sittenwidrigkeit bzw. Schändlichkeit von Vereinbarungen.[540] Bartolus berief sich demnach zwar auf die kanonistische *regula LVIII* aus dem *Liber Sextus*, beurteilte die Wirksamkeit des Eides jedoch nach rein legistischen Maßstäben, ohne auf das in der Kanonistik vorrangige Kriterium des Seelenheils beziehungsweise der Sünde einzugehen.

Es zeigt sich demnach in der Lehre des Bartolus auch in dem Kontext der Testierfreiheit die Diskrepanz, die zwischen der legistischen und der kanonistischen Lehre von der Sittenwidrigkeit von Vereinbarungen entstanden war. Vereinbarungen, die die Testierfreiheit beschränkten, waren aus legistischer Sicht sittenwidrig und damit unwirksam. Im Bereich des Erbrechts und der Testierfreiheit, die es unbedingt zu schützen galt, lag in der Legistik auch nach wie vor der Schwerpunkt der Sittenwidrigkeitsthematik. In der Kanonistik dagegen war das maßgebliche Kriterium die Wahrung des Seelenheils. Dieses wurde im Fall der Beschränkung der Testierfreiheit nicht gefährdet, noch erfüllte eine solche Vereinbarung die Voraussetzungen der Sittenwidrigkeit. So führte in dem oben genannten Fall die *regula LVIII* des *Liber Sextus* bezüglich der Unwirksamkeit sittenwidriger Eide aus kanonistischer Sicht nicht zu der Verneinung eines Meineides. Der Eid war vielmehr wirksam und zu halten.

c. Die Bekräftigung von sittenwidrigen Vereinbarungen durch Eid

Die Thematik des Eides mit sittenwidrigem Inhalt schlug an anderer Stelle auch auf die Frage der Wirksamkeit sittenwidriger Vereinbarungen und damit auch auf die *pacta contra bonos mores* durch. Sowohl in der Legistik, als auch in der Kanonistik wurde die Frage diskutiert, ob ein schändliches *pactum*, das eigentlich unwirksam sei, durch Eid bekräftigt werden könne, ob also einer an sich unwirksamen Vereinbarung durch die Ablegung eines Eides bezüglich der versprochenen Leistung zur Wirksamkeit verholfen werde.[541] Der Anknüpfungspunkt für die Diskussion fand sich auch hier im kanonischen Recht, das dem Eid besondere Bedeutung zumaß und, wie bereits angedeutet, in dem Bereich des Eidesrechts auf die legistische Lehre Einfluss nahm.

---

540 Zur Sittenwidrigkeit der Beschränkung der Freiheit zur Eheschließung, jedoch nicht explizit für den Fall der Vereinbarung s. *Bartolus de Saxoferrato*, Kommentar zu den *Institutiones,* 1562, S. 517, *quaestionum liber I, quaestio XVI, n.1.*

541 Zu der Lösung der Glossatoren, s. *Lange, Hermann*, Römisches Recht im Mittelalter. Band 1. Die Glossatoren, München, 1997, S. 78f.

Wie bereits erwähnt, war nach der *regula LVIII* des *Liber Sextus* ein Eid, der gegen die guten Sitten verstieß, nicht bindend.[542] Insofern folgte, wie bereits gezeigt, auch Bartolus der Lehre der Kanonistik. Eine Bekräftigung einer sittenwidrigen Vereinbarung durch einen Eid mit gleichlautendem Inhalt war demnach nicht denkbar. Dennoch wurde die Frage sowohl in der Legistik, als auch in der Kanonistik diskutiert. Da bezüglich der Frage der Unwirksamkeit bei Sittenwidrigkeit Einigkeit bestand, lag der eigentliche Ansatzpunkt der Diskussion in der Frage, wann die *regula LVIII* des *Liber Sextus* griff und ein Fall des Verstoßes gegen die *boni mores* vorlag.

Bartolus machte hierzu Ausführungen im Rahmen der Kommentierung von D. 35.1.27 unter der *rubrica n.4* zu der Frage, welche *pacta* durch einen Eid bekräftigt werden können.[543] Er verfolgte dort erneut, wie im Rahmen der Kommentierung von D. 17.2.52(53).8, die Argumentation anhand der Stellen VI. 5.12.58 *(regula LVIII)* und D. 45.1.61.

> *„[…] Adverte bene, Quaedam sunt conventiones improbatae ratione turpitudinis, et istae iuramento non confirmantur. c. non est obligatorium. ext. de re. iur. lib. vj. [VI. 5.12.58] et dixi plene in l. stipulatio hoc modo infra de ver. ob. [D. 45.1.61] Quaedam sunt conventiones quae sunt improbatae ratione publicae utilitatis principaliter, et istae iuramento non firmantur, ut supra de pact .l. iurisgent .§. si paciscar. et §. et generaliter [D. 2.14.7.14 und 16] et ext. de fo. compe. c. diligenti. [X 2.2.12] ubi est casus. Quaedam sunt pacta quae reprobantur ratione publicae utilitatis secundario, ut alienatio fundi dotalis, et ista confirmantur iuramento. c. cum contingat. ext. de iureiur. [X 2.24.28] […]“*[544]

Bei der Frage, ob die Bekräftigung einer missbilligten Vereinbarung möglich sei, unterschied Bartolus zwischen verschiedenen Gründen für die Missbilligung. Unter anderem unterschied er hier erneut zwischen der *turpitudo* und dem öffentlichen Wohl *(utilitas publica)*. Bei Letzterem wiederum unterschied er jene Fälle, in welchen die Missbilligung vorrangig aus der *utilitas publica* folge und solche, deren Missbilligung nur sekundär auf der *utilitas publica* beruhe. Bezüglich Vereinbarungen, die aufgrund von *turpitudo* und primär aufgrund der *utilitas publica* missbilligt würden, verneinte er die Möglichkeit einer Bekräftigung durch Eid. Ihnen konnte nach Bartolus nicht durch einen Eid die fehlende Wirksamkeit verliehen werden.

---

542 *„Non est obligatorium contra bonos mores praestitum iuramentum.“* VI. 5.12.58, in: Ed. *Friedberg*, II, Sp.1123.

543 *„Pacta quae firmentur iuramento.“ Bartolus de Saxoferrato*, Kommentar zum *Infortiatum*, 1562, S. 826, Sp.1.

544 *Bartolus de Saxoferrato*, Kommentar zum *Infortiatum*, 1562, S. 826, Sp.2, S. 827, Sp.1.

Zu den schändlichen Vereinbarungen zog Bartolus, wie bereits im Rahmen der oben dargestellten Kommentierung der Stelle D. 17.2.52(53), die *regula LVIII* des *Liber Sextus* heran. Nach dieser ist ein Eid, der gegen die guten Sitten verstößt, nicht bindend. Daneben verwies er zu der Frage der *turpitudo* beziehungsweise der Verletzung der *boni mores*, die er gleichsetzte, auf seine Kommentierung von D. 45.1.61. Aus der Regel des kanonischen Eidesrechts leitete Bartolus ab, dass einem *pactum* mit sittenwidrigem Inhalt auch nicht durch Eid zur Wirksamkeit verholfen werden könne.

Auch im Zusammenhang mit seiner Unterscheidung danach, ob die Missbilligung des *pactum* primär oder lediglich sekundär auf der *utilitas publica* beruht, verwies Bartolus auf das kanonische Recht.[545] Diese Differenzierung, die Bartolus zwischen den Gründen der Unwirksamkeit vornahm, wurde in der *casus*-Schilderung zu X 2.24.28[546] aufgegriffen. Es handelt sich dabei um eine Dekretale, auf die Bartolus im Zusammenhang mit der Missbilligung, die sekundär aus der *utilitas publica* folge, selbst verwies.[547] Bartolus sah den Grund dafür, dass hier der Eid zu halten war, darin, dass ein Fall des nur sekundär berührten öffentlichen Wohls gegeben sei und er ging offensichtlich auch nicht von einem Fall der *turpitudo* bzw. der Sittenwidrigkeit aus.

Die *utilitas publica* bildete bereits in der klassisch römisch-rechtlichen Tradition einen wichtigen Aspekt der Sittenwidrigkeit. Bei den im Rahmen dieser Untersuchung behandelten legistischen Werken spielte sie im Zusammenhang mit der Wirksamkeit von *pacta* jedoch bislang keine Rolle. Erst bei Bartolus erschien sie als eigenständiges Wirksamkeitskriterium, wobei er auch auf das kanonische Recht Bezug nahm. So zitierte er zum einen eine Entscheidung von Innozenz III. aus dem Jahre 1206[548]. In dieser entschied dieser, dass eine Vereinbarung eines Geistlichen darüber, sich unter Verzicht auf sein Privileg der weltlichen Gerichtsbarkeit zu unterwerfen, unwirksam sei. Innozenz III. begründete dies damit, dass das *ius publicum* nicht durch private Vereinbarungen geändert

---

545 *Bartolus de Saxoferrato*, Kommentar zum *Infortiatum*, 1562, S. 827, Sp.1.

546 Vgl. die Ausgabe der *Glossa ordinaria* zum *Liber Extra*, *Bernardus Parmensis, Gregorii Papae IX. Decretales cum glossis, Venetiis*, 1615, S. 586. S.a. die Ausgabe von *Friedberg*, Ed. *Friedberg*, II, Sp.371.

547 Vgl. *Bartolus de Saxoferrato*, Kommentar zum *Infortiatum*, 1562, S. 827, Sp.1.

548 *C. Si diligenti*, X 2.2.12 (1206), Po 2769.

werden könne. Dementsprechend urteilte er, dass auch der Eid nicht zu befolgen sei, der sich auf nach kirchlichen Bestimmungen unerlaubte *pacta* beziehe.[549]

Die andere kirchenrechtliche Entscheidung, die Bartolus zitierte, der *c. Cum contingat*, stammt ebenfalls von Innozenz III.[550] Dieser entschied, dass der Eid der Ehefrau, eine Veräußerung der Mitgift nicht anzufechten, zu halten sei, wenn er ohne Gewalt oder Arglist geleistet worden sei. Den Grund hierfür sah er darin, dass der Eid weder auf die Schädigung eines Dritten, noch auf den Verlust des ewigen Heils gerichtet sei. Die Entscheidung von Innozenz III., dass der Eid zu halten sei, beruhte jedoch ausdrücklich darauf, dass hierdurch nicht das Seelenheil beeinträchtigt werde. Von der *utilitas publica*, die auch der Missbilligung des durch Eid bekräftigten *pactum* nicht zu Grunde lag, die Bartolus jedoch sekundär berührt sah, war in der Entscheidung von Innozenz III. keine Rede.

Bartolus und Innozenz III. kamen, was die Rechtsfrage aus dem *c. Cum contingat* betrifft, zwar zu demselben Ergebnis, legten ihrer Entscheidung jedoch unterschiedliche Kriterien zugrunde. An diesen wird die unterschiedliche Motivation des *ius civile* im Gegensatz zum kirchlichen Recht deutlich. Auf der einen Seite war entscheidend, ob der Nichtigkeit der Vereinbarung eine primäre Berücksichtigung des Schutzgutes Allgemeinwohl zugrunde lag. Auf der anderen Seite war das Schutzgut des Seelenheils des Einzelnen ausschlaggebend. Das Kriterium der guten Sitten beziehungsweise der *turpitudo* dagegen wurde hier bezüglich der Wirksamkeit des Eides und des beeidigten *pactum* nicht unmittelbar herangezogen.

Soweit die *boni mores* zu der Frage der Wirksamkeit des Eides beziehungsweise der Bekräftigung eines an sich unwirksamen *pactum* durch Eid herangezogen wurden, zeigt sich die divergierende Definition der Sittenwidrigkeit in Legistik und Kanonistik. Entgegen der Kanonistik hielt Bartolus gemäß der bisherigen legistischen Lehre daran fest, dass ein Verstoß gegen die guten Sitten vor allem im Fall der Beschränkung der Testierfreiheit gegeben sei.

d. Der Wunsch des Todes eines Dritten

Schließlich behandelte Bartolus die Sittenwidrigkeit von Vereinbarungen anhand der bereits wiederholt erwähnten Codexstelle C. 2.3.30 aus dem Titel *de pactis*. Angesichts der Bedeutung des Bereichs des Erbrechts für die legistische

549 Vgl. *Innozenz III.*, (*C. Si diligenti*, X 2.2.12, 1206, Po 2769), in: Die Register Innocenz' III., Bd. 9, Wien, 2004, S. 114–117. Datierung nach *Potthast*, I, Nr. 2769 und Die Register Innocenz' III., Bd. 9, Wien, 2004, S. 114.

550 X 2.24.28 (1210), Po 4006, vgl. Ed. *Friedberg*, II, Sp.371.

Lehre von der Sittenwidrigkeit und der wiederholten Zitierung von C. 2.3.30 im Zusammenhang mit den *boni mores,* ist zu erwarten, dass die Betrachtung der Kommentierung von Bartolus für die Frage seiner Lehre bezüglich der Sittenwidrigkeit von Vereinbarungen aufschlussreich ist.

Anlass der Entscheidung aus C. 2.3.30 war ein *pactum*, das Personen in Erwartung einer künftigen Erbschaft für den Fall, dass der Erblasser sterbe oder ein Beteiligter etwas aus der Erbschaft erlange, schlossen. Bedenken ergaben sich dabei aus den Umständen, dass die Person, auf deren Erbe gehofft wurde, noch lebte, sowie dass das *pactum* nicht so verfasst wurde, als würde die Erbfolge auf jeden Fall eintreten. Es wurde vielmehr unter den beiden Bedingungen geschlossen, dass der zukünftige Erblasser sterbe und die Beteiligten zur Erbschaft berufen würden. Für die Beurteilung des *pactum* spielten hier demnach folgende Punkte eine Rolle. Sein Gegenstand betraf das Vermögen eines noch lebenden Dritten und Bedingung für seine Wirkungen waren der Tod eines Dritten sowie die erbrechtliche Nachfolge der Beteiligten des *pactum*.

Justinian waren solche *pacta* zuwider. Es stellte sich ihm nämlich die Frage, warum die Beteiligten ohne dessen Kenntnis ein *pactum* über Gegenstände eines Lebenden schlossen.[551] Er bewertete solche *pacta* als sittenwidrig und nicht zu befolgen, es sei denn, der zukünftige Erblasser gebe sein Einverständnis und dieses läge noch bei seinem Tode vor. Dann nämlich dürfe das *pactum* ohne bittere Hoffnung und mit Wissen und Genehmigung des Erblassers befolgt werden.[552] Für die Sittenwidrigkeit spielte demnach sowohl die Tatsache, dass der Tod eines Dritten zur Bedingung der Wirksamkeit des *pactum* gemacht wurde, was Justinian als gefährlich ansah, als auch der vorrangige Erblasserwille eine Rolle. Wie sich an der letzten *lex* zeigt, stand hinter der Entscheidung Justinians die Beachtlichkeit des Willens dessen, über dessen Vermögen die Vereinbarung geschlossen wurde:

---

551 *"Sed nobis omnes huiusmodi pactiones odiosae videntur et plenae tristissimi et periculosi eventus. quare enim quodam vivente et ignorante de rebus eius quidam paciscentes convenerunt?" Justinian*, C. 2.3.30.2, in: *Corpus iuris civilis. Volumen secundum, Krüger, Paul* (Hrsg.), 11. Aufl., Berlin, ND Hildesheim 1997, S. 94, Sp.2.

552 *"Secundum veteres itaque regulas sancimus omnimodo huiusmodi pacta, quae contra bonos mores inita sunt, repelli et nihil ex his pactionibus observari, nisi ipse forte, de cuius hereditate pactum est, voluntatem suam eis accommodaverit et in ea usque ad extremum vitae spatium perseveraverit: tunc etenim sublata acerbissima spe licebit eis illo sciente et iubente huiusmodi pactiones servare." Justinian,* C. 2.3.30.3, in: *Corpus iuris civilis. Volumen secundum. Codex Iustinianus, Krüger, Paul* (Hrsg.), 11. Aufl., Berlin, 1906, ND Hildesheim 1997, S. 94, Sp.2.

„*Quod etiam anterioribus legibus et constitutionibus non est incognitum, licet a nobis clarius est introductum. iubemus etenim neque donationes talium rerum neque hypothecas penitus esse admittendas neque alium quendam contractum, cum in alienis rebus contra domini voluntatem aliquid fieri vel pacisci secta temporum meorum non patitur.*“[553]

Letztlich ging es bei der Entscheidung nicht um die Testierfreiheit, der Erblasser sollte durch die Vereinbarung ja nicht an der Verfügung von Todes wegen gehindert werden. Es stellte sich vielmehr die Frage, ob über eine fremde Sache eine Vereinbarung geschlossen werden könne. Nach Bartolus wurde dies am Ende der kommentierten Codexstelle mit der Begründung verneint, dass ein *pactum* über eine Sache eines Dritten ohne dessen Willen *turpe* sei. Gegen dieses Argument wandte Bartolus D. 1.18.1 aus dem Titel über den Kauf ein, wonach eine fremde Sache verkauft, dem Käufer danach jedoch entzogen werden könne. In der *solutio* löste Bartolus die Frage, indem er die *turpitudo* des Falles aus C. 2.3.30 darin sah, dass das *pactum* in der Hoffnung des Eintritts der Erbfolge geschlossen werde. Dies verlocke zu dem Wunsch des Todes eines Dritten. Hiervon grenzte Bartolus den Fall ab, dass sich gegenüber einer fremden Sache verpflichtet werde, was weder schändlich sei, noch gegen die guten Sitten verstoße.

„*Dicitur hic in fin. quod pacisci de rebus alienis absque domini voluntate est turpe et iniquium: contra ff. de contrahen. emp .l. rem alienam. [D. 18.1.28] Solutio. pacisci sub spe de succedendo istud est turpe: quia inducit votum ad captande mortis alterius: sed alias quod quis se obliget ad rem alienam, istud non est turpe vel contra bonos mores. Op .ff. pro so .l. iij. § de illo. [D. 17.2.3.2] Solutio. ibi de hereditate hominis incerti: hic certi.*“[554]

Bartolus ging es demnach weniger darum, dass die Sache eines Dritten zum Gegenstand der Vereinbarung gemacht wurde, als vielmehr, dass die Vereinbarung in der Hoffnung der Erbfolge geschlossen wurde, wodurch der Wunsch geweckt werden könnte, jemandem nach dem Leben zu trachten. Eine solche Vereinbarung sah er als sittenwidrig an.

Die Argumentation mit der Verlockung, den Tod eines anderen zu wünschen, ließ sich sachlich C. 2.3.30 entnehmen. In der Formulierung des Bartolus entstammte sie jedoch dem *Liber Sextus*.[555] Anhand der Kommentierung zu

---

553 *Justinian* C. 2.3.30.4, in: *Corpus iuris civilis. Volumen secundum. Codex Iustinianus, Krüger, Paul* (Hrsg.), 11. Aufl., Berlin, 1954, ND Hildesheim 1997, S. 94, Sp.2.

554 *Bartolus de Saxoferrato*, Kommentar zum *Codex*, 1562, S. 144, Sp.1, Nr. 1, zu C. 2.3.30 *(de pactis)*.

555 Vgl. VI. 3.7.3, den Bartolus im Rahmen der Kommentierung von D. 45.1.61 auch zitierte: „*Et est ratio quia contra bonos mores, ext. de conces. Praeb. c. ne captandae. li. vj. [VI. 3.7.3]*“ *Bartolus de Saxoferrato*, Kommentar zum *Digestum novum*, 1562, S. 477, Sp.2. *n.3*, zu D. 45.1.61.

D. 45.1.61 wandte sie Bartolus auch auf den Fall des *pactum* über eine zukünftige erbrechtliche Nachfolge an. Er begann seine Ausführungen zu D. 45.1.61 mit der Aussage, dass eine *stipulatio*, durch die die Testierfreiheit *(libera testandi facultas)* entzogen werde, nicht gültig sei und nannte hierzu wie im Rahmen der Kommentierung der Stelle D. 17.2.52(53) den Fall der Schenkung sämtlicher Güter. Eine solche Schenkung, die die Testierfreiheit entziehe, verstoße gegen die guten Sitten und sei ungültig. Dies führte Bartolus erneut zu der Frage, ob die Bekräftigung einer solchen Vereinbarung durch Eid möglich sei. Er verneinte dies unter Berufung auf die *regula LVIII* des *Liber Sextus* mit dem Verweis darauf, dass Dynus Mugellanus diese *regula* unter Berücksichtigung der *canones* VI. 1.18.2 und VI. 2.11.2 nicht verstanden habe.[556]

Bei diesen *canones* handelt es sich um Entscheidungen von Bonifaz VIII., die in den *Liber Sextus* Eingang fanden. Die erste stammt aus dem Titel *de pactis* und betraf den Verzicht einer Tochter auf ihr väterliches Erbe durch *pactum*. Eine solche Vereinbarung werde nach Bonifaz VIII. vom *ius civile* missbilligt. Wenn die Tochter dies jedoch ohne Gewalt oder Arglist durch Eid bekräftigt habe, sei der Eid zu halten, da dies nicht zu dem Verlust des Seelenheils oder die Schädigung eines Dritten führe.[557] In der anderen Entscheidung urteilte Bonifaz VIII., dass der Eid, den eine Ehefrau ohne Zwang oder Arglist bezüglich der Veräußerung ihrer Mitgift geschworen habe, entgegen der zivilistischen Lehre zu befolgen sei. Dies sei, um eine Gefahr für die Seelen abzuwenden, auch unter den Richtern durchzusetzen.[558] Für die Frage, ob die Bekräftigung einer unwirksamen Verbindlichkeit durch Eid möglich sei, war nach Bartolus im Hinblich auf die kanonistische Lehre gemäß den Kanones VI. 1.18.2 und VI. 2.11.2 entscheidend, ob es sich um ein *pactum* bezüglich der künftigen Erbfolge handele, der den Wunsch, nach dem Tod zu trachten locke oder die Testierfreiheit entziehe. Lag einer dieser beider Fälle vor, war das *pactum* nach Bartolus wegen Verstoßes

---

556 Vgl. *Bartolus de Saxoferrato*, Kommentar zum *Digestum novum*, 1562, S. 477, Sp.2. *n.1–3*, zu D. 45.1.61.

557 *„Quamvis pactum, patri factum a filia, dum nuptui tradebatur, ut dote contenta nullum a bona paterna regressum haberet, improbet lex civilis: si tamen iuramento non vi nec dolo praestito firmatum fuerit ab eadem, omnino servari debebit, quum non vergat in aeterne salutis dispendium, nec redundet in alterius detrimentum.“ Bonifaz VIII.*, VI. 1.18.2 *(de pactis)*, in: Ed. *Friedberg*, II, Sp.990.

558 *„[…] nos, animarum periculis obviare volentes, eosdem iudices ad servandum hoc ius canonicum per locorum ordinarios censura ecclesiastica decernimus compellendos.“ Bonifaz VIII*, VI. 2.11.2, in: Ed. *Friedberg*, II, Sp.1004.

gegen die guten Sitten unwirksam und konnte auch nicht durch Eid bekräftigt werden.

> *„Facio aliam quaestionem utrum hoc possit iuramento firmare? Et videtur quod sic, etx. de pac. c. ij. li. vj. [VI. 1.18.2] et de iureiurando. c. licet. eo lib. [VI. 2.11.2] Dy. salua reuerentia non intellexit c. obligatorium. de re iur. li. vj. [VI. 5.12.58] et dico quod non firmatur quia dicit c. iuramentum. contra bonos mores, non est obligatorium, sed istud est contra bonos mores, ut hic in tex. ergo. etc. Respondeo Ad c. ij. [VI. 1.18.2] et c. licet. [VI. 2.11.2] dico quod quandoque est tale pactum de futura successione, quod inducit uotum captandae mortis, quale est pactum de succedendo, uel aufert liberam facultatem faciendi testamentum, et tunc non ualet, nec firmatur iuramento. l. fi. C. de pac. [C. 2.3.30] Et est ratio quia contra bonos mores, ext. de conces. praeb. c. ne captandae. li. vj. [VI. 3.7.3]"*[559]

Bezüglich der Unwirksamkeit eines *pactum* über die künftige Erbfolge nannte Bartolus die Codexstelle C. 2.3.30. Er begründete die Unwirksamkeit mit einem Verstoß gegen die guten Sitten und verwies hierzu auf VI. 3.7.3, eine Entscheidung von Bonifaz VIII. aus dem Titel *de concessione praebendae et ecclesiae non vacantis* des *Liber Sextus*. Deren Wortlaut übernahm Bartolus im Rahmen seiner Argumentation, indem er wie Bonifaz VIII. von *„captandae alienae mortis"*[560] sprach.

Werde durch das *pactum* jedoch weder die Testierfreiheit entzogen, noch der Wunsch geweckt, nach dem Tode eines anderen zu trachten, wünsche aber das Gesetz ein solches *pactum* nicht, wie es bei dem *pactum* der Fall sei, mit welchem auf die Erbfolge nach dem Vater verzichtet werde, war nach Bartolus eine Bekräftigung durch Eid möglich.[561] Ein *pactum* mit dem Inhalt der Entziehung der Testierfreiheit oder eine Vereinbarung über die künftige Erbfolge dagegen, die den Wunsch des Todes eines Dritten wecke, stellte nach Bartolus einen Verstoß gegen die guten Sitten dar, so dass er die *regula LVIII* für einschlägig hielt. In dem in VI. 1.18.2 behandelten Fall dagegen wurde weder der Vater der verzichtenden Tochter an einer letztwilligen Verfügung gehindert, noch erfolgte die Vereinbarung einer Erbfolge, so dass sein Tod gewünscht werden konnte. In diesem Fall lag demnach nach Bartolus kein Verstoß des *pactum* gegen die guten Sitten vor.

An der inhaltlichen Bestimmung, die Bartolus hier den guten Sitten gab, zeigt sich ein im Vergleich zum klassischen römischen Recht neuer Aspekt der

---

559 *Bartolus de Saxoferrato*, Kommentar zum *Digestum novum*, 1562, S. 477, Sp.2, *n.3*, zu D. 45.1.61.

560 Vgl. *Bonifaz VIII.*, VI. 3.7.3, Ed. *Friedberg*, II, Sp.1038.

561 *Bartolus de Saxoferrato*, Kommentar zum *Digestum novum*, 1562, S. 477, Sp.2. *n.3f.*, zu D. 45.1.61.

Sittenwidrigkeit von Vereinbarungen über die künftige Erbfolge. Es war nicht allein die Testierfreiheit im Sinne der Freiheit, über das eigene Vermögen zu verfügen, die es nach den guten Sitten zu wahren galt. Es trat die Motivation hinzu, die Vertragsschließenden davor zu bewahren, dass in ihnen der Wunsch aufkeime, nach dem Tode des künftigen Erblassers zu trachten. Bartolus entnahm dieses Kriterium der Entscheidung von Bonifaz VIII. aus VI. 3.7.3 und damit dem kanonischen Recht. Die Vermeidung bereits der Gefahr eines Mordes, und dies im Zusammenhang mit Vereinbarungen über die Erbfolge, fand er so nicht in den Quellen des überlieferten römischen Rechts vor. Dort wurde lediglich die Vereinbarung der Begehung eines Mordes als sittenwidrig angesehen, nicht jedoch bereits die potentielle Erweckung des Wunsches, dass ein anderer sterben möge.

Bartolus stützte seine Ansicht, dass ein solches *pactum* gegen die guten Sitten verstoße, auf eine Entscheidung von Bonifaz VIII. aus dem *Liber Sextus* aus dem Titel *de concessione praebendae et ecclesiae non vacantis* (VI. 3.7.3).[562] Dort traf Bonifaz VIII. eine Entscheidung im Hinblick darauf, dass nicht Gelegenheit zu dem Wunsch des Todes eines Dritten gegeben werden solle.[563] Seinen Entscheidungen aus VI. 1.18.2 und VI. 2.11.2 legte Bonifaz VIII. jedoch ausdrücklich ein anderes Kriterium zu Grunde, nämlich ob das Seelenheil der Beteiligten oder ein Dritter Schaden nähmen. Das Kriterium der Erweckung des Wunsches des Todes eines Dritten, das Bonifaz VIII. in VI. 3.7.3 bemühte, zog dieser im Zusammenhang mit der Wirksamkeit des *pactum* oder des Eides und deren Sittenwidrigkeit nicht ausdrücklich heran. Dieser Bezug wurde erst durch Bartolus unter Berufung auf VI. 3.7.3 hergestellt.

Dynus Mugellanus gelangte in seiner Kommentierung der *regula LVIII* des *Liber Sextus* zu demselben Ergebnis, jedoch mit einer anderen Begründung. Auch er nahm zur Beantwortung der Frage, ob einem *pactum*, das gegen ein Verbot verstieß, durch Eid zur Wirksamkeit verholfen werden konnte, eine Differenzierung vor. Für ihn war jedoch nicht die Testierfreiheit entscheidend. Dynus unterschied vielmehr die Fälle, dass das gesetzliche Verbot einer bestimmten Vereinbarung auf der *turpitudo* der Vereinbarung beruhte oder zu Gunsten der Person aufgestellt wurde, die die an sich unerlaubte Vereinbarung durch Eid zu bekräftigen wünschte. In letzterem Fall, unter den er VI. 1.18.2 und VI. 2.11.2

---

562 Vgl. *Bartolus de Saxoferrato*, Kommentar zum *Digestum novum,* 1562, S. 477, Sp.2. *n.3* a.E., zu D. 45.1.61.

563 *"Ne captandae alienae mortis occasio ex benignitate gratiarum sedis apostolicae tribuatur […]" Bonifaz VIII.*, VI. 3.7.3, in: Ed. *Friedberg,* II, Sp.1038.

zählte, war nach Dynus eine Bekräftigung durch Eid möglich.[564] In dem in VI. 1.18.2 behandelten Fall des Verzichts der Tochter auf ihr Erbe sah Dynus keinen Fall der *turpitudo* gegeben, so dass die Vereinbarung durch Eid bekräftigt werden könne.

Bartolus kam in diesem Fall zu demselben Ergebnis, begründete es jedoch anhand anderer Kriterien als Dynus. Nach Bartolus bestand die Sittenwidrigkeit, über die auch durch Eid nicht hinweggeholfen werden könne, in der Weckung des Wunsches, dass ein Dritter sterben möge und in der Entziehung der Testierfreiheit. Unter diesen Gesichtspunkten betrachtete er auch die beiden oben genannten Entscheidungen von Bonifaz VIII. aus dem *Liber Sextus*. Dabei nahm er auf Dynus Mugellanus Bezug und machte ihm den Vorwurf, er habe die *regula LVIII* des *Liber Sextus* unter Berücksichtigung von VI. 1.18.2 und VI. 2.11.2 nicht verstanden.

Hier legte Bartolus den Finger auf den für die Lehre von der Sittenwidrigkeit von Vereinbarungen entscheidenden Punkt, nämlich die Frage, was unter den guten Sitten zu verstehen war. Es stellt sich hier speziell die Frage, ob Bonifaz VIII. im Rahmen von VI. 1.18.2 und VI. 2.11.2 bei der Entscheidung, ob der Eid zu halten war, die von ihm selbst aufgestellte *regula LVIII* (VI. 5.12.58) und damit die guten Sitten berücksichtigte. Bartolus scheint das zu unterstellt zu haben. Dies zeigt sich an seiner Rüge gegenüber Dynus Mugellanus, dieser habe die beiden Entscheidungen bei seiner Kommentierung der *regula LVIII.* nicht richtig berücksichtigt sowie an seiner Argumentation mit den guten Sitten im Zusammenhang mit den Entscheidungen. Demnach stellt sich weiter die Frage, was Bonifaz VIII. beziehungsweise die Kanonistik seinerzeit unter den in der *regula LVIII* genannten guten Sitten verstand.

Was die Beurteilung der in den Entscheidungen herangezogenen Kriterien betrifft, ging das Verständnis in Legistik und Kanonistik auseinander. Dies zeigt sich an den Ausführungen von Dynus und Bartolus. In der Legistik wurde bezüglich der Sittenwidrigkeit vor allem auf die Testierfreiheit abgestellt sowie auf die Gefährdung des Lebens des Testierenden dadurch, dass ihm ein zukünftig Bedachter nach dem Leben trachten könnte. Wie an den Entscheidungen von

564 Vgl. *Dynus Mugellanus*, Kommentar zu den *regulae iuris* des *Liber Sextus*, 1576, S. 389, *In regulam Non est obligatorium, n.7*, s.o. S. 157. Sowohl die Differenzierung, die Bartolus zwischen der Unwirksamkeit primär oder sekundär zu Gunsten des öffentlichen Wohles vornahm, (Vgl. *Bartolus de Saxoferrato*, Kommentar zum *Infortiatum*, 1562, S. 826, Sp.2; S. 827, Sp.1.), als auch die Differenzierung, die Dynus bezüglich des durch die Unwirksamkeit Begünstigten vornahm, wurden in der *casus*- Schilderung zu X 2.24.28 aufgegriffen. Vgl. Ed. *Friedberg*, II, Sp.372.

Bonifaz VIII. sichtbar wird, war in der Kanonistik für die Beurteilung der Wirksamkeit des Eides und damit auch des zugrunde liegenden *pactum* vorrangig das Seelenheil und die Vermeidung der Schädigung eines Dritten entscheidend.

In den Fällen aus VI. 1.18.2 und VI. 2.11.2 lag nach kanonistischer Lehre kein Fall der Nichtigkeit aufgrund von Sittenwidrigkeit beziehungsweise *turpitudo* gemäß der *regula LVIII* des *Liber Sextus* vor, wenn keine Gefährdung des Seelenheils oder Schädigung eines Dritten erfolgte. So wurde auch die Nichtigkeit des Eides wegen Verstoßes gegen die guten Sitten an das Kriterium des Seelenheils gebunden.

Diese Verbindung zwischen Sittenwidrigkeit und Seelenheil in der Kanonistik wurde später von dem *Iureconsultus* Franciscus Cornellus in einer *additio* zu der Kommentierung von Dynus bezüglich der Stelle ‚*obligatorium*' aus der *regula LVIII* ausdrücklich formuliert:

> „*Obligatorium. Adde an in observationem talis iuramenti dicatur periurus, ita ut saltem petenda sit absolutio. Ias. in .§. item si quis. col. 12 versi. advertite etiam. Insti. de actio. Quae autem dicantur iuramenta contra bonos mores, docent Docto. maxime. mod. in l. pacta. quae contra C. de pactis. [C. 2.3.6] Et quidem secundum ius canonicum ea dicuntur, quibus inducitur peccatum, ut tradit Ias. in l. ex ea .§. mulier. col. fin .ff. de verborum obligatione. F.C.*"[565]

Franciscus Cornellus definierte die Sittenwidrigkeit nach kanonistischer Lehre so, dass diese dann vorliege, wenn zur Sünde verleitet werde. Dies war die Richtung, auf die die Entwicklung der Lehre von der Sittenwidrigkeit in der Kanonistik zulief. Es kommt demnach an dieser Stelle nicht darauf an, ob Bonifaz VIII. bei seiner Beurteilung der Bindungswirkung des Eides und des *pactum* neben dem Kriterium des Seelenheils und des Integritätsinteresses Dritter die *regula LVIII.* und damit die guten Sitten zugrunde legte, wenn der Sache nach kein Unterschied zwischen dem Kriterium der *salus aeterna* und dem kanonistischen Begriff der guten Sitten im Sinne eines Verhaltens, das nicht zur Sünde führt, bestand.

Das Kriterium der Erweckung des Wunsches des Todes eines Dritten, das Bonifaz VIII. der Entscheidung aus VI. 3.7.3 zu Grunde legte, wurde durch Bartolus auch an anderer Stelle mit der Sittenwidrigkeit und damit Unwirksamkeit einer Vereinbarung in Zusammenhang gebracht. Dies geschah im Rahmen eines *concilium* unter der Frage, ob ein Vertrag über die Erbschaft eines Dritten durch

---

565 *Franciscus Cornellus* in: *Mugellanus, Dynus,* Kommentar zu den *rgeulae* iuris des *Liber Sextus,* 1576, fol.389, zu VI. 5.12.58, 'obligatorium', additio *A.*

Eid bekräftigt werden könne.[566] Bartolus stellte zunächst die Frage, ob das in der Stelle behandelte *pactum* über die Erbschaft eines lebenden Dritten gültig sei. Dies verneinte er, da es sich um eine Vereinbarung über das Erbe eines lebenden Dritten handele, der weder anwesend sei, noch Kenntnis von der Vereinbarung habe.[567] Er begründete die Unwirksamkeit des *pactum* mit der oben erläuterten Codexstelle C. 2.3.30. Dass dem *pactum* auch nicht durch Eid zur Wirksamkeit verholfen werden könne, begründete er mit der *regula LVIII* des *Liber Sextus* (VI. 5.12.58), die bestimmte, dass ein Eid, der gegen die guten Sitten verstoße, nicht bindend sei.

In Bezug auf dieses Ergebnis der Unwirksamkeit des Eides aufgrund von Sittenwidrigkeit bestanden nach Bartolus jedoch im Hinblick auf die Entscheidung von Bonifaz VIII. in VI. 1.18.2 Zweifel. Bonifaz VIII. bestimmte in der bereits genannten Entscheidung, dass ein *pactum*, in welchem die Tochter auf ihr väterliches Erbe verzichte, und das nach dem *ius civile* missbilligt werde, dennoch befolgt werden müsse, wenn es durch einen Eid bekräftigt und ohne Gewalt oder Arglist geleistet worden sei. Er begründete dies damit, dass es nicht zu einem Verlust des Seelenheils oder zu der Schädigung eines Dritten führe. Bartolus sah hier keinen Konflikt mit der Entscheidung von Bonifaz VIII. bezüglich der Vereinbarung über das väterliche Erbe. Das dort behandelte *pactum* über einen Ausschluss aus der Erbfolge verstieß nach Bartolus aus dem Grund nicht gegen die guten Sitten, weil es nicht den Wunsch des Todes eines Dritten wecke. Dies sei jedoch bei dem zu beurteilenden *pactum* über die Erbschaft eines lebenden Dritten der Fall. Bartolus zitierte hierzu C. 2.3.30 und VI. 3.7.3.[568]

> „*Super secundo uidendum est, an dicta conuentio ualeat, et de iure civili. Certum est quod non, quia non licet pacisci de haereditate uiuentis tertij ipso absente et ignorante. Casus est in l. fin. C. de pactis. [C. 2.3.30] Sed dubium facit quod dicit de iuramento praestito de observando, quod iuramentum videtur talem conuentionem ualidare, ut cap. quamuis,*

566 Vgl. *Bartolus de Saxoferrato*, Kommentar zu den *Institutiones*, 1562, S. 261, Sp.1, zu *consilium VIII, factum tale proponitur, liber I, n.3.*

567 *"Pactum de haereditate tertii viventis non valet, etiam cum iuramento." Bartolus de Saxoferrato*, Kommentar zu den *Institutiones*, 1562, S. 261, Sp.1, zu *consilium VIII, factum tale proponitur, liber I, n.3.*

568 Zu dem gleichen Ergebnis gelangte Bartolus bezüglich der Entscheidung von Innozenz III. aus X 2.24.28 (1210; Po 4006). *"Et eo. modo respondeo ad cap. cum contingat. de iureiurand. lib. vj. [X 2.24.28] quia ibi pactum non erat contra bonos mores, igitur firmatur iuramento. […]"Bartolus de Saxoferrato*, Kommentar zu den *Institutiones*, 1562, S. 261, Sp.1, zu *consilium VIII, factum tale proponitur, liber I, n.4 (Iuramentum praestitum super pacto, quod est contra bonos mores, non est obligatorium).*

> *de pac. lib. vj. [VI. 1.18.2] Ad hoc respondetur quod talem conuentionem ualidare non potest, nam pactum contra bonos mores improbatur a iure. Sed tale pactum fuit appositum super his quae sunt contra bonos mores, ut expresse dicitur in cap. non est obligatorium. de reg. iuris lib. vj. [VI. 5.12.58] Non obstat cap. quamuis. de pac. lib. vj. [VI. 1.18.2] quia ibi pactum illud de non succedendo, non est contra bonos mores, quia non inducit uotum captandae mortis alterius. Mulier enim quae sperat non succedere, mortem patris non affectat, sed pactum quod loquitur in succedendo certo modo, et de certa parte danda, ut fuit in casu proposito uotum captandae mortis inducit, quod est contra bonos mores, ut d. l. fin. C. de pac. [C. 2.3.30] et de conces. praeben. cap. ne captandae. lib. vj. [VI. 3.7.3] ergo, etc.*"[569]

An dieser Stelle führte Bartolus die zitierte Entscheidung von Bonifaz VIII. aus VI. 1.18.2 auf das Kriterium zurück, das Bonifaz in VI. 3.7.3 nannte, nicht in jedoch in VI. 1.18.2. Dort war für Bonifaz VIII. unter anderem die *salus aeterna*, das ewige Heil des Menschen in Form des ewigen Lebens, entscheidend, nicht jedoch allein der spezielle Fall, dass der Wunsch aufkommt, dass ein Dritter sterben möge, die Beschränkung der Testierfreiheit oder ausdrücklich die guten Sitten im Sinne der legistischen Kasuistik. Diese Fälle sah Bartolus jedoch als entscheidend an.

An den beiden unterschiedlichen Argumentationen von Bartolus und Bonifaz VIII. bezüglich der Entscheidung aus VI. 1.18.2 wird die divergierende Entwicklung der Lehre von der Nichtigkeit des *pactum* und des Eides aufgrund von Sittenwidrigkeit in Legistik und Kanonistik deutlich. Bartolus stellte bezüglich der Wirksamkeit auf die guten Sitten ab und subsumierte hierunter die beiden Fallgruppen der Beeinträchtigung der Testierfreiheit und das Hervorrufen des Wunsches, dass ein Dritter streben möge. Bonifaz VIII. dagegen argumentierte allein mit dem Seelenheil und dem Integritätsinteresse Dritter.

Abgesehen von der unterschiedlichen Beurteilung des Nichtigkeitsgrundes im Falle des in VI. 1.18.2 behandelten *pactum* zeigt sich an der Entscheidung von Bonifaz VIII., dass das kirchliche Recht zu Gunsten der Wirksamkeit des Eides und zur Vermeidung eines Eidbruches den großzügigeren Maßstab des Seelenheiles und der Wahrung fremder Interessen anlegte. Die *boni mores* gemäß der legistischen Definition spielten für Bonifaz VIII. bei der Frage der Wirksamkeit des Eides keine Rolle, jedenfalls nicht ausdrücklich. Bartolus jedoch hielt an ihnen als Maßstab für die Wirksamkeit des *pactum* und auch des Eides fest und verwies hierzu auf die Bonifaz VIII. zugeschriebene *regula LVIII* des *Liber Sextus*.

---

569 *Bartolus de Saxoferrato*, Kommentar zu den *Institutiones*, 1562, S. 261, Sp.1, zu *consilium VIII, factum tale proponitur, liber I, n.3.*

Die gleiche Art der Argumentation zeigt sich in der Entscheidung von Innozenz III. im *c. Cum contingat*[570]. Der zu beurteilende Eid sei zu befolgen, wenn er unter anderem ohne Gewalt oder Arglist abgegeben werde und nicht zu einem Verlust des Seelenheils führe. Bartolus dagegen führte diese Entscheidung als einen Fall auf, in welchem kein Verstoß gegen die guten Sitten vorliege und der Eid aus diesem Grund wirksam sei. Wie jedoch in der Entscheidung von Bonifaz VIII. in VI. 1.18.2, wurden die guten Sitten hier von Innozenz III. in der Aufzählung der für die Bindungswirkung des Eides zu berücksichtigenden inhaltlichen Kriterien nicht erwähnt.

e. Zusammenfassung

Nach Bartolus bestand die Funktion der guten Sitten im Zusammenhang mit *pacta* darin, einen gewissen Gehalt des Rechts zu schützen, der sich am Interesse der Allgemeinheit orientierte. Thematisch fand sich der Schwerpunkt seiner Lehre bezüglich der Sittenwidrigkeit von Vereinbarungen im Zusammenhang mit der Testierfreiheit, die es zu schützen galt. Ein weiteres wichtiges Kriterium für die Sittenwidrigkeit stellte für Bartolus das Allgemeinwohl dar. Es zeigt sich damit, bis auf das der Kanonistik entnommene Kriterium, dass der Wunsch des Todes eines Dritten geweckt werden könnte, keine von der bisherigen legistischen Lehre von der Sittenwidrigkeit von Vereinbarungen abweichende Behandlung der Thematik bei Bartolus.

Die unterschiedliche Argumentation in Legistik und Kanonistik bezüglich der inhaltlichen Beschränkung von Vereinbarungen trat in seiner Diskussion mit Dynus Mugellanus über die Frage der Bekräftigung einer sittenwidrigen Vereinbarung hervor. Der Argumentation des Bartolus mit den Fallgruppen der Verletzung der Testierfreiheit und der Gefährdung des Lebens eines Dritten stand die kanonistische Argumentation mit der *salus aetarna* gegenüber. In Bezug auf die zu untersuchende Fragestellung unterstreicht dies die These, dass die Frage der Sittenwidrigkeit von Vereinbarungen in der Kanonistik gegenüber der Legistik einen eigenen Weg einschlug.

---

570 X 2.24.28 (1210), Po 4006.

3. Der Kommentar zu *Codex* und Digesten von Baldus

Bei Baldus (1327–1400) findet sich nur indirekt eine inhaltliche Bestimmung der guten Sitten durch die zivilistische Lehre. In seiner Kommentierung der Codexstelle C. 2.3.6 aus dem Titel *de pactis* betonte er zunächst zwei Punkte. Einmal, dass die Nichtigkeit des *pactum* sowohl bei einem Verstoß gegen die guten Sitten, als auch bei einem Verstoß gegen das *ius civile* oder *praetorium* eintrete. Zum anderen, dass nach kanonischem Recht nur solche *pacta* gegen die guten Sitten verstoßen würden, die den Menschen zur Sünde verleiten würden, nach dem *ius civile* dagegen auch andere.

> „*Pacta, quae sunt a iure vel a bonis moribus reprobata carent viribus ipso iure. h.d. † Not. in hac .l. duo. primo, quod ita sunt nulla pacta, que sunt contra bonos mores sicut ea que sunt contra ius ciuile et pretorium. Tamen de iure canonico non reputantur esse contra bonos mores aliqua pacta: nisi que inducunt homines ad peccandum: licet de iure ciuili intelligantur esse contra bonos mores quedam alia pacta: vt le. et no. extra de pac. c. 2. [VI. 1.18.2] Dicit enim ius civile: quod renunciare hereditati. viventis est contra bonos mores. ius canonicum dicit quod iuramento firmatur renuntiatio: ut patet in d. c. Sed ius civile consideravit quod renuntiatio inducit patrem ad peccandum [...]*“[571]

Baldus führte so die beiden divergierenden Argumentationslinien, die Bonifaz VIII. und Bartolus anhand von VI. 1.18.2 bezüglich des Grundes für die Unwirksamkeit verfolgten, zusammen. Dies geschah, indem er auch in der Entscheidung in VI. 1.18.2, in der Bonifaz VIII. unter anderem von der *salus aeterna* sprach, eine Entscheidung aufgrund des Kriteriums der guten Sitten sah. Aus dem Kriterium der *salus aeterna*, das Bonifaz VIII. heranzog, zog er den Schluss, dass nach der Kanonistik die Sittenwidrigkeit im Verleiten zur Sünde bestehe. Er unterstellte damit, dass insofern auch Bonifaz VIII. anhand der guten Sitten urteilte. In dem Kriterium des Seelenheils aus VI. 1.18.2 sah er lediglich eine andere Definition der guten Sitten gegeben, als sie in der Legistik vorhanden war.

Die Nähe des kanonistischen Kriteriums des Seelenheils zur Vermeidung der Sünde liegt nahe. Baldus entnahm demnach seine Definition der Sittenwidrigkeit nach kanonischem Recht der von der Legistik abweichenden Argumentation von Bonifaz VIII. in VI. 1.18.2. Aus dieser Entscheidung, in der Bonifaz VIII. als das entscheidende Kriterium für die Bindungswirkung des *pactum* das Seelenheil heranzog, folgerte er, dass nach kanonistischer Lehre für die Sittenwidrigkeit entscheidend sei, ob zur Sünde verleitet werde. Die Formulierung ‚*inducere peccatum*‘ findet sich im Zusammenhang mit der Wirksamkeit von *pacta* bereits bei

---

571 *Baldus de Ubaldis*, Kommentar zum *Codex*, 1539, fol.100^{v}, Sp.1, zu C. 2.3.6.

Johannes Andreae[572] und fand schließlich in die *casus*-Schilderung zu X 1.35.8 Eingang[573].

Bezüglich des legistischen Begriffs der *boni mores* gab Baldus keine allgemeine Definition. Als Beispiel für den im kanonischen Recht abweichenden Begriff der guten Sitten nannte er jedoch einen Fall der Sittenwidrigkeit nach dem *ius civile*. Dabei handelte es sich wie bereits bei seinen Vorgängern um einen Fall im Zusammenhang mit der erbrechtlichen Nachfolge, den Verzicht auf die Erbschaft. Den Verstoß gegen die guten Sitten begründete er damit, dass der Verzicht dazu führe, dass der Vater sündige, indem er den Erben nicht ihren Erbteil hinterlasse und gegen sein *officium pietatis* verstoße.[574]

An den Ausführungen von Baldus zeigt sich der abstrakte Begriff der guten Sitten, der sich in der Kanonistik verfestigt hatte und sich an dem Kriterium der Sünde orientierte. Sittenwidrigkeit war nach kanonischem Recht gegeben, wenn ein Verhalten den überrechtlichen, moralischen Normen des Dekalogs zuwiderlief. Bezüglich des *ius civile* dagegen zeigt sich, dass dort kein solcher allgemeiner Gedanke der Sittenwidrigkeit vorhanden war. Eine Abgrenzung zu dem kanonistischen Verständnis der guten Sitten erfolgte vielmehr erneut anhand eines konkreten Falls aus dem Bereich des Erbrechts.

An dieser Stelle zeigt sich jedoch eine überraschende Wendung in der legistischen Argumentation bezüglich der Sittenwidrigkeit von Vereinbarungen. Baldus begründete die Sittenwidrigkeit der Vereinbarung eines Verzichts auf die Erbschaft nach dem *ius civile* damit, dass der Vater in diesem Falle sonst zum Sündigen verleitet werde. Dabei zeigte er sich verwundert, dass nicht auch das kanonische Recht den Fall hierunter subsumierte.[575] Es deutet sich hier eine Beurteilung der Sittenwidrigkeit auch in der Legistik anhand des allgemeinen und moralischen Kriteriums der Sünde an.

4. Zusammenfassung

Bis Accursius erfolgte in der Legistik keine von der Lehre des klassischen römischen Rechts abweichende Definition der guten Sitten. Bei Baldus fand sich jedoch in Abgrenzung zu der kanonistischen Lehre insofern eine inhaltliche Bestimmung, als nach dem *ius civile* nicht nur solche *pacta* gegen die guten

---

572 Vgl. *Johannes Andreae*, Kommentar zum *Liber Extra*, 1612, fol.274, Sp.1, *casus* zu X 1.35.8.

573 S.o. S. 160.

574 Vgl. *Baldus de Ubaldis*, Kommentar zum *Codex*, 1539, fol.100^{v}, Sp.1, zu C. 2.3.6.

575 Vgl. *Baldus de Ubaldis*, Kommentar zum *Codex*, 1539, fol.100^{v}, Sp.1, zu C. 2.3.6.

Sitten verstoßen würden, die den Menschen zur Sünde verleiten. Thematisch fanden sich die guten Sitten nach wie vor vor allem im Zusammenhang mit Vereinbarungen im Kontext der Bestimmung der Erbfolge.

In diesem Kontext wurde auch die Frage aufgeworfen, ob einer an sich unwirksamen Vereinbarung durch Eid zur Wirksamkeit verholfen werden könne. Hier gingen die Ansichten in Legistik und Kanonistik auseinander. Im *Liber Sextus* fanden sich zwei Entscheidungen von Bonifaz VIII. (VI. 1.18.2, VI. 2.11.2), in welchen er bestimmte, dass ein Eid, der nicht unter Gewalt oder Arglist gegeben worden sei, unbedingt zu halten sei. Eine Durchbrechung dieses unbedingten Vorrangs des Eides dürfe nur erfolgen, wenn durch die Erfüllung des Eides das eigene ewige Heil oder ein Dritter Schaden nehmen würde. Die guten Sitten erwähnte Bonifaz VIII. an dieser Stelle nicht. Der Sache nach wurde durch das Kriterium des Seelenheils jedoch der theologische Sittenwidrigkeitsbegriff berührt.

Die Legistik dagegen lehnte eine Bindungswirkung des Eides, der ein sittenwidriges *pactum* bekräftigen sollte, ab und sah nach Bartolus die Sittenwidrigkeit in den Fällen der Beschränkung der Testierfreiheit und der Erweckung des Wunsches des Todes eines Dritten gegeben. Es erfolgte hier in der Legistik auch unter Bezugnahme auf das kanonische Recht eine Übertragung des Kriteriums der guten Sitten auf das Eidesrecht, wobei sich der Inhalt der Sittenwidrigkeit von dem kanonistischen Verständnis der Sittenwidrigkeit unterschied.

So nannte Johannes Andreae als entscheidendes Kriterium für die Wirksamkeit von Vereinbarungen die Verleitung zur Sünde. Dies führte unter Baldus zu einer kanonistischen Definition der Sittenwidrigkeit als dem, was den Menschen zur Sünde verleite. Die kanonistische Deutung der guten Sitten vereinte damit die Kriterien der *boni mores* und der *salus aeterna* unter einem gemeinsamen Kriterium. Dies bildete die Grundlage für die einheitliche Idee von einer moralischen Begrenzung der Inhalte von Vereinbarungen durch das Kriterium der Sittenwidrigkeit, wie sie noch heute besteht.

D Ergebnis und Ausblick

I. Zusammenfassung der Ergebnisse und Ausblick

Der Verstoß gegen die *boni mores* beziehungsweise die synonym verwandte *turpitudo* wurden in der Legistik als einer von verschiedenen Gründen für die Unwirksamkeit von *pacta* behandelt, ohne dass ihnen eine besondere Bedeutung zugemessen wurde. Inhaltlich wurden zur Frage der Sittenwidrigkeit neben den aus dem klassischen römischen Recht bekannten Fällen der Vereinbarung eines Mordes oder Sakrilegs vor allem Vereinbarungen im Zusammenhang mit der Erbfolge genannt. Die Lehre von der Sittenwidrigkeit von Vereinbarungen erhielt demnach in der Legistik keine vom klassischen römischen Recht abweichende inhaltliche Konturierung und den *boni mores* wurde im Rahmen der Lehre vom *pactum* keine besondere Funktion zugesprochen.

Anders verhielt es sich jedoch in der Theologie des Hochmittelalters. Dort hatten die *boni mores* eine wichtige Funktion, da sie dem letzten und höchsten Ziel menschlichen Handelns dienten. Sie bestanden in der Befolgung der zehn Gebote, mithin in jenem Verhalten und jener inneren Haltung, die zum ewigen Heil führten. Demgegenüber verstieß jenes Verhalten gegen die guten Sitten, das eine Sünde darstellte. Im Gegensatz zu den aus dem klassischen römischen Recht überlieferten Fällen der Sittenwidrigkeit, die vor allem die Testierfreiheit betrafen, verfügte der theologische Begriff der guten Sitten in seiner Funktion als Mittel zum Seelenheil über eine transzendente Ausrichtung und einen moralischen Charakter.

Was den zulässigen Inhalt von Versprechen angeht, legte die Theologie des Hochmittelalters zwar nicht ausdrücklich die guten Sitten als Maßstab an, so jedoch jene Kriterien, die den theologischen Begriff der *boni mores* bestimmten. Diese waren die Sünde beziehungsweise die Tatsache, dass der Inhalt erlaubt war, sowie das Seelenheil. Dabei stellten die guten Sitten im theologischen Sinne im Hinblick auf Letzteres lediglich das Mittel zum Zweck dar.

Die Lehre der Kanonisten bezüglich der Verbindlichkeit der *pacta nuda* entwickelte sich im Zusammenhang mit der Lehre vom Eid, indem das einfache Versprechen dem Eid gleichgestellt wurde.[576] Im Bereich des Eides fanden sich bereits im *Decretum Gratiani* die Beschränkung und Durchbrechung dessen

576 Vgl. *Landau, Pacta sunt servanda,* 2003, S. 462f.; *Huguccio von Pisa, Summa decretorum,* Glosse *'oportebit absolvere'* zu C.12 q.2 c.66, nach Manuskript Clm. 10247, fol.173vb, ediert in: *Landau, Pacta sunt servanda,* 2003, S. 462.

Bindungswirkung durch Kriterien wie das der *turpitudo*. Mit der Gleichstellung der *pacta* mit dem Eid musste auch die Begrenzung der Bindungswirkung übertragen werden. Diese Begrenzung hatte den Zweck, den Versprechenden davor zu bewahren, durch die Erfüllung beziehungsweise Nichterfüllung zu sündigen und sein Seelenheil zu gefährden. Dabei wurde auch auf das aus der Legistik bekannte Kriterium der *boni mores* zurückgegriffen. Wegen der unterschiedlichen *ratio* gegenüber dem antiken römischen Recht, dem sie entnommen worden waren, und ihrer die Kanonistik prägenden theologischen Bedeutung, erhielten die *boni mores* in der Kanonistik unter dem Aspekt der *salus aeterna* und letztlich dem der Vermeidung der Sünde jedoch einen anderen Inhalt und eine neue Funktion.

Diese Entwicklung geschah schrittweise. Zunächst erfolgte durch Gregor IX. eine Ergänzung des zivilistischen Kriteriums der *boni mores* beziehungsweise der *turpitudo* durch das Seelenheil.[577] Die darauf folgende Deutung der Sittenwidrigkeit als dem, was zur Sünde führe, wie es bei Johannes Andreae und Baldus der Fall war, führte zu einer eigenständigen Definition der *boni mores* in der Kanonistik.

Mit der kanonistischen Definition der *boni mores* als dem, was zur Sünde führt, fand die Entwicklung der Idee von der Sittenwidrigkeit als moralische Grenze möglicher Vereinbarungen rechtstechnisch jedoch noch nicht ihren Abschluss. Die getrennte Entwicklung des Begriffs in Legistik und Kanonistik führte schließlich zu einer Unterscheidung der sogenannten *boni mores civiles* von den *boni mores naturales* und damit zu einer ausdrücklichen Ablösung des kanonistischen Begriffs der guten Sitten vom legistischen.[578] Die niedrige Schwelle, die die Legistik der Wirksamkeit von *pacta* inhaltlich setzte, konnte in der Kanonistik nicht beibehalten werden. Wenn grundsätzlich jede Vereinbarung einzuhalten war, weil sonst gesündigt würde, konnte hiervon nur dann eine Ausnahme gemacht werden, wenn hierdurch eine andere Sünde vermieden werden sollte.

---

577 Vgl. X 1.35.8 (zwischen 1227 und 1234), Po 9568.

578 Vgl. *Nicolaus de Tudeschis (Panormitanus)*, Kommentar zum *Liber Extra*, Bd. 4, 1591, zu X 2.24.8, Rn. 6, fol.133r: „*[…] Nun habes ex praedictis multipliciter limitatam regulam positam in t ex. ut dicamus iuramentum non esse observandum, si vergat in interitum salutis aeternae, ut hic. Idem si salutis corporalis, vel si vergat in peiorem exitum. Idem dicas, si est contra bonos mores naturales, ut puta si praebet occasionem delinquendi ut in c. quemadmodum, inf. eo. [X 2.24.25] et reg. non est obligatorium, de reg. iu. lib. 6. [VI. 5.12.58] et ibi videbis multa exempla in glo. Secus si est contra bonos mores civiles, ut in c. cum contingat. inf. eo. [X 2.24.28] et c. 2 de pactis li. 6. [VI. 1.18.2]*“.

Den Ausgangspunkt für die ausdrückliche Differenzierung zwischen einem legistischen und einem kanonistischen Begriff der guten Sitten bildete die in der Lehre aufgeworfene Frage, ob eine Vereinbarung, die gegen die guten Sitten verstoße und damit unwirksam sei, durch Eid bekräftigt werden könne. Nach der kanonistischen Lehre gemäß der Entscheidungen von Alexander III. und Innozenz III. in X 2.24.8 und X 2.24.28 war ein Eid zunächst nicht zu halten, wenn die Erfüllung zu einer Beeinträchtigung *(detrimentum)* beziehungsweise einem Verlust *(iteritum)* des Seelenheils oder zur Schädigung eines Dritten führen würde. Bonifaz VIII. schrieb später mit der *regula LVIII.* des *Liber Sextus* daneben die *boni mores* als Kriterium für die Bindungswirkung des Eides fest.

Das Verhältnis der beiden Kriterien zueinander stellt nach kanonischem Recht keine Schwierigkeit dar, da der Sache nach der Verstoß gegen die guten Sitten, der als ein Verleiten zur Sünde definiert wurde, dem Tatbestand des Beeinträchtigens des Seelenheiles entsprach. So wurde später bei Panormitanus (1386–1445) der Verstoß gegen die *boni mores* neben dem Kriterium des Verlustes des Seelenheils, der *salus aeterna*, als Grund für die Durchbrechung der Bindungswirkung des Eides angeführt. Der Sache nach handelte es sich jedoch bei beiden um den gleichen Gegenstand. Der in X 2.24.8 genannte Fall, dass der Eid zum Verlust *(iteritum)* des Seelenheils im Sinne des ewigen Lebens führt, lag nach Panormitanus vor, wenn der Eid die Begehung einer Todsünde *(peccatum mortale)* zum Gegenstand habe, die den Tod der Seele bewirke. Die Frage nach dem maßgeblichen Begriff der guten Sitten, der in Legistik und Kanonistik auseinanderging, beantwortete Panormitanus damit, dass es sich bei den in der *regula LVIII* maßgeblichen Sitten um die *boni mores naturales* handele. Die *boni mores civiles* dagegen würden nicht zu einer Durchbrechung der Bindungswirkung des Eides oder eines *pactum* führen. Unter letzteren Fall zählte Panormitanus die Entscheidungen in X 2.24.28 *(de iureiurando)* und VI.1.18.2 *(de pactis)*, nach welchen der Eid beziehungsweise das *pactum* trotz entgegenstehender Sittenwidrigkeit nach dem *ius civile* gehalten werden müsse, weil keine Beeinträchtigung des Seelenheils oder Schädigung eines Dritten drohe.[579]

Diese Entwicklung führte schließlich in naturrechtlicher Zeit im französischen Humanismus und auch in der Spanischen Spätscholastik zu einer Deutung

579 Vgl. *Nicolaus de Tudeschis*, Kommentar zum *Liber Extra*, fol.132^{v}, *n.3*, 133^{r}, *n.6* zu X 2.24.8 (*de iureiurando*, JL 12293, 1173–1174); s.a. fol.156^{v}, Nr. 7 und fol.159^{r}, Nr. 21 zu X 2.24.28 (*de iureiurando*, Po 4006, 1210).

der guten Sitten als dem, was der *ratio naturalis* entspringe in negativer Abgrenzung zur Begehung einer Sünde.[580]

So war nach Andreas Alciatus bezüglich der guten Sitten nicht mehr wie bei Panormitanus zwischen dem *ius civile* und dem *ius canonicum* und damit den *boni mores civiles* und *naturales* zu unterscheiden. Für die Frage der Bindungswirkung war für ihn vielmehr entscheidend, ob die guten Sitten, gegen die verstoßen werde, unmittelbar auf der *aequitas naturalis* gründen würden.[581] Dabei ging es ihm um jene *ratio naturalis*, die bestimme, wann eine Sünde vorliege,[582] das göttliche Naturrecht.

Diego de Covarrubias y Leyva (1512–1577) übernahm diese Differenzierung anhand der *ratio naturalis* und widersprach insofern einer Unterscheidung von *boni mores civiles* und *naturales/canonicas*. Er begründete dies damit, dass auch bezüglich der Normen des *ius civile* für die Sittenwidrigkeit entscheidend sei, ob der Gegenstand schändlich sei und außerhalb der *ratio naturalis*.[583] Hierzu

580 So im französischen Humanismus bei Andreas Alciatus (1492–1550) im Rahmen der Kommentierung des *c. Cum contingat* (X 2.24.28): *„Vnde ego putarem distinguendum: quia aut illi boni mores, contra quos interponitur iuramentum, sunt fundati ea ratione naturali, quòd aliter agens est in manifesto peccato, vt si quis iuraret hominem occidere vel aliter delinquere, et procedat communis conclusio, et iuramentum sit ipso iure nullum. d. c. non est. et xxij. quaestio iiij. c. inter cetera. et c. si aliquid.j. in fin. Aut et secundo sunt fundati ea ratione, non quod tunc contrafaciens peccet, sed quia dubitatur de future peccato, et tunc videtur quod iuramentum teneat, licet absolutio praestanda sit. […]" Alciatus, Andreas,* Kommentar zu *Codex* und *Liber Extra, Basileae*, 1582, Sp.866, zu X 2.24.28 (1210; Po 4006), *n.81*.
Zur Spanischen Spätscholastik bei Diego de Covarrubias y Leyva (1512–1577) vgl. *Covarrubias y Leyva, Diego de,* Kommentar zum *Liber Sextus,* 1661, S. 274, Sp.2, zu VI. 1.18.2 *(de pactis), n.2–6. „[…] Quia ratio perversa est: imò id est peccatum, quod est contra bonos mores: idcircò contrarium bonis moribus utroque iure canonico et civili turpequidem est, et peccatum; quia est contra rationem immediatè naturalem, sicut in d. illat. 20. col. 3 admonet Fortunius." Covarrubias y Leyva, Diego,* a.a.O., *n.6*.

581 Andreas Alciatus unterschied in diesem Zusammenhang zwischen der *causa proxima et inimediata* und der *causa remota: „Non est ergo distinguendum inter legem civilem et canonicam, sed an boni mores sint fundati super aequitate naturali, per viam causae proximae et immediatae: quia secut esset si per causam remotam […]" Alciatus, Andreas,* Kommentar zu *Codex* und *Liber Extra, Basileae*, 1582, Sp.865, *n.77* zu X 2.24.28 (*c. Cum contingat,* 1210; Po 4006).

582 Vgl. *Alciatus, Andreas,* Kommentar zu *Codex* und *Liber Extra, Basileae*, 1582, Sp.866, *n.81*, s.o. Fn. 580.

583 Vgl. *Covarrubias y Leyva, Diego de,* Kommentar zum *Liber Sextus,* 1661, S. 274, Sp.2, zu VI. 1.18.2 *(de pactis), n.4: „Nam boni mores civiles non distinguuntur a bonis moribus naturalibus, aut canonicis: quandoquidem boni mores simpliciter dicantur qui a ratione*

verwies er auf die Ausführungen von Fortunius Garcia. Nach diesem folgte die *ratio naturalis*, auf der die guten Sitten nach Diego de Covarrubias y Leyva sowohl im kirchlichen, als auch im weltlichen Recht beruhten, aus jenem natürlichen Gesetz, das Gottes Gebote und Verbote enthalte.[584]

Hieraus folgte, dass das Kriterium der Sünde nicht die *boni mores naturales* und *civiles* unterschied, sondern in beiden Rechten ein Verstoß gegen die guten Sitten dann vorlag, wenn gegen Gebote der *ratio naturalis*, dem göttlichen Naturrecht, verstoßen wurde, was eine Sünde darstelle.[585]

II. Der Einfluss des Christentums auf den Begriff der *boni mores*

Es zeigt sich, dass sich in der Kanonistik ein eigenständiger Begriff der Sittenwidrigkeit entwickelte, der die Wirksamkeit von *pacta* bestimmte und in seinem Inhalt, seinem Stellenwert und seiner Funktion von dem legistischen Verständnis abwich. Der Inhalt der guten Sitten beurteilte sich nach der Kanonistik danach, ob gesündigt und damit das Seelenheil gefährdet werde.

Dabei lief die Entwicklung der kanonistischen Lehre von der Begrenzung der Wirksamkeit von Vereinbarungen durch die moralischen Kriterien der Sünde und der Erlangung des Seelenheils mit der Entwicklung eines einheitlichen Vertragsrechts einher. Sowohl hinter der Bindungswirkung eines jeden Versprechens als auch hinter der Versagung dieser Wirkung stand dasselbe theologische Argument. Es sollte weder durch den Bruch noch durch die Erfüllung des Versprechens gesündigt und damit das Seelenheil gefährdet werden. Hierdurch entstand ein Dualismus von Prinzipien, der das Privatrecht bis heute bestimmt.

Im Rahmen des in der Kanonistik entwickelten einheitlichen Vertragsrechts erhielten die guten Sitten als Korrektiv der unbeschränkten Bindungswirkung

---

naturali procedunt, et ab ea rationem habent. Iuris enim canonici, et civilis eadem sunt principia et prima praecepta iustitiae [...] Idcirco boni mores civiles, id est, quos lex civilis dictat esse bonos mores, non possint distingui a bonis moribus naturalibus, aut canonicis, et praeterea utriusque iuris est praeceptum honeste vivendi: qua ratione si quid lex civilis censeat esse contrarium bonis moribus, id pertenebit ad bono mores naturales, et canonicos [...] Igitur quoties lex civilis respondet, aliquid esse contra bonos mores, non aliud sentit, quam quod illud sit turpe, et a ratione naturali alienum [...].“.

584 Vgl. *Covarrubias y Leyva, Diego de,* Kommentar zum *Liber Sextus,* 1661, S. 274, Sp.2, zu VI. 1.18.2 *(de pactis), n.5* und *Garcia, Fortunius, Tractatus de ultimo fine iuris civilis et canonici [...], Coloniae Agrippinae,* 1585, S. 35, *n.12.*

585 Vgl. *Covarrubias y Leyva, Diego de,* Kommentar zum *Liber Sextus,* 1661, S. 274, Sp.2, zu VI. 1.18.2 *(de pactis), n.6,* s.o. Fn. 580.

von *pacta* eine besondere Funktion. Sie waren als materieller und nicht formaler Maßstab das entscheidende Kriterium dafür, ob eine Vereinbarung band oder nicht. Diese gegenüber der legistischen Lehre gesteigerte Bedeutung und besondere Funktion der guten Sitten in der Kanonistik folgte aus dem Gedanken, der der kanonistischen Lehre vom *pactum* zugrunde lag. Ein Versprechen sollte gehalten werden, da sonst gesündigt und das Seelenheil gefährdet würde. Dies konnte jedoch nur gelten, wenn nicht gerade durch die Erfüllung des Versprechens gesündigt würde. Einem solchen Versprechen wurde demnach die Wirksamkeit abgesprochen. Das Kriterium der *boni mores* im Sinne desjenigen Verhaltens, das zur Erlangung des ewigen Heiles führt, war demnach notwendige Folge der kanonistischen Lehre von der Verbindlichkeit der *pacta nuda*.

Durch den theologisch geprägten kanonistischen Begriff der *boni mores* und das weitere kanonistische Kriterium der *salus aeterna* wurde ein moralisches zum entscheidenden Kriterium für die Wirksamkeit von Vereinbarungen erhoben und es drang eine übergesetzliche naturrechtliche Instanz in die Rechtsordnung ein.

Nach der legistischen Lehre dagegen stellten die guten Sitten ein in der Entwicklung erstarrtes Relikt des klassischen römischen Rechts dar und spielten im Recht vom *pactum* eine nicht annähernd so bedeutende Rolle. Das Kriterium der guten Sitten verfügte in der Legistik wie im klassischen römischen Recht auch nicht über die generalisierte Bedeutung im Sinne einer moralischen Begrenzung von möglichen Inhalten einer Vereinbarung durch eine übergesetzliche Norm, die ihr die Kanonistik zumaß. Der Grund hierfür lag in der durch das Kriterium des *vestimentum* noch stark formalisierten Lehre der Legistik von der Wirksamkeit von Vereinbarungen. Der Gedanke der Begrenzung zulässiger Inhalte von Vereinbarungen anhand der guten Sitten im Sinne eines allgemeinen und moralisch ausgerichteten Kriteriums hatte seine Wurzeln demnach im kirchlichen Recht.

III. Ausblick auf die Bedeutung des Ergebnisses für die Privatrechtsordnung bis heute

Die Privatrechtsordnung, wie sie durch das Bürgerliche Gesetzbuch ausgestaltet wurde, basiert auf dem Grundprinzip[586] der Privatautonomie, aus der sich der Grundsatz der Vertragsfreiheit ergibt. Diese gewährt jeder geschäftsfähigen

586 Zur Begrifflichkeit vgl. *Larenz, Karl,* Methodenlehre der Rechtswissenschaft, Berlin u.a., 1991, S. 480.

Person die Freiheit, mit dem Vertragspartner seiner Wahl[587] Vereinbarungen über einen selbst zu bestimmenden Gegenstand zu schließen.

Dieser Grundsatz erfährt jedoch in § 138 BGB eine Einschränkung.[588] Wenn der Inhalt des Rechtsgeschäfts gegen die guten Sitten verstößt, gesteht die Rechtsordnung der Vereinbarung keine Wirksamkeit zu. Der Gedanke der Nichtigkeit sittenwidriger Rechtsgeschäfte, kodifiziert in § 138 des Bürgerlichen Gesetzbuchs, stellt damit heute als Korrektiv[589] und Pendant des Prinzips der Vertragsfreiheit ein weiteres grundlegendes Prinzip[590] des Zivilrechts dar. Fritz von Hippel ging sogar so weit, seine Maßgeblichkeit für das Privatrecht insgesamt zu betonen.[591] Durch die Sitten als Maßstab für rechtliche Handlungen wird das Recht einer moralischen Betrachtung unterworfen.[592] Aufgrund der dem Begriff der guten Sitten immanenten Bezüge zur Philosophie und Theologie ist das Prinzip demnach als das „Gewissen" des deutschen Privatrechts aus diesem nicht wegzudenken.

Durch die Privatautonomie gewährt die Rechtsordnung dem Einzelnen die Möglichkeit, verbindliche und mit staatlicher Hilfe durchsetzbare Rechtspflichten zu erzeugen. Diese Möglichkeit, individuell Recht zu setzen soll jedoch nicht unbegrenzt bestehen, es besteht keine uneingeschränkte Disponibilität des

---

587 Durch die Kriterien des Allgemeinen Gleichbehandlungsgesetzes wurde demnach die negative Vertragsabschlussfreiheit systemwidrig begrenzt.

588 Nach Fritz von Hippel handle es sich bei § 134 BGB lediglich um einen „allgemeine[n] Abwägungshinweis", bezüglich der Anwendung des § 138 BGB. Vgl. *Hippel, Fritz von,* Das Problem der rechtsgeschäftlichen Privatautonomie: Beiträge zu einem natürlichen System des privaten Verkehrsrechts und zur Erforschung der Rechtstheorie des 19. Jahrhunderts, Tübingen, 1936, S. 113.

589 Vgl. *Gierke, Otto,* Die soziale Aufgabe des Privatrechts, in: Entwicklungsgeschichte des römischen Rechts. Rudolf von Ihering (aus dem Nachlass herausgegeben), Leipzig, 1894, S. 29.

590 Vgl. *Bydlinski, Franz,* System und Prinzipien des Privatrechts, Wien/New York, 1996, S. 164, der von dem „Prinzip der Erlaubtheit des Rechtsgeschäftes" spricht, nach welchem „[...] gesetz- und sittenwidrige Verträge bzw. Rechtsgeschäfte ungültig sind.", *Bydlinski, Franz,* a.a.O., S. 164.

591 Vgl. *Hippel, Fritz von*, Das Problem der rechtsgeschäftlichen Privatautonomie. Beiträge zu einem natürlichen System des privaten Verkehrsrechts und zur Erforschung der Rechtstheorie des 19. Jahrhunderts, Tübingen, 1936, S. 113.

592 Zu dem moralischen Charakter der guten Sitten im Bürgerlichen Gesetzbuch vgl. unter Bezugnahme auf die Motive zum BGB *Schmoeckel, Mathias,* Der maßgebliche Zeitpunkt zur Bestimmung der Sittenwidrigkeit nach § 138 I BGB, in: AcP 197 (1997), S. 1–79, 33 mit Fn. 168.

Inhalts von Vereinbarungen und damit privat gestalteten Rechts.[593] Die Regelung in § 138 BGB zeigt, dass die Rechtsordnung nicht jede Rechtspflicht billigen und durchsetzen wollte und ein Bewusstsein dafür bestand, dass die Vertragsfreiheit einer Begrenzung bedurfte. Jene Inhalte, die die Vertragsfreiheit nicht umfasst beziehungsweise nicht umfassen soll, werden durch das Kriterium der guten Sitten bestimmbar. Dabei handelt es sich um ein Kriterium, das aufgrund seiner begrifflichen Allgemeinheit und Auslegungsbedürftigkeit auf Veränderungen von Wertanschauungen und Bedürfnissen der Gesellschaft reagieren kann.

Durch die Wahl des Kriteriums der guten Sitten als außerrechtliche Norm[594] hielt der Gesetzgeber der Privatrechtsordnung eine Tür für überpositiv begründete Wertentscheidungen offen. Dabei wurde der Begriff der guten Sitten gemäß der kanonistischen Deutung als allgemeines Prinzip und moralischer Maßstab zu Grunde gelegt, nicht jedoch die zivilistische Kasuistik bezüglich der *boni mores*, die insbesondere die Testierfreiheit im Auge hatte. Dies zeigt sich an der Einführung des § 349 in das Bürgerliche Gesetzbuch von 1900. Nach der noch heute geltenden Norm sind Verträge über den Nachlass eines noch lebenden Dritten nichtig.[595] Dabei handelt es sich um den Hauptanwendungsfall der Sittenwidrigkeit von Vereinbarungen in der Legistik. Solche Verträge sollten nach den Motiven nur dann wirksam sein, wenn der zukünftige Erbe auch zum Vertragspartner werde. Hierdurch sollten gemäß der legistischen Argumentation in erster Linie „unlautere[ ] Spekulationen auf Tod und Leichtsinn"[596] verhindert werden.[597] In den Motiven wurde dabei zwar einleitend auf C. 2.3.20 und die *boni mores* verwiesen. Diese wurden jedoch nicht als das entscheidende Argument herangezogen, sondern eine Gefährdung des künftigen Erblassers. Der Begriff der Sittenwidrigkeit hatte sich demnach bei Entstehung des Bürgerliche Gesetzbuchs durch die zusätzliche Einführung des allgemeinen Sittenwidrigkeits-Paragraphen von der römisch-rechtlichen Kasuistik und deren Motivation

593 Vgl. *Esser, Josef*, Methodik des Privatrechts, in: *Thiel, Manfred* (Hrsg.), Enzyklopädie der geisteswissenschaftlichen Arbeitsmethoden, 11. Lieferung: Methoden der Rechtswissenschaft, Teil 1, München/Wien, 1972, S. 3–37, S. 10.

594 Vgl. *Larenz, Karl*, Methodenlehre der Rechtswissenschaft, Berlin u.a., 1991, S. 288ff.

595 Vgl. § 311b Abs.IV S. 1 BGB.

596 Motive, II, 1888, S. 185. In diesem Falle nahmen die Motive jedoch „einen Erbverzichtsvertrag zwischen dem Veräußerer und dem künftigen Erblasser, einen Erbeinsetzungsvertrag zwischen dem letzteren und dem Erbschaftserwerber, und einen Vertrag zwischen dem letzteren und dem Veräußerer, dessen Gegenstand der Erbverzicht, in der Regel gegen eine Abfindung, bildet" an. Motive, II, 1888, S. 185.

597 Vgl. Motive, II, 1888, S. 185f.

gelöst.[598] An ihre Stelle war unter dem bestimmenden Einfluss der Kanonistik etwas Neues getreten.

Wenn man den hier dargestellten Ausschnitt der Geschichte des Begriffs der *boni mores* betrachtet, der in der Legistik mangels einer vom klassischen römischen Recht abweichenden neuen inhaltlichen Konturierung steril war und unter mehreren Kriterien für die Wirksamkeit von Vereinbarungen, insbesondere den *vestimenta*, keine prominente Position einnahm, stellt sich die Frage, warum gerade die guten Sitten zur Begrenzung und damit Ausgestaltung der Vertragsfreiheit herangezogen wurden und damit die Privatrechtsordnung so grundliegend prägen sollten. Warum entschieden sich die Väter des Bürgerlichen Gesetzbuchs für eine moralische Begrenzung[599] und damit Konturierung der Privatautonomie in Form der Vertragsfreiheit und beließen es nicht beispielsweise bei einer Bestimmung der zulässigen Inhalte von Rechtsgeschäften durch die Gesetzmäßigkeit und die Rechtsordnung.

Losgelöst von den gesellschaftlichen Strukturen, in welchen die guten Sitten im klassischen römischen Recht zum rechtlichen Maßstab geworden waren und angesichts der fruchtlosen Konservierung des Kriteriums in der Legistik erscheinen sie im heutigen positiven Recht als Fremdkörper. Um zu verstehen, wie es zu der heutigen Geltung des Prinzips der Begrenzung der Vertragsfreiheit durch die guten Sitten als deren „immanente Grenze“[600] kam, muss letztlich auf die Geschichte der Entstehung und Begründung der Vertragsfreiheit selbst zurückgeblickt werden. Dabei ist auch der Wandel der Bedeutung zu berücksichtigen, der dem Begriff der *boni mores* unter dem Einfluss der Theologie widerfuhr.

Das Bedürfnis, die Vertragsfreiheit zu begrenzen, war bereits seit der Geburtsstunde des Prinzips vorhanden.[601] Dies folgt daraus, dass ihm zunächst eine Pflicht

598 S.a. den heutigen § 311b Abs. 2 BGB, der den Fall der Veräußerung des künftigen Vermögens enthält. In diesem Fall sah Bartolus einen Fall der indirekten Entziehung der Testierfreiheit und damit der Sittenwidrigkeit gegeben. Vgl. *Bartolus de Saxoferrato*, Kommentar zum *Digestum novum*, 1562, S. 477, Sp.2. *n.2*, zu D. 45.1.61; Vgl. *Bartolus de Saxoferrato*, Kommentar zum *Digestum vetus*, 1562, S. 750, Sp.1, *n.1*, zu D. 17.2.52.9 („*LEX VIII*“).

599 Vgl. *Schmoeckel, Mathias*, Der maßgebliche Zeitpunkt zur Bestimmung der Sittenwidrigkeit nach § 138 BGB, in: AcP 197 (1997), S. 1–79, 33 mit Fn. 168.

600 *Larenz, Karl*, Lehrbuch des Schuldrechts, Bd. 1, Allgemeiner Teil, München, 1987, S. 53.

601 „*Licet stipulatio non intervenerit, obligatur enim nuda promissione saltem et si non civiliter unde tenetur ad promissum persolvendum […] peccaret enim quis nisi nudum pactum observeret honestum […]*“ *Huguccio von Pisa*, *Summa decretorum*, Glosse

zu Grunde lag, die in der Kanonistik stets betont wurde und das Grundargument für die kanonistische Lehre vom *pactum* darstellte, nämlich die Pflicht Wort zu halten und damit nicht eine Sünde gleich einem Meineid zu begehen. Hierbei konnte es zu Kollisionen mit anderen Pflichten beziehungsweise möglichen Verfehlungen kommen. Aus diesem Grunde musste der Grundsatz der Bindung aufgrund des einfachen Wortes, und damit der der Freiheit vom Typenzwang, insofern eingeschränkt werden, als die Verpflichtung und damit Bindung nur bestehen sollte, wenn hierdurch nicht gesündigt und damit eine andere Pflicht verletzt würde. Sowohl der Grundsatz als auch die ergänzende Einschränkung wurden von derselben überpositiven Rechtsquelle vorgegeben, dem Dekalog, so dass der Grundsatz ohne die Einschränkung systemwidrig gewesen wäre.

Auch die Legistik begründete ihren Anschluss an die kanonistische Lehre von der Verbindlichkeit des *pactum nudum* zunächst mit einer überpositiven Wertung, der *aequitas*.[602] Dieser Begründung entsprach jedoch keine solche Begrenzung der Vertragsfreiheit durch die Legistik. Der moralische Charakter der Begrenzung der Vertragsfreiheit durch die guten Sitten ist vielmehr auf die Lehre der Kanonistik zurückzuführen, aus der die Vertragsfreiheit als Grundsatz hervorging und mit ihr auch ihre Begrenzung durch das moralische Kriterium des Seelenheils. Dieses wiederum mündete in einer kanonistischen Deutung der guten Sitten allgemein als dem, was nicht zur Sünde führe. In der naturrechtlichen Zeit kam es zu einer einheitlichen Deutung der guten Sitten in Kanonistik und Legistik als dem, was der *ratio naturalis* entspringe in negativer Abgrenzung dazu, was dieser widerspreche und eine Sünde darstelle.[603]

Diese moralische Begrenzung durch die Idee von der Sittenwidrigkeit war dem Grundsatz *pacta sunt servanda* und damit auch dem der Vertragsfreiheit als moralisch begründetes und damit naturrechtliches Prinzip immanent. Der Gewährung der Freiheit durch die Kanonistik, Vereinbarungen frei gewählten Inhalts zu schließen, ging die moralische Wertung voraus, dass es zu missbilligen sei, sein Wort zu brechen und gelogen zu haben. So bedurfte die wirksame Begründung einer Verpflichtung keiner anderen Voraussetzungen als der des einfachen Wortes. Die Einschränkung des Grundsatzes der Verbindlichkeit

‚*oportebit absolvere*' zu C.12 q.2 c.66, nach Manuskript Clm. 10247, fol.173vb, in: *Landau, Pacta sunt servanda*, 2003, S. 462.

602 Vgl. unter Verweis auf Baldus, Jason de Maynus und Wesembeck: *Goldschmidt, Levin*, Handbuch des Handelsrechts. Erster Band. Geschichtlich- literärische Einleitung und die Grundlehren. Erste Abteilung: Universalgeschichte des Handelsrechts, Stuttgart, 1891, S. 305, Fn. 33.

603 Vgl. *Covarrubias y Leyva*, Kommentar zum *Liber Sextus*, 1661, S. 274, Sp.2, *n.4, 6*.

sämtlicher Vereinbarungen erfolgte von Beginn an sachlich auf der gleichen Ebene wie dessen Begründung, im überpositiven Bereich der Moral.

Das Bewusstsein dafür, dass die Vertragsfreiheit sachlich untrennbar mit ihrer moralischen Begrenzung beziehungsweise Ausformung verbunden ist, sowie dass ein durch private Vereinbarungen indisponibler Bereich des Rechts besteht, ist in der Dogmatik, auch der des Rechtspositivismus des 19. Jahrhunderts, weiterhin präsent geblieben. Es schlug sich schließlich in der Kodifizierung des § 138 BGB nieder. Durch seinen moralischen Charakter ist das durch die Kanonistik mit neuer Bedeutung erfüllte Kriterium der guten Sitten in der Lage, die begriffliche Statik, die das BGB prägt, zu durchbrechen und es gemäß der Geschichte und dem Wesen der Vertragsfreiheit für Wertungen anhand übergesetzlicher Maßstäbe zu öffnen.[604]

Die Ergänzung des Grundsatzes der Vertragsfreiheit durch den Gedanken der Nichtigkeit sittenwidriger Rechtsgeschäfte ergab sich demnach bereits aus der Entstehungs- und Entwicklungsgeschichte des Grundsatzes und ist auch aus methodischen Gründen für seine Funktionsfähigkeit im Privatrechtsystem unerlässlich.[605] Nach Karl Larenz würde durch einen unbeschränkten Grundsatz, dass über jeden frei zu bestimmenden Inhalt wirksame Vereinbarungen geschlossen werden könnten, die Rechtsordnung Gefahr laufen, zur bloßen Vollstreckerin des Willens Privater zu werden. Dies solle ausgeschlossen sein, wenn es im Ergebnis zu einem Verstoß gegen Grundsätze komme, auf denen die Rechtsordnung selbst beruhe.[606] So kann durch das Kriterium der guten Sitten die nach Josef Esser erforderliche „sachgerechte Durchbrechung“[607] des

---

604 Vgl. *Esser, Josef*, Grundsatz und Norm in der richterlichen Fortbildung des Privatrechts. Rechtsvergleichende Beiträge zur Rechtsquellen- und Interpretationslehre, Tübingen, 1964, S. 40 unter Verweis auf *Ripert, Georges*, La regle morale dans les obligations civiles, Paris, 4. Aufl., 1949, Nr. 40, wo sich jedoch kein direkter Anknüpfungspunkt findet.

605 Vgl. Josef Esser, nach dem Grundsätze stets der Möglichkeit einer „sachgerecht[en] Durchbrechung [bedürfen], um zu vermeiden, dass unsachgemäße Ergebnisse herbeigeführt werden, die das System gerade zu vermeiden sucht.“ *Esser, Josef*, Grundsatz und Norm in der richterlichen Fortbildung des Privatrechts. Rechtsvergleichende Beiträge zur Rechtsquellen- und Interpretationslehre, Tübingen, 1964, S. 7 unter Berufung auf *Wilburg, Walter*, Entwicklung eines beweglichen Systems im bürgerlichen Recht. Rede, gehalten bei der Inauguration als *Rector magnificus* der Karl-Franzens-Universität in Graz am 22. November 1950, Graz, 1950, S. 12ff.

606 Vgl. *Larenz, Karl*, Lehrbuch des Schuldrechts, Bd. 1, Allgemeiner Teil, München, 1987, S. 53.

607 Vgl. *Esser, Josef*, a.a.O.

Grundsatzes der Vertragsfreiheit erfolgen, die ihr ihre Maßgeblichkeit im Sinne der Rechtsordnung erhält.

Der Grund dafür, dass es heute noch gerade die guten Sitten sind, die als Kriterium für die notwendige Einschränkung der Vertragsfreiheit und Wahrung der Grundlagen der Privatrechtsordnung fungieren, lässt sich jedoch nicht allein durch methodische Überlegungen zu Fragen des Systems oder der Lehre von den Rechtsgrundsätzen finden. Er ist auch nicht aus Überlegungen über das Wesen der Freiheit ableitbar, wie es Michael Progl unter Bezugnahme auf Gottfried Wilhelm Leibniz mit der Begründung tat, dass dieser für ein freies Handeln eine Befolgung der Vernunft verlange.[608] Die Vertragsfreiheit ging dem Konzept der Privatautonomie vielmehr voraus und mit ihr die guten Sitten im Sinne der Befolgung der zehn Gebote als ihre immanente Grenze. Der Grund für die noch heute bestehende Maßgeblichkeit der guten Sitten für die inhaltliche Bestimmung zulässiger Inhalte von Rechtsgeschäften zeigt sich vielmehr erst unter Berücksichtigung der Wertungen und Argumente, die dem Grundsatz *pacta sunt servanda* und der Vertragsfreiheit zugrunde liegen.

Letzten Endes sind es diese moralischen Wertungen, die die Rechtsordnung nicht zu Gunsten einer unbeschränkten Privatautonomie preisgeben will.[609] Dass es sich hierbei um moralische Werte handelt, zeigt die Regelung in § 138 Abs. 1 BGB, der für die indisponiblen überpositiven Grundsätze der Privatrechtsordnung steht.[610] Der in § 138 Abs. 1 BGB kodifizierte Ausdruck der guten Sitten stellt demnach das Gefäß dar, in welchem die in ihren Ursprüngen kanonistische Idee der moralischen Beschränkung und Kontrolle von Vereinbarungen durch die Jahrhunderte in unsere heutige Privatrechtsordnung getragen wurde.

---

608 Vgl. *Progl, Michael*, Der Prinzipienbegriff. Seine Bedeutung für die juristische Argumentation und seine Verwendung in den Urteilen des Bundesgerichtshofes für Zivilsachen, München, 2001, S. 102 mit Nachweis zur Lehre von Leibniz von den Prinzipien.

609 Allgemein zur Notwendigkeit der Beachtung eines „ethischen Minimismus" trotz Wandels der konkreten Fälle der Begrenzung der Privatautonomie vgl. *Esser, Josef*, a.a.O., S. 375.

610 Vgl. *Larenz, Karl*, Lehrbuch des Schuldrechts, Bd. 1, Allgemeiner Teil, München, 1987, S. 53; Zum moralischen Charakter des § 138 I BGB vgl. *Schmoeckel, Mathias*, Der maßgebliche Zeitpunkt zur Bestimmung der Sittenwidrigkeit nach § 138 I BGB, in: AcP 197 (1997), S. 1–79, 33 mit Fn. 168.

Abkürzungsverzeichnis

1 Comp. 1.1.1	Zitierweise der *Compilationes antique. Compilatio prima,* 1. Buch, 1. Titel, 1. *capitulum*
1 Kor 1,1	Erster Brief des Apostels Paulus an die Korinther, Kapitel, Vers
3 Comp.	*Compilatio tertia*
4 Comp.	*Compilatio quarta*
II^{a}-IIae	Thomas von Aquin, *Summa Theologiae, Secunda secundae* (zweiter Abschnitt des zweiten Teils der *Summa*)
VI. 1.1.1	*Liber Sextus (Decretales Bonifatii VIII.), liber 1, titulus 1, capitulum 1*
a.a.O.	am angegebenen Ort
AcP	Archiv für die civilistische Praxis
a.	*articulus*
a.E.	am Ende
Apg. 1,1	Apostelgeschichte, 1. Kapitel, Vers 1
arg.	*argumentum*
Art.	Artikel
Bd.	Band
BGB	Bürgerliches Gesetzbuch
bzw.	beziehungsweise
c.	*capitulum* bzw. *canon*
C.	*Codex Justinianus* oder *causa* (im Rahmen des *Decretum Gratiani*)
C. 1.1.1.pr	*Codex Justinianus, liber 1, titulum 1, lex 1, principium*
C. 1.1.1.1	*Codex Justinianus, liber 1, titulum 1, lex 1, paragraphus 1*
C.1 q.1 c.1	*Decretum Gratiani. Causa 1, quaestio 1, capitulum 1*
cap.	*caput*
Clm.	*Codices latini monacenses*
co.	*conclusio*
d.	*distinctio*
D. 1.1.1.pr.	Digesten, *liber 1, titulum 1, lex 1, principium*
D. 1.1.1.1	Digesten, *liber 1, titulum 1, lex 1, paragraphus 1*
D.1 c.1	*Decretum Gratiani, Distinctio 1, capitulum 1*
Ders.	Derselbe
DG	*Dictum Gratiani*
Eph 1,1	Brief des Apostels Paulus an die Epheser, Kapitel, Vers

f.	folgende Seite
ff.	folgende Seiten
Fn.	Fußnote
fol.^{r}, fol.^{v}	*folio recto* (auf der Vorderseite), *folio verso* (auf der Rückseite)
Gai.	*Gaius, Institutiones*
Gal 1,1	Brief des Apostels Paulus an die Galater, Kapitel, Vers
Hrsg.	Herausgeber
Inst. 1.1.pr.	*Institutiones, liber 1, titulus 1, principium*
Inst. 1.1.1	*Institutiones, liber 1, titulus 1, lex 1*
Kap.	Kapitel
l.	*lex*
LF 1,1,1	*Libri feudorum*, 1. Buch, 1. Titel, 1. Paragraph
Lib.	*liber*
Mk 1,1	Markusevangelium, Kapitel, Vers
Mt 1,1	Matthäusevangelium, Kapitel, Vers
n.	*numerus*
ND	Nachdruck
q. oder qu.	*quaestio*
Rn.	Randnummer
Röm 1,1	Brief des Apostels Paulus an die Römer
s.	siehe
s.l.	*sine loco* (ohne Ortsangabe)
s.o.	siehe oben
Sp.	Spalte
tit.	*titulum*
tom.	*tomus*
vers.	*versus*
vgl.	vergleiche
Vol.	*Volumen*
u.	unten
u.a.	und andere
X 1.1.1	*Liber Extra (Decretales Gregorii IX), liber 1, titulus 1, capitulum 1*
ZNR	Zeitschrift für neuere Rechtsgeschichte
ZRG RA	Zeitschrift der Savigny-Stiftung für Rechtsgeschichte, Romanistische Abteilung

Verzeichnis der Kurztitel

Alciatus, Andreas, Kommentar zu Codex und Liber Extra, Basileae, 1582	*Alciatus, Andreas,* D. Andreae Alciati Mediolanensis Iureconsulti celebrerrimi operum Tomus III. in Codicis Iusinianei et Decretalium Gregorii IX. titulos aliquot commentaria complectens […], Basileae, 1582
Accursius, Glossa ordinaria zum *Codex,* 1627	*Accursius,* Codicis Dn. Iustiniani casratissimi Imp. PP. Augusti repetitae praelectionis. Libri duodecim. Accursii commentariis, ac Contii, et Dyonysii Gothofredi atque aliorum […], Lugduni, 1627
Accursius, Glossa ordinaria zum *Digestum vetus,* 1627	*Accursius,* Corpus Iuris Civilis Iustinianei, Cum commentariis Accursii, Scholiis Conti, et D. Gothofredi lucubrationibus ad Accursium […] Tomus hic Primum Digestum Vetus continet, Lugduni, 1627
Accursius, Glossa ordinaria zum *Digestum novum,* 1627	*Accursius,* Digestum Nouum sev Pandectarvm Ivris Civilis tomvs tertivs. […] Commentariis Accvrsii, scholiis Contii, & Dionysii Gothofredi lucubrationibus ad Accursium […], Lugduni, 1627
Azo Porcius, Brocardica aurea, 1568	*Azo Porcius,* Brocardica aurea, Neapoli, 1568, ND Augustae Taurinorum, 1967
Azo Porcius, Summe zum *Codex,* 1506	*Azo Porcius,* Summa super codicem. Instituta. Extraordinaria, Pavia, 1506, ND Augustae Taurinorum, 1966
Baldus de Ubaldis, Kommentar zum *Codex,* 1539	*Baldus de Ubaldis,* Super primo, II. et III. Codicis […], Melchior et Gaspar Trechsel fratres, Lugduni, 1539

Bartolus de Saxoferrato, Kommentar zu den *Institutiones,* 1562	*Bartolus de Saxoferrato,* Institutiones et Authenticae, Consilia, Questiones et Tractatus XXXVII von Bartolus de Saxoferrato (1313/14–1357). In der Bearbeitung von Iacobus Concenatius, Froben & Episcopius, Basileae, 1562, ND Frankfurt am Main, 2007
Bartolus de Saxoferrato, Kommentar zum *Digestum vetus,* 1562	*Bartolus de Saxoferrato,* Digestum vetus in primum tomum Pandectarum commentaria von Bartolus de Saxoferrato (1313/14–1357). In der Bearbeitung von Iacobus Concenatius, Froben & Episcopius, Basileae, 1562, ND Frankfurt am Main, 2007
Bartolus de Saxoferrato, Kommentar zum *Infortiatum,* 1562	*Bartolus de Saxoferrato,* Infortiatum in secundum tomum Pandectarum comentaria von Bartolus de Saxoferrato (1313/14–1357). In der Bearbeitung von Iacobus Concenatius, Froben & Episcopius, Basileae, 1562, ND Frankfurt am Main, 2007
Bartolus de Saxoferrato, Kommentar zum *Digestum novum,* 1562	*Bartolus de Saxoferrato,* Digestum novum in tertium tomum Pandectarum comentaria von Bartolus de Saxoferrato (1313/14–1357). In der Bearbeitung von Iacobus Concenatius, Froben & Episcopius, Basileae, 1562, ND Frankfurt am Main, 2007
Bartolus de Saxoferrato, Kommentar zum *Codex,* 1562	*Bartolus de Saxoferrato,* Codex Iustinianus in duodecim libros Codicis commentaria von Bartolus de Saxoferrato (1313/14–1357). In der Bearbeitung von Iacobus Concenatius, Froben & Episcopius, Basileae, 1562, ND Frankfurt am Main, 2007
Bernardus Papiensis, Summe zur *Compilatio prima,* 1860	Bernardi Papiensis Faventini episcopi Summa decretalium, ed. Laspeyres, Ern. Ad. Theo., Ratisbonae, 1860
Bernardus Parmensis, Glossa ordinaria zum *Liber Extra,* 1615	Bernardus Parmensis, Gregorii Papae IX. Decretales cum glossis, Venetiis 1615

Biondi, Il diritto romano cristiano, 1952	*Biondi, Biondo*, Il diritto romano cristiano, Bd. 2, La giustizia – Le persone, Milano, 1952
Coing, Handbuch, I, 1973	*Coing, Helmut* (Hrsg.), Handbuch der Quellen und Literatur der neueren europäischen Privatrechtsgeschichte. Band 1. Mittelalter (1100–1500). Die gelehrten Rechte und die Gesetzgebung, München, 1973
Corpus iuris civilis, I, Ed. *Krüger/Mommsen*, 1911	*Corpus iuris civilis.* Editio stereotypa duodecima, Volumen primum. Institutiones, Krüger, *Paul* (Hrsg.); Digesta, Mommsen, Theodor (Hrsg.), 12. Aufl., Berlin, 1911
Covarrubias y Leyva, Diego de, Kommentar zum *Liber Sextus,* 1661	*Covarrubias y Leyva, Diego de,* Didaci Covarruvias a Leyva […] Opera omnia […], Horatius Boissat & Georgus Remeus, Lugduni, 1661
Die Register Innocenz‘ III., Bd. 1, Graz/Köln, 1964	Die Register Innocenz‘ III., Bd. 1, 1. Pontifikationsjahr, 1198/1199. Texte. Hageneder, Othmar/Haidacher Anton u.a. (Bearb.), Graz/Köln, 1964
Die Register Innocenz‘ III., Bd. 2, Rom/Wien, 1979	Die Register Innocenz‘ III., Bd. 2, 2. Pontifikationsjahr. 1199/1200. Texte. Hageneder, Othmar/Maleczek, Werner u.a. (Bearb.), Rom/Wien, 1979
Die Register Innocenz‘ III., Bd. 6, Wien, 1995	Die Register Innocenz‘ III., Bd. 6, 6. Pontifikationsjahr, 1203/1204. Texte und Indices. Hageneder, Othmar/Moore, John C./ Sommerlechner, Andrea u.a. (Bearb.), Wien, 1995
Die Register Innocenz‘ III., Bd. 7, Wien, 1997	Die Register Innocenz‘ III., Bd. 7, 7. Pontifikationsjahr, 1204/1205. Texte und Indices. Hageneder, Othmar/Sommerlechner, Andrea/Weigl, Herwig u.a. (Bearb.), Wien, 1997
Die Register Innocenz‘ III., Bd. 9, Wien, 2004	Die Register Innocenz‘ III., Bd. 9, 9. Pontifikationsjahr, 1206/1207. Texte und Indices. Sommerlechner, Andrea/Hageneder, Othmar/Egger Christoph u.a. (Bearb.), Wien, 2004

Die Register Innocenz‘ III., Bd. 10, Wien, 2007	Die Register Innocenz‘ III., Bd. 10, 10. Pontifikationsjahr. 1207/1208. Texte und Indices. Murauer, Rainer/Sommerlechner, Andrea/Hageneder, Othmar u.a. (Bearb.), Wien, 2004
Dynus Mugellanus, Kommentar zu den *regulae iuris* des *Liber Sextus,* 1576	*Dynus Mugellanus,* Dyni Mvxellani I. V. Doct. Celeberrimi Commentarivs In Regulas Ivris Pontificii, Coloniae Agrippinae, 1576
Ed. *Friedberg,* I	*Friedberg, Aemilius* (Hrsg.), Corpus iuris canonici. Editio lipsiensis secunda post Aemilii Ludouici Richteri. Pars prior. Decretum magistri Gratiani, Graz, 1959
Ed. *Friedberg,* II	*Friedberg, Aemilius* (Hrsg.), Corpus iuris canonici. Editio lipsiensis secunda post Aemilii Ludouici Richteri. Pars secunda. Decretalium collectiones, Graz, 1959
Goffredus de Trano, Summe zum *Liber Extra,* 1586	*Goffredus* de *Trano,* Summa Goffredi de Trano […] in titulos Decretalium, Ioannes Baptista Hugolinus, Venetiis, 1586
Hostiensis (Henricus de Segusio), Kommentar zum *Liber Extra (Lectura)*, 1512	*Hostiensis (Henricus de Segusio),* Lectura siue Apparatus domini Hostiensis super quinq[ue] libris Decretaliu[m]. Bd. 1, Argentini, 1512
Hostiensis (Henricus de Segusio), Summe zum *Liber Extra (summa aurea)*, um 1300	*Hostiensis (Henricus de Segusio),* Summa aurea siue copiosa de titulis decretalium, Bologna, um 1300, MS Clm 14006
Hostiensis (Henricus de Segusio), Summe zum *Liber Extra (summa aurea)*, 1570	*Hostiensis (Henricus de Segusio),* Henrici de Segusio Cardinalis Hostiensis summa aurea, Venetiis, 1570
Hostiensis (Henricus de Segusio), Summe zum *Liber Extra (summa aurea)*, 1574	*Hostiensis (Henricus de Segusio),* Henrici de Segusio Cardinalis Hostiensis summa aurea, Venetiis, 1574

Innozenz IV., Kommentar zum *Liber Extra,* 1570	*Innozenz IV.,* Innocentii quarti pont. maximi super libros quinque decretalium. Cum indice peculiari [...] et Margarita Baldi de Ubaldis Perusini, Francofurti ad Moenum, 1570
JL	*Jaffé, Phillippus* (Hrsg.), *S. Loewenfeld* (Bearb.), Regesta pontficum romanorum. Ab condita ecclesia ad annum post Christum natum MCXCVIII, [...] Tomus secundus (ab a. MCXLIII ad a. MCXCVIII), Graz, 1956, unveränderter ND der 2. unter Gulielmus Wattenbach von S. Loewenfeld (JL, 882–1198), F. Kaltenbrunner und P. Ewald bearbeiteten Auflage, Lipsiae, 1888
Jaffé, II, 1956	*Jaffé, Phillippus* (Hrsg.), Regesta pontficum romanorum. Ab condita ecclesia ad annum post Christum natum MCXCVIII, [...] Tomus secundus (ab a. MCXLIII ad a. MCXCVIII), Graz, 1956, unveränderter ND der 2. unter Gulielmus Wattenbach von S. Loewenfeld, F. Kaltenbrunner und P. Ewald bearbeiteten Auflage, Lipsiae, 1888
Johannes Andreae, Kommentar zum *Liber Extra,* 1612	*Johannes Andreae,* Joannis Andreae I. C. Bononiensis omnium canonici iuris interpretum facile principis. In primum librum Novella Commentaria, Apud Haeredem Hieronymi Scoti, Senesem, Venetiis, 1612
Johannes Andreae, Kommentar zum *Liber Sextus,* 1511	*Johannes Andreae,* Sextus decretalium liber a Bonifazio VIII. in concilio Lugdunensi editus [...], Basel, 1511
Johannes Andreae, Kommentar zum *Liber Sextus,* 1553	*Johannes Andreae,* Sextus Liber Decretalium cum epitomis, divisionibus, et Glossa ordinaria Do. Io[annis] Andre[ae], [...], Apud Hugonem a Porta, et Antonium Vincentium, Lugduni, 1553
Johannes Teutonicus, Glossa ordinaria zum *Decretum Gratiani,* 1493	Johannes Teutonicus, Decreta partum sive concordia discordantium canonum Gratiani auctoris sive compilationis: cum apparatibus Johannis ac additionibus Bartholomei brixiensis, Antonius Koberger, Nürnberg, 1493

Kaser, Das römische Privatrecht, I, 1971	*Kaser, Max*, Das römische Privatrecht. Erster Abschnitt, 2. Aufl., München, 1971
Kaser, Das römische Privatrecht, II, 1975	*Kaser, Max*, Das römische Privatrecht. Zweiter Abschnitt, 2. Aufl., München, 1975
Kaser, Rechtswidrigkeit, 1940	Kaser, Max, Rechtswidrigkeit und Sittenwidrigkeit im klassischen römischen Recht, ZRG RA 60, 1940, S. 95-150
Kaser, Gemeinschaftsordnung, 1939	Kaser, Max, Römisches Recht als Gemeinschaftsordnung, Tübingen, 1939
Landau, Pacta sunt servanda, 2003	*Landau, Peter,* Zu den kanonistischen Grundlagen der Privatautonomie, in: Ascheri, Mario/Ebel, Friedrich/Heckel, Martin/Padoa-Schioppa, Antonio/Pöggeler, Wolfgang/Ranieri, Filippo/Rütten, Wilhelm (Hrsg.), Ins Wasser geworfen und Ozeane durchquert, Festschrift für Knut Wolfgang Nörr, Köln/Weimar/Wien, 2003, S. 457–474
Mayer-Maly, Contra bonos mores, 1986	*Mayer-Maly, Theo,* Contra bonos mores, in: Benöhr, Hans- Peter/Hackl, Karl/Knütel, Rolf/Wacke, Andreas (Hrsg.): Iuris professio, Festgabe für Max Kaser zum 80. Geburtstag, Wien/Köln/Graz, 1986, S. 151–167
Motive, II, 1888	Motive zu dem Entwurfe eines Bürgerlichen Gesetzbuches für das Deutsche Reich. Band II. Recht der Schuldverhältnisse. Berlin und Leipzig, 1888
Nicolaus de Tudeschis (Panormitanus), Kommentar zum *Liber Extra,* Bd. 4, 1591	Nicolaus de Tudeschis, Abbatis Panormitani Commentaria. Secundae Partis in Secundum Decretalium Librum. Quamplurium Iurisconsultorum, qui probe hucusque aliquid iis addidisse apparuerunt, Adnotationibus ilustrata. [...] Tomus Quartus, Iuntas, Venetiis, 1591

Placentinus, Summe zu den *Institutiones,* 1535	*Placentinus,* Placentini Summa Institutionum, Moguntiae, 1535, ND Augustae Taurinorum, 1973 (= *Corpus Glossatorum Juris Civilis.* I)
Placentinus, Summe zum *Codex,* 1536	*Placentinus,* Placentini Summa Codicis. Accessit Prooemium quod in Moguntina editio desiderabatur, Moguntiae, 1536, ND Torino, 1962
Potthast, I, 1957	*Potthast, August* (Hrsg.), Regesta Pontificum romanorum. Inde ab a. post Christum natum MCXCVIII ad a. MCCCIV, Bd. 1, Berlin, 1874, ND Graz, 1957
Schulte, Johann Friedrich von, Die Geschichte der Quellen, II	*Schulte, Johann Friedrich von,* Die Geschichte der Quellen und Literatur des canonischen Rechts von Gratian bis auf die Gegenwart, Band 2, Die Geschichte der Quellen und Literatur von Papst Gregor IX. bis zum Concil von Trient, Stuttgart, 1877
Weigand, Naturrechtslehre, 1967	*Weigand, Rudolf,* Die Naturrechtslehre der Legisten und Dekretisten von Irnerius bis Accursius und von Gratian bis Johannes Teutonicus, München, 1967
Zimmermann, Obligations, 1990	*Zimmermann, Reinhard,* The law of Obligations. Roman Foundations of the Civilian Tradition, Cape Town/Johannisburg, 1990

Quellenverzeichnis

Kanonistik und Theologie

Alciatus, Andreas, D. Andreae Alciati Mediolanensis Iureconsulti celebrerrimi operum Tomus III. in Codicis Iusinianei et Decretalium Gregorii IX. titulos aliquot commentaria complectens [...], Basileae, 1582

Ambrosius, Sancti Ambrosii Mediolanensis Episcopi De officiis ministrorum libri tres, in: Migne, Jacques Paul (Hrsg.), Patrologiae cursus completus, series prima, patrologiae tom. XVI., Parisiis, 1845

Augustinus, Aurelii Augustini Hipponensis Episcopi De moribus ecclesiae catholicae et de moribus manichaeorum libri duo, in: Migne, Jacques Paul (Hrsg.), Patrologiae cursus completus, series prima, patrologiae tom. XXXII., Lutetiae Parisiorum, 1845, Sp.1309–1378

Augustinus, S. Aurelii Augustini Hipponensis Episcopi De bono conujugali liber unus, in: Migne, Jacques Paul (Hrsg.), Patrologiae cursus completus, series latina prior, patrologiae latinae tom. XL., Lutetiae Parisiorum, 1861, Sp.373–396

Beda Venerabilis, Bedae Venerabilis Anglo-Saxonis Opera Paraenetica, sive omnium ejus operum pars tertia, sectio prima. Homiliae, in: Migne, Jacques Paul (Hrsg.), Patrologiae cursus completus, series secunda, tom. XCIV., Parisiis, 1850, Sp.9–516

Bernardus Papiensis, Bernardi Papiensis Faventini episcopi Summa decretalium, ed. Laspeyres, Ern. Ad. Theo., Ratisbonae, 1860

Bernardus Parmensis, Gregorii Papae IX. Decretales cum glossis, Venetiis 1615

Caranza, Bartholomaeus/Sylvius, Franciscus (Hrsg.), Summa conciliorum. A S. Petro usque ad Julium III. Pontificem Maxiumum, s.l., 1679

Corpus iuris canonici. Editio lipsiensis secunda post Aemilii Ludouici Richteri. Pars prior. Decretum magistri Gratiani, Friedberg, Aemilius (Hrsg.), Graz, 1959

Corpus iuris canonici. Editio lipsiensis secunda post Aemilii Ludouici Richteri. Pars secunda. Decretalium collectiones, Friedberg, Aemilius (Hrsg.), Graz, 1959

Covarrubias y Leyva, Diego de, Didaci Covarruvias a Leyva [...] Opera omnia [...], Horatius Boissat & Georgus Remeus, Lugduni, 1661

Die Register Innocenz‘ III., Bd. 1, 1. Pontifikationsjahr. 1198/1199. Texte. Hageneder, Othmar/Haidacher Anton u.a. (Bearb.), Graz/Köln, 1964

Die Register Innocenz‘ III., Bd. 2, 2. Pontifikationsjahr. 1199/1200. Texte. Hageneder, Othmar/Maleczek, Werner u.a. (Bearb.), Rom/Wien, 1979

Die Register Innocenz‘ III., Bd. 6, 6. Pontifikationsjahr. 1203/1204. Texte und Indices. Hageneder, Othmar/Moore, John C./Sommerlechner, Andrea u.a. (Bearb.), Wien, 1995

Die Register Innocenz‘ III., Bd. 7, 7. Pontifikationsjahr. 1204/1205. Texte und Indices. Hageneder, Othmar/Sommerlechner, Andrea/Weigl, Herwig u.a. (Bearb.), Wien, 1997

Die Register Innocenz‘ III., Bd. 9, 9. Pontifikationsjahr. 1206/1207. Texte und Indices. Sommerlechner, Andrea/Hageneder, Othmar/Egger Christoph u.a. (Bearb.), Wien, 2004

Die Register Innocenz‘ III., Bd. 10, 10. Ponifikationsjahr. 1207/1208. Texte und Indices. Murauer, Rainer/Sommerlechner, Andrea/ Hageneder, Othmar u.a. (Bearb.), Wien, 2007

Dynus Mugellanus, Dyni Mvxellani I. V. Doct. Celeberrimi Commentarivs In Regulas Ivris Pontificii, Coloniae Agrippinae, 1576

Garcia, *Fortunius*, Tractatus de ultimo fine iuris civilis et canonici [...], Coloniae Agrippinae, 1585

Gazaeus, *Alardus*, Alardi Gazaei Commentarius zu Joannis Cassiani Abbatis Massiliensis Collationum XXIV Collectio in tres partes divisa, in: Migne, Jacques Paul (Hrsg.), Patrologiae cursus completus, series latina, patrologiae latinae tom. XLIX., Parisiis, 1850

Goffredus de Trano, Summa Goffredi de Trano [...] in titulos Decretalium, Ioannes Baptista Hugolinus, Venetiis, 1586

Hostiensis (Henricus de Segusio), Henrici de Segusio Cardinalis Hostiensis summa aurea, Venetiis, 1570

Hostiensis (Henricus de Segusio), Henrici de Segusio Cardinalis Hostiensis summa aurea, Venetiis, 1574

Hostiensis (Henricus de Segusio), Lectura siue Apparatus domini Hostiensis super quinq[ue] libris Decretaliu[m]. Bd. 1, Argentini, 1512

Hostiensis (Henricus de Segusio), Summa aurea siue copiosa de titulis decretalium, Bologna, um 1300, MS Clm 14006

Hinkmar von Reims, De cavendis vitiis et virtutibus exercendis, ad Carolum Calvum Regem. (Apud eumdem ex codice S. Michaelis ad Mosam.), *in:* Migne, Jacques Paul (Hrsg.), Patrologiae cursus completus, series secunda, patrologiae tom. CXXV., Lutetiae Parisiorum, 1852, Sp.857–930

Hinkmar von Reims, Hincmari Archiepiscopi Rhemensis De divortio Lotharii Regis et Tetbergae Reginae, in: Migne, Jacques Paul (Hrsg.), Patrologiae cursus completus, series secunda, patrologiae tom. CXXV., Lutetiae Parisiorum, 1852, Sp.619–772

Huguccio von Pisa, Summa decretorum, Manuskript MS München Clm.10247, auszugsweise ediert in: Landau, Peter, Pacta sunt servanda, Zu den kanonistischen Grundlagen der Privatautonomie, in: Ascheri, M. u.a. (Hrsg.), Ins Wasser geworfen und Ozeane durchquert, Festschrift für Knut Wolfgang Nörr, Köln/Weimar/Wien, 2003, S. 457–474

Huguccio von Pisa, Summa decretorum, Manuskripte der Nationalbibliothek Paris 3891, 3892, 15.396, fol.185r auszugsweise ediert in: Roussier, Jules, Le fondement de l'obligation contractuelle dans le droit classique de l'Église, Paris, 1933, Appendice I

Huguccio von Pisa, Summa decretorum. Tom. 1. Distinctiones I-XX (= Monumenta iuris canonici. Series A: Corpus glossatorum. Vol.6), Città del Vaticano, 2006

Innozenz IV., Innocentii quarti pont. maximi super libros quinque decretalium. Cum indice peculiari [...] et Margarita Baldi de Ubaldis Perusini, Francofurti ad Moenum, 1570

Johannes Andreae, Joannis Andreae I. C. Bononiensis omnium canonici ivris interpretum facile principis. In primum Decretalium librum Nouella Commentaria, Apud Haeredem Hieronymi Scoti, Venetiis, 1612

Johannes Andreae, Sextus decretalium liber a Bonifazio VIII. in concilio Lugdunensi editus [...], Basel, 1511

Johannes Andreae, Sextus Liber Decretalium cum epitomis, divisionibus, et Glossa ordinaria Do. Io[annis] Andre[ae], [...], Apud Hugonem a Porta, et Antonium Vincentium, Lugduni, 1553

Johannes Teutonicus, Decreta partum sive concordia discordantium canonum Gratiani auctoris sive compilationis: cum apparatibus Johannis ac additionibus Bartholomei brixiensis, Antonius Koberger, Nürnberg, 1493

Kerver, Thielman (Hrsg.): Decretales domini pape Gregorii noni accurate diligentia emendate: summoque studio elaborate: cum multiplicibus tabulis et repertoriis ad materias quascunque diligenter inveniendas aptissimis, Parisiis, 1507

Nicolaus de Tudeschis, Abbatis Panormitani Commentaria. Secundae Partis in Secundum Decretalium Librum. Quamplurium Iurisconsultorum, qui probe hucusque aliquid iis addidisse apparuerunt, Adnotationibus ilustrata. [...] Tomus Quartus, Iuntas, Venetiis, 1591

Nova vulgata, Bibliorum Sacrorum editio, Sacrosancti oecumenici concilii vaticani II ratione habita iussu Pauli PP. VI recognita auctoritate Ioannis Pauli PP. II promulgata, Editio typica altera, http://www.vatican.va/archive/

bible/nova_vulgata/documents/nova-vulgata_nt_evang-matthaeum_lt.html, Seitenaufruf vom 12.05.2014

Petrus Lombardus, Petri Lombardi Collectaneorum in Paulum, Continuatio, In Epistulam ad Galatas, in: Migne, Jacques Paul (Hrsg.), Patrologiae cursus completus, series secunda, patrologiae tom. CXCII., Lutetiae Parisiorum, 1855, Sp.93–170

Petrus Lombardus, Petri Lombardi Collectaneorum in Paulum, Continuatio, In Epistulam ad Titum, in: Migne, Jacques Paul (Hrsg.), Patrologiae cursus completus, series secunda, patrologiae tom. CXCII., Lutetiae Parisiorum, 1855, Sp.383–394

Petrus Lombardus, Petri Lombardi Novariensis cognomine magistri sententiarum, episcopi parisiensis, sententiarum libri quatuor, per Joannem Aleaume, Parisiensis theologiae professorem, pristino suo nitori vere restituti, in: Migne, Jacques Paul (Hrsg.), Patrologiae cursus completus, series secunda, patrologiae tom. CXCII., Lutetiae Parisiorum, 1855, Sp.519–964

Quinque compilationes antiquae. Nec non collectio canonum lipsiensis, Friedberg, Emil (Hrsg.), Graz, 1956

Raymundus de Pennafort, Summa Sancti Raymundi de Peniafort [...] de poenitentia, et matrimonio cum glossis Ioannis de Friburgo, Romae, 1603

Sextus decretalium liber a Bonifazio VIII. in concilio Lugdunensi editus [...], Basel, 1511

Soterus, Decreta Soteris papae, secundum Gratianum, quae non habentur in prioribus decretalibus epistolis in: *Migne, Jacques Paul (Hrsg.),* Patrologiae cursus completus, series graeca, patrologiae tom. V., Lutetiae Parisiorum, 1857, Sp.1137f.

Tancred, Apparatus zur Compilatio prima, MS Admont Stiftsbibliothek 22

Tancred, Apparatus zur Compilatio prima, MS Vat. lat. 2509

Tancred, Apparatus zur Compilatio tertia, MS Vat. lat. 2509

Thomas von Aquin, Disputationes de quodlibet, http://www.corpusthomisticum.org/q03.html, Seitenaufruf vom 27.05.2014

Thomas von Aquin, Sancti Thomae de Aquino Super Epistolam B. Pauli ad Ephesios lectura, http://www.corpusthomisticum.org/cep.html, Seitenaufruf vom 14.01.2013

Thomas von Aquin, Scriptum super sententiis, http://www.corpusthomisticum.org/snp2022.html, Seitenaufruf vom 14.01.2013

Thomas von Aquin, Summa teologica tertia pars, in: Katholischer Akademikerverband (Hrsg.), Die deutsche Thomasausgabe. Vollständige, ungekürzte deutsch-lateinische Ausgabe der Summa theologica, Bd. 1–36, Zusatzbände 1 und 2, Salzburg/Leipzig, 1937, Band 25 und 29

Thomas von Aquin, Summa Theologiae, Secunda secundae, http://www.corpusthomisticum.org/sth3082.html, Seitenaufruf vom 27.05.2014

Thomas von Aquin, Summa Theologiae, Secunda secundae, http://www.corpusthomisticum.org/sth3109.html, Seitenaufruf vom 04.04.2014

Legistik

Accursius, Codicis Dn. Iustiniani casratissimi Imp. PP. Augusti repetitae praelectionis. Libri duodecim. Accursii commentariis, ac Contii, et Dyonysii Gothofredi atque aliorum [...], Lugduni, 1627

Accursius, Corpus Iuris Civilis Iustinianei, Cum commentariis Accursii, Scholiis Conti, et D. Gothofredi lucubrationibus ad Accursium [...] Tomus hic Primum Digestum Vetus continet, Lugduni, 1627

Accursius, Digestum Nouum sev Pandectarvm Ivris Civilis tomvs tertivs. [...] Commentariis Accvrsii, scholiis Contii, & Dionysii Gothofredi lucubrationibus ad Accursium [...], Lugduni, 1627

Andreas Alciatus, D. Andreae Alciati Mediolanensis [...] Tomus III. in Codicis Iusinianei et Decretalium Gregorii IX. [...], Basileae, 1582

Azo Porcius, Brocardica aurea, Neapoli, 1568, ND Augustae Taurinorum, 1967

Azo Porcius, Summa super codicem. Instituta. Extraordinaria, Pavia, 1506, ND Augustae Taurinorum, 1966

Baldus de Ubaldis, Super primo, II. et III. Codicis [...], Melchior et Gaspar Trechsel fratres, Lugduni, 1539

Bartolus de Saxoferrato, Codex Iustinianus in duodecim libros Codicis commentaria von Bartolus de Saxoferrato (1313/14–1357). In der Bearbeitung von Iacobus Concenatius, Froben & Episcopius, Basileae, 1562, ND Frankfurt am Main, 2007

Bartolus de Saxoferrato, Digestum novum in tertium tomum Pandectarum comentaria von Bartolus de Saxoferrato (1313/14–1357). In der Bearbeitung von Iacobus Concenatius, Froben & Episcopius, Basileae, 1562, ND Frankfurt am Main, 2007

Bartolus de Saxoferrato, Digestum vetus in primum tomum Pandectarum commentaria von Bartolus de Saxoferrato (1313/14–1357). In der Bearbeitung von Iacobus Concenatius, Froben & Episcopius, Basileae, 1562, ND Frankfurt am Main, 2007

Bartolus de Saxoferrato, Infortiatum in secundum tomum Pandectarum comentaria von Bartolus de Saxoferrato (1313/14–1357). In der Bearbeitung von Iacobus Concenatius, Froben & Episcopius, Basileae, 1562, ND Frankfurt am Main, 2007

Bartolus de Saxoferrato, Institutiones et Authenticae, Consilia, Questiones et Tractatus XXXVII von Bartolus de Saxoferrato (1313/14–1357). In der Bearbeitung von Iacobus Concenatius, Froben & Episcopius, Basileae, 1562, ND Frankfurt am Main, 2007

Corpus iuris civilis. Editio stereotypa duodecima, Volumen primum. Institutiones, Krüger, *Paul* (Hrsg.); Digesta, Mommsen, Theodor (Hrsg.), 12. Aufl., Berlin, 1911

Corpus iuris civilis. Volumen secundum. Codex Iustinianus, *Paul Krüger* (Hrsg.), 11. Aufl., Berlin, 1954, ND Hildesheim 1997

Donellus, Hugo, Hugonis Donelli Iureconsulti et Antecessoris Opera omnia. Commentariorum de iure civile. Tomus tertius. Cum notis Osualdi Hilligeri. Accedunt summaria, et castigationes theologicae, Typis Ioannis Riccomini, Lucae, 1763

Irnerius, Apparatus zu dem Codextitel *de legibus*, nach MS Berol. lat. fol.275, ediert in: Pescatore, Gustav, Die Glossen des Irnerius, Greifswald, 1888, S. 93–96

Irnerius, Glosse ‚*congruum fidei*' zu D. 2.14.1.pr. *(de pactis)*, ediert in: Besta, Enrico, L'opera d'Irnerio, Bd. 2, Torino, 1896

Lehmann, Karl, Das langobardische Lehensrecht: (Handschriften, Textentwicklung, ältester Text und Vulgattext nebst den *capitula extraordinaria*), Göttingen, 1896

Placentinus, De pactis, ediert in: Weigand, Rudolf, Die Naturrechtslehre der Legisten und Dekretisten von Irnerius bis Accursius und von Gratian bis Johannes Teutonicus, München, 1967, S. 460–463

Placentinus, Placentini Summa Codicis. Accessit Prooemium quod in Moguntina editio desiderabatur, Moguntiae, 1536, ND Torino, 1962

Placentinus, Placentini Summa Institutionum, Moguntiae, 1535, ND Augustae Taurinorum, 1973

Literaturverzeichnis

Becker, Hans-Jürgen, Spuren des kanonischen Rechts im Bürgerlichen Gesetzbuch, in: Zimmermann, Reinhard/Knütel, Rolf/Meincke, Jens Peter (Hrsg.), Rechtsgeschichte und Privatrechtsdogmatik, Heidelberg, 1999, S. 159–169

Bellomo, Manlio, Ius civile, ius canonicum, società medievale, in: Condorelli, Orazio/Roumy, Franck/Schmoeckel Mathias (Hrsg.), Der Einfluss der Kanonistik auf die europäische Rechtskultur Bd. 1: Zivil- und Zivilprozessrecht, Köln/Weimar/Wien, 2009

Besta, Enrico, L'opera d'Irnerio, Bd. 2, Torino, 1896

Biondi, Biondo, Il diritto romano cristiano, Bd. 2, La giustizia – Le persone, Milano, 1952

Boyle, Leonard E., Summae confessorum. In: Les genres littéraires dans les sources théologiques et philosophiques médiévales. Définition, critique et exploitation. Actes de Colloque international de Louvain-la-Neuve 25–27 mai 1981, Louvain-la-Neuve, 1982, S. 227–237

Bydlinski, Franz, System und Prinzipien des Privatrechts, Wien/New York, 1996

Coing, Helmut (Hrsg.), Handbuch der Quellen und Literatur der neueren europäischen Privatrechtsgeschichte. Band 1. Mittelalter (1100–1500). Die gelehrten Rechte und die Gesetzgebung, 1973

Coing, Helmut, Europäisches Privatrecht. Band 1. Älteres Gemeines Recht (1500–1800), München, 1985

Colish, Marcia, Peter Lombard, Band 1, Leiden/New York/Köln, 1994

Deroussin, David, Histoire du droit des obligations, Paris, 2007

Dilcher, Hermann, Der Typenzwang im mittelalterlichen Vertragsrecht, in: ZRG RA 77 (1960), S. 271–303

Esser, Josef, Grundsatz und Norm in der richterlichen Fortbildung des Privatrechts. Rechtsvergleichende Beiträge zur Rechtsquellen- und Interpretationslehre, Tübingen, 1964

Esser, Josef, Methodik des Privatrechts, in: Thiel, Manfred (Hrsg.), Enzyklopädie der geisteswissenschaftlichen Arbeitsmethoden, 11. Lieferung: Methoden der Rechtswissenschaft, Teil 1, München/Wien, 1972

Evans, G.R. in: *Ders.* (Hrsg.), Mediaeval commentaries on the Sentences of Peter Lombard. Current research. Bd. 1, Leiden/Boston/Köln, 2002

Fransen, Piet, A short history of the meaning of the formula "fides et mores", in: Mertens, Herman-Emiel/de Graeve, Frank (Hrsg.), Hermeneutics of the councils and other studies, Leuven, 1985, S. 287–318

Genzmer, Erich, Die Verbreitung der Accursischen Glosse in den einzelnen Gebieten Europas, in: Atti del convegno internazionale di studi accursiani. Bologna, 21–26 Ottobre 1963, Bd. 3, Milano, 1968

Gieg, Georg, Clausula rebus sic stantibus und Geschäftsgrundlage. Ein Beitrag zur Dogmengeschichte, Aachen, 1994

Gierke, Otto, Die soziale Aufgabe des Privatrechts, in: Entwicklungsgeschichte des römischen Rechts. Rudolf von Ihering (aus dem Nachlass herausgegeben), Leipzig, 1894

Goldschmidt, Levin, Handbuch des Handelsrechts. Erster Band. Geschichtlich-literärische Einleitung und die Grundlehren. Erste Abteilung: Universalgeschichte des Handelsrechts, Stuttgart, 1891

Hartmann, Wilfried/Pennington, Kenneth (Hrsg.), The history of medieval canon law in the classical period, 1140–1234: from Gratian to the decretals of Pope Gregory IX (History of medieval canon law III), Washington D.C., 2008

Hippel, Fritz von, Das Problem der rechtsgeschäftlichen Privatautonomie. Beiträge zu einem natürlichen System des privaten Verkehrsrechts und zur Erforschung der Rechtstheorie des 19. Jahrhunderts, Tübingen, 1936

Hödl, Ludwig, Die Sentenzen des Petrus Lombardus in der Diskussion seiner Schule, in: *Evans, G.R.* (Hrsg.), Mediaeval commentaries on the Sentences of Peter Lombard. Current research. Bd. 1, Leiden/Boston/Köln, 2002

Horn, Norbert, Aequitas in den Lehren des Baldus, (= Forschungen zur neueren Privatrechtsgeschichte, Bd. 11), Köln/Graz, 1968, S. 189–191

Kantorowicz, Hermann, Studies in the Glossators of the Roman Law, Cambridge, 1938

Karsten, C., Die Lehre vom Vertrage bei den italienischen Juristen des Mittelalters. Ein Beitrag zur inneren Geschichte der Reception des römischen Rechtes in Deutschland, Rostock, 1882, ND Amsterdam, 1967

Kaser Max, Mores maiorum und Gewohnheitsrecht, SZ 59 (1939), 52–101

Kaser Max, Rechtswidrigkeit und Sittenwidrigkeit im klassischen römischen Recht, ZRG RA 60 (1940), S. 95–150

Kaser Max, Römisches Recht als Gemeinschaftsordnung, Tübingen, 1939

Kaser, Max, Das römische Privatrecht. Erster Abschnitt, 2. Aufl., München, 1971

Kaser, Max, Das römische Privatrecht. Zweiter Abschnitt, 2. Aufl., München, 1975

Kaser, Max, ‚*Ius publicum*' und ‚*ius privatum*', in: ZRG RA (1986), S. 1–101

Kaser, Max, Über Verbotsgesetze und verbotswidrige Geschäfte im römischen Recht, in: Österreichische Akademie der Wissenschaften. Philosophisch-historische Klasse. Sitzungsberichte, 312. Band, Wien, 1977

Kaser, Max/Knütel, Rolf, Römisches Privatrecht, 18. Aufl., München, 2005

Kéry, Lotte, Canonical Collections of the middle ages (ca. 400–1140). A bibliographical guide to the manuscripts and literature (History of medieval canon law I), Washington D.C., 1999

Landau, Peter, Die Bedeutung des kanonischen Rechts für die Entwicklung einheitlicher Rechtsprinzipien, in: Scholler, Heinrich (Hrsg.), Die Bedeutung des kanonischen Rechts für die Entwicklung einheitlicher Rechtsprinzipien, Baden-Baden, 1996, S. 23–47

Landau, Peter, Methoden des kanonischen Rechts in der frühen Neuzeit zwischen Humanismus und Naturrecht, in: ZNR 1999, S. 7–28

Landau, Peter, Pacta sunt servanda. Zu den kanonistischen Grundlagen der Privatautonomie, in: Ascheri, Mario/Ebel, Friedrich/Heckel, Martin/Padoa-Schioppa, Antonio/Pöggeler, Wolfgang/Ranieri, Filippo/Rütten, Wilhelm (Hrsg.), Ins Wasser geworfen und Ozeane durchquert, Festschrift für Knut Wolfgang Nörr, Köln/Weimar/Wien, 2003, S. 457–474

Lange, Hermann, in: *Lange, Hermann/Kriechbaum, Maximiliane*: Römisches Recht im Mittelalter. Band 2. Die Kommentatoren, München, 2007

Lange, Hermann, Römisches Recht im Mittelalter. Band 1. Die Glossatoren, München, 1997

Larenz, Karl, Lehrbuch des Schuldrechts, Bd. 1, Allgemeiner Teil, München, 1987

Larenz, Karl, Methodenlehre der Rechtswissenschaft, Berlin u.a., 1991

Mayer-Maly, Theo, Contra bonos mores, in: Benöhr, Hans-Peter/ Hackl, Karl/ Knütel Rolf/ Wacke Andreas (Hrsg.): Iuris professio, Festgabe für Max Kaser zum 80. Geburtstag, Wien/Köln/Graz, 1986, S. 151–167

Mommsen, Theodor, Römisches Staatsrecht, Bd. 2, 1. Teil, 4. Aufl., Graz, 1874

Motive zu dem Entwurfe eines Bürgerlichen Gesetzbuches für das Deutsche Reich. Band II. Recht der Schuldverhältnisse. Berlin und Leipzig, 1888

Pennington, Kenneth, The Decretalists 1190 to 1234, in: Hartmann, Wilfried/Pennington, Kenneth (Hrsg.), The history of medieval canon law in the classical period, 1140–1234: from Gratian to the decretals of Pope Gregory IX, Washington D.C., 2008, S. 211–245

Pennington, Kenneth/Müller, Wolfgang P., The Decretists. The Italian school in: Hartmann, Wilfried/Pennington, Kenneth (Hrsg.), The history of medieval canon law in the classical period, 1140–1234: from Gratian to the decretals of Pope Gregory IX, Washington D.C., 2008, S. 121–173

Pennington, Kenneth, Medieval Canonists, http://faculty.cua.edu/Pennington/1140a-z.htm#Tancred, Seitenaufruf vom 03.02.2015

Pennington, Kenneth, Medieval Canonists, http://faculty.cua.edu/Pennington/1140a-z.htm#Henry of Susa (Hostiensis), Seitenaufruf vom 03.02.2015

Pennington, Kenneth, Medieval Canonists, http://faculty.cua.edu/pennington/1140a-z.htm#Johannes Teutonicus (Zemeke), Seitenaufruf vom 03.02.2015

Pennington, Kenneth, Medieval Canonists, http://faculty.cua.edu/Pennington/1140a-z.htm#Laurentius Hispanus, Seitenaufruf vom 03.02.2015

Pennington, Kenneth, Medieval Canonists, http://faculty.cua.edu/pennington/1140a-z.htm#Tancred, Seitanaufruf vom 03.02.2015

Pennington, Kenneth, Medieval Canonists, http://faculty.cua.edu/pennington/1140a-z.htm, Seitenaufruf vom 03.02.1015

Progl, Michael, Der Prinzipienbegriff. Seine Bedeutung für die juristische Argumentation und seine Verwendung in den Urteilen des Bundesgerichtshofes für Zivilsachen, München, 2001

Riedel-Spangenberger, Ilona, Theologie und Kanonistik in der Mediävistik, in: *Olszewski, Mikołaj* (Hrsg.), What is "theology" in the Middle Ages? Religious cultures of Europe (11th – 15th centuries) as reflected in their self-understanding. Archa verbi. Subsidia. I, Münster, S. 471–472

Roussier, Jules, Le fondement de l'obligation contractuelle dans le droit classique de l'Église, Paris, 1933

Savigny, Friedrich Carl von, Geschichte des römischen Rechts im Mittelalter, Band 4, zwölftes Jahrhundert, Bad Homburg, 1961

Savigny, Friedrich Carl von, Geschichte des römischen Rechts im Mittelalter, Band 5, dreizehntes Jahrhundert, Bad Homburg, 1961

Schlosser, Hans, Grundzüge der Neueren Privatrechtsgeschichte. Rechtsentwicklung im europäischen Kontext, 10. Aufl., Heidelberg, 2005

Schmidt, Helmut, Die Lehre von der Sittenwidrigkeit der Rechtsgeschäfte in historischer Sicht, Berlin, 1973

Schmitz, Hermann Joseph, Die Bussbücher und die Bussdisciplin der Kirche. Nach handschriftlichen Quellen dargestellt. I, Graz, 1958

Schmoeckel, Mathias, Auf der Suche nach der verlorenen Ordnung. 2000 Jahre Recht in Europa. Ein Überblick, Köln/Weimar/Wien, 2005

Schmoeckel, Mathias, Der maßgebliche Zeitpunkt zur Bestimmung der Sittenwidrigkeit nach § 138 I BGB, in: AcP 197 (1997), S. 1–79

Schrage, Eltjo J.H., Utrumque Ius. Eine Einführung in das Studium der Quellen des mittelalterlichen gelehrten Rechts, Berlin, 1992

Schulte, Johann Friedrich von, Die Geschichte der Quellen und Literatur des canonischen Rechts von Gratian bis auf die Gegenwart, Band 2, Die Geschichte der Quellen und Literatur von Papst Gregor IX. bis zum Concil von Trient, Stuttgart, 1877

Seuffert, Lothar, Zur Geschichte der obligatorischen Verträge. Dogmengeschichtliche Untersuchungen, Nördlingen, 1881

Söllner, Alfred, Die causa im Kondiktionen- und Vertragsrecht des Mittelalters bei den Glossatoren, Kommentatoren und Kanonisten, in: ZRG RA 77 (1960), S. 182–269

Stickler, Alfons Maria, Il decretista Laurentius Hispanus, in: *Forchielli, Giuseppe/ Stickler, Alfons Maria* (Hrsg.), Studia Gratiana. Post octava decreti saecularia. IX., Bononiae, 1966, S. 461–549

Stolleis, Michael, Geschichte des öffentlichen Rechts in Deutschland, 1. Band, Reichspublizistik und Policeywissenschaft 1600–1800. München, 1988

Tourtoulon, Pierre de, Placentin. La vie, les œvres, Bd. 1, Paris, 1896, ND Glashütten im Taunus, 1972

Troje, Hans Erich, Graeca leguntur. Die Aneignung des byzantinischen Rechts und die Entstehung eines humanistischen Corpus iuris civilis in der Jurisprudenz des 16. Jahrhunderts, Köln/Wien, 1971

Weigand, Rudolf, Die Naturrechtslehre der Legisten und Dekretisten von Irnerius bis Accursius und von Gratian bis Johannes Teutonicus, München, 1967

Zimmermann, Reinhard, The law of Obligations. Roman Foundations of the Civilian Tradition, Cape Town/Johannisburg, 1990

Hilfsmittel und Lexika

Behrends, Otto/Knütel, Rolf/Kupisch, Berthold/Seiler, Hans Hermann (Hrsg.), Corpus iuris civilis. Text und Übersetzung. Auf der Grundlage der von Theodor Mommsen und Paul Krüger besorgten Textausgabe. Band 2: Digesten 1–10, Heidelberg, 1995

Heumann, Hermann Gottlieb/Seckel, Emil, Handlexikon zu den Quellen des römischen Rechts, Graz, 1958

Hilpert, Konrad, Artikel "Moraltheologie", in: *Kasper, Walter* (Hrsg.), Lexikon für Theologie und Kirche. Bd. 7, Freiburg im Breisgau, 3. Aufl., 1998

Jaffé, Phillipp (Hrsg.), Regesta pontficum romanorum. Ab condita ecclesia ad annum post Christum natum MCXCVIII, […] Tomus secundus (ab a. MCXLIII ad a. MCXCVIII), Graz, 1956, unveränderter ND der 2. unter Gulielmus Wattenbach von S. Loewenfeld, F. Kaltenbrunner und P. Ewald bearbeiteten Auflage, Lipsiae, 1888

Knütel, Rolf/Kupisch, Berthold/Rüfner, Thomas/Seiler, Hans Hermann (Hrsg.), Corpus iuris civilis. Text und Übersetzung. Auf der Grundlage der von Theodor Mommsen und Paul Krüger besorgten Textausgabe. Band 5: Digesten 28–34, Heidelberg, 2012

Otto, Carl Eduard/Schilling, Bruno/Sintenis, Carl Friedrich Ferdinand (Hrsg.), Das Corpus Iuris Civilis in's Deutsche übersetzt von einem Vereine Rechtsgelehrter, Band 3, Focke, Leipzig, 1831

Potthast, August (Hrsg.), Regesta Pontificum romanorum. Inde ab a. post Christum natum MCXCVIII ad a. MCCCIV, Bd. 1, Berlin, 1874, ND Graz, 1957

Ramirez, J. M., Artikel „Moral theology", in: New Catholic Enzyclopedia, Bd. 9, New York u.a., 1967, S. 1109–1117

Schilling, Bruno/Sintenis, Carl Friedrich Ferdinand, Das Corpus Iuris Canonici in seinen wichtigsten und anwendbarsten Theilen, in's Deutsche übersetzt und systematisch zusammengestellt, Band 1, Leipzig, 1834

Schilling, Bruno/Sintenis, Carl Friedrich Ferdinand, Das Corpus Juris Canonici in seinen wichtigsten und anwendbarsten Theilen in's Deutsche übersetzt und systematisch zusammengestellt, Band 2, Leipzig, 1837

www.ingramcontent.com/pod-product-compliance
Ingram Content Group UK Ltd.
Pitfield, Milton Keynes, MK11 3LW, UK
UKHW021852290926
8980IPUK00005B/785

9 783631 796177